U0628015

NEW EDITION OF TEXTBOOK FOR TRANSLATION THEORY AND PRACTICE

新编翻译理论与实践教程

主　编　胡伟华
副主编　刘　丽　李　娜　梁满玲

外语教学与研究出版社

2016年1月

图书在版编目（CIP）数据

新编翻译理论与实践教程 / 胡伟华主编. —— 北京：外语教学与研究出版社，
2016.5（2023.5 重印）
ISBN 978-7-5135-7614-7

Ⅰ.①新… Ⅱ.①胡… Ⅲ.①翻译理论－教材 Ⅳ.①H059

中国版本图书馆 CIP 数据核字 (2016) 第 119972 号

出 版 人　王　芳
责任编辑　冷文箴
封面设计　锋尚设计
版式设计　涂　俐
出版发行　外语教学与研究出版社
社　　址　北京市西三环北路 19 号（100089）
网　　址　https://www.fltrp.com
印　　刷　北京九州迅驰传媒文化有限公司
开　　本　787×1092　1/16
印　　张　18
版　　次　2016 年 8 月第 1 版 2023 年 5 月第 16 次印刷
书　　号　ISBN 978-7-5135-7614-7
定　　价　62.80 元

如有图书采购需求，图书内容或印刷装订等问题，侵权、盗版书籍等线索，请拨打以下电话或关注官方服务号：
客服电话：400 898 7008
官方服务号：微信搜索并关注公众号"外研社官方服务号"
外研社购书网址：https://fltrp.tmall.com

物料号：276140201

前言

　　在全球化进程中，随着不同文化之间交流的日益频繁，作为文化交流的有效媒介和纽带桥梁，翻译的重要作用也愈加凸显。为了顺应时代发展对翻译人才的需求，根据《高等学校英语专业英语教学大纲》对翻译教学的相关规定，本书力求融理论与实践于一体，以翻译理论为先导，以英汉语言、文化对比为基础，以翻译实践与技巧训练为手段，兼具理论的系统性和实践的可操作性，对读者有较强的指导意义。

　　在编写体例上，本书遵循先理解后表达的原则，由小到大——从词、词组、句子到篇章等各个层面深入浅出地讲解翻译的基本方法和技巧。内容新颖、题材广泛、实用性强，在大量译例评析过程中将所涉及的翻译理论、翻译技巧和方法贯穿其间是本书最大的特点。

　　本书共分七章：第一章为翻译概述，阐述翻译的定义、译者的任务、翻译的标准以及翻译的难点；第二章为翻译理论，简要介绍西方翻译理论及中国翻译学发展的基本概况；第三章为文化与翻译，从文化角度探索英汉两种语言的差异，及其对翻译的影响和相应的解决策略；第四章至第七章分别从词汇、习语、句子以及篇章等层面介绍了翻译的基本方法和技巧。每章附有专题"译论谐趣"，介绍当代翻译理论研究的热点话题，如异化与归化、后殖民翻译理论与权力话语、翻译的文化转向及译者主体性、顺应理论与翻译、符号学与翻译、翻译等值理论以及语域与语境等，旨在开拓读者的视野和思路，引导读者从理论高度分析、探讨翻译实践中的问题，提高翻译理论水平，培养翻译实践技能。本书附录提供各章练习参考答案，并列有英语中常见国家和城市名称、英美国家的主要节假日以及大学主要专业课程的英汉对照表，供读者参考。本书可作为英语专业、非英语专业教学用书，同时也可作为英汉翻译工作者以及广大英语爱好者的学习参考书。

　　书中各章节及练习所选译例绝大部分来自国内外书刊、杂志、报纸和广播文稿。编者对所有例句翻译作了反复推敲（个别译例参考有关专家译作），但由于水平所限，其中有些译例难免有不妥之处，敬请广大读者、译界同行不吝指正。

　　在编写过程中，本书参考了大量国内外相关书刊，并从中选用部分佳句名篇，特对这些书刊及文章的作者致以诚挚的谢意。书稿部分章节经留学英国多年、主修TESOL的广西师范大学外国语学院覃思女士审读并提出宝贵建议，谨此一并表示衷心的感谢！

目 录

第一章　翻译概述

翻译作为一种历史悠久的人类文化交流活动，是促进政治、经济、科学、文化、技术交流的重要手段；在全球化进程中，翻译的重要性亦日益彰显。随着人们对翻译活动认识与理解的不断深入，翻译理论探索和实践研究都取得了前所未有的发展，为翻译学科的建立提供了合理、科学的理论框架。

翻译理论本身是一个综合的、开放的体系，它与许多学科与艺术的门类息息相通，从语言学到文艺学、哲学、心理学、美学、人种学，乃至数学、逻辑学和新起的符号学、信息学等，都有关系；然而，它又自有其独立性。（陈福康，1992）翻译既是科学，也是艺术。英国著名文艺评论家理查兹（I. A. Richards）认为："翻译是开天辟地以来最为复杂的事件。"面对作者和读者，面对源语文化和目的语文化，译者需要在明确翻译目的和标准的前提下对其作出正确的判断和选择。系统、全面地了解翻译的本质、翻译的过程、译者的任务和翻译的标准利于译者培养翻译意识，从而最大限度地实现两种语言和文化之间的意义传递。

1.1 翻译的定义

翻译的历史源远流长，对翻译的研究也不乏硕果。然而，因翻译活动的复杂性和多面性，其中尚有许多未被人们充分认识的东西。什么是翻译？人们的关注点不同，对翻译的认识亦各有不同。迄今为止，有关"翻译"的定义有数十种。

1.1.1 词典上的定义

《现代汉语词典》（1996年修订版）给"翻译"下的定义是：1）把一种语言文字的意义用另一种语言文字表达出来（也指方言与民族共同语、方言与方言、古代语与现代语之间的相互表达）；2）把代表语言文字的符号或数码用语言文字表达出来。（照此定义，现在互联网上网民们为了打字聊天方便，使用阿拉伯数字表达汉语的意思也是翻译。这些数字的读音与相应的汉语词语相谐，例如：885——帮帮我；456——是我啦；918——加油吧。）《辞海》（1999年版）也给"翻译"下了与此相同的定义。《辞源》对翻译的解释是"用一种语言表达他种语言"。

《中国大百科全书·语言文字卷》（1988年）定义：翻译是把已说出或写出的话的意思用另一种语言表达出来的活动。

《牛津高阶英汉双解词典（第4版）》（*Oxford Advanced Learner's English-Chinese Dictionary, the 4th Edition*）（1997）的定义为：express sth.（spoken or esp written）in another language or in simpler words（将所说、所写的用另一种语言表达出来）。

维基百科（Wikipedia）定义：Translation is the communication of the meaning of a source-language text by means of an equivalent target-language text.（翻译是指在准确、通顺的基础上，把一种语言信息转变成另一种语言信息的活动。）

1.1.2 古今中外学人的定义

中国宋僧法云是有史可考的第一个给翻译下定义的人，他给翻译的定义是："夫翻译者，谓翻梵天之语转成汉地之言。音虽似别，义则大同。"（《翻译名义集》卷一）

唐代贾公彦在《义疏》一书中将翻译定义为："译即易，谓换易言语使相解也。"

方梦之先生在其新著《翻译新论与实践》（1999）中提出了如下定义："翻译是按社会认知需要，在具有不同规则的符号系统之间所作的信息传递过程。"该定义侧重于在具有不同规则的符号系统之间进行的信息传递的文化活动。

著名翻译家傅雷曾在《高老头》的重译本序言中说："翻译应该像临画一样，所求的不在形似而在神似；理想的译文仿佛是原作者的中文写作。"

翻译家许钧先生在《翻译论》中将翻译定义为"翻译是以符号转换为手段、意义再生为任务的一项跨文化的交际活动。"翻译家沈苏儒先生也认为，翻译是跨语言、跨文化的交流。翻译是把具有某一文化背景的信息发送者用某种语言（文字）所表述的内容尽可能充分地、有效地传达给使用另一种语言（文字的）、具有另一种文化背景的接受者。

几百年以前，亚历山大·弗雷泽·泰特勒（Alexander F. Tytler）给翻译的定义是：I would therefore describe a good translation to be, that in which the merit of the original work is so completely transfused into another language, as to be as distinctly apprehended, and as strongly felt, by a native of the country to which that language belongs, as it is by those who speak the language of the original work. 这与当今流行的"读者反应论"有着异曲同工之妙。

苏联著名翻译家巴尔胡达罗夫（Barkhudanov）在他的著作《语言与翻译》中称："翻译是把一种语言的言语产物在保持内容也就是意义不变的情况下改变为另外一种语言的言语产物的过程。"

美国语言学会主席尤金·奈达（Eugene A. Nida, 2001）认为："所谓翻译，是指从语义到文体（风格）在译语中用最贴切而又最自然的对等语再现源语的信息。首先是语义，其次是文体。"

学者们不断地给"翻译"下定义，但每一次新的尝试都注定要遭到另外一些翻译理论学派的批评和指责。因此，翻译理论的发展史可以说是对"翻译"一词多义现象探讨的历史。形式多样的翻译活动无疑给界定"翻译"一词带来了诸多困难。纵观古今中外翻译理论家的论述，可以将"翻译"的任务归纳为：通过把一种语言转换成另一种语言，如实地转达原文（原话）的意思和风格，使语言不通的人能够相互沟通、理解。即通过语言转换，实现意思传达。若认为翻译不是语言转换，是不全面的；而认为翻译仅仅是语言转换，也是狭隘的。转换语言是手段，不折不扣、原原本本传达意思才是目的。翻译是形式与内容、方式与目的的统一。译员不是机器，翻译不是机械化生产。

1.2 译者的任务

2006年1月14日，美国有线电视新闻网（CNN）在报道伊朗总统艾哈迈迪·内贾德的讲话时出现了明显的翻译错误。当内贾德指出"我们相信所有国家都有掌握核技术的权利"时，CNN却把这句话翻译成了"我们相信所有的国家都有掌握核武器的权利"，而且后面还有一句话也错译成"西方国家不应该剥夺我们拥有核武器（的权利）"。伊朗政府遂下令禁止CNN记者在该国境内从事新闻活动。CNN事后迅速向伊朗政府道歉，才在短时间内重新获得了在伊朗的"营业执照"。

译者如果不能很好地完成任务，就会出现上述情形，甚至会出现比之更糟糕的情况。由此可见，"译者的任务"之一，就是准确理解并阐释或表达原文。没有对原文的理解便谈不上翻译；理解不深不透，翻译就会出错。理解了原文，但不能用另一种语言文字将其表达出来，或者表达得不确切，也不能称之为翻译，至少不是好的翻译。

理解（comprehension）是翻译成功与否的先决条件和重要步骤。理解可分为广义理解和狭义理解。广义理解指对原文作者、原文产生的时代背景、作品的内容以及原文读者对该作品的反映的理解。狭义的理解仅指对原作文本的理解。这种理解主要包括语法分析（grammatical analysis）、语义分析（semantic analysis）、语体分析（stylistic analysis）和语篇分析（textual analysis）。

美国语言教学专家里弗斯（W. M. Rivers）指出，理解要掌握三个层次的意义（the three levels of meaning），即词语意义（lexical meaning）、语法或结构意义（structural or grammatical meaning）以及社会和文化意义（social-cultural meaning）。对原文的理解，可以从以下几个方面进行：

- 要理解原文语句的内部关系；
- 要理解特殊语言现象的特殊含义；
- 要结合上下文语境进行理解；

- 要通过吃透词语含义进行理解；
- 要明确词语的具体指代；
- 要理解词语不同用法的不同含义；
- 要注意对省略和替代部分的理解。

如果理解过程中没能把握词语、语法和文化三个层次的意义，译文就会出现问题。例如：Beauty is in the eyes of the beholder. 这句话在很多情况下被译为："情人眼里出西施。"

这其实是一个硬套汉语成语而造成的错误译句。首先，原句中的beauty可以指事物，也可以指抽象概念，不一定指人，更不一定指西施那样的美人（就算是指人，西方人写作时是否会想到中国关于西施的典故也是个值得商讨的问题）；其次，句中的beholder只表示"旁观者/观察的人"，与被看者/被观察者并不一定是情人关系。原句的本意是：Not all people have the same opinion about what is attractive，其言外之意是：萝卜青菜，各有所爱；一个人认为美的，另外一个人可能并不认为美（当然，这里不排除观察者的态度，观察者与被观察者的关系也有一定作用，人们往往会觉得自己喜欢的人和事物是美的）。因此，原句应译为：美与不美，全在观者（指客观美由主观审美来决定）。

另一句英语谚语 Absence makes the heart grow fonder 也常被译者"自作多情"地套译为："小别胜新婚。"原句中的人并不一定是指夫妻或情人（也可指同性朋友等），absence也不一定是"小别"，故全句不妨译为："离别更增思念之情。"有人曾提出，英译汉时不应"让洋人穿上长袍马褂"，这个比喻形象生动，耐人寻味。

表达是理解后能否保证译文成功的又一关键步骤，是理解的深化和体现。在这一过程中，译者要注意恰到好处地再现原文的思想内容和语体色彩，使译文既忠实于原作又符合译入语的语法和表达习惯。译者绝不能将任何原文不存在的意思强加于文本，而是要找到最好的方式使在一种语言中表达的内容能够在另一种语言中得到表达。要做到这一点，译者就必须充分了解英汉语言表达的差异，在选词用字、组词成句、组句成篇上下工夫，在技巧运用上下工夫，才能使翻译任务圆满完成。

英汉语言表达的差异通常归结为以下几方面：

（1）英语前重心，汉语后重心

句子的重心，就逻辑而言，一般应落在结论、断言、结果以及事实上。英、汉语在这一点上十分相似，但句子"重心"的位置不同。简言之，即"英前而汉后"。

英语在遣词造句、谋篇上遵循从一般（general）到具体（specific）、从概括（summarize）到举例（exemplify）、从整体（whole）到个体（respective）的原则。例如：

Soccer is a difficult sport. ① A player must be able to run steadily without rest. ② Sometimes a player must hit the ball with his or her head. ③ Players must be willing to bang into and be banged into by others. ④ They must put up with aching feet and sore muscles.

在上例中，第一句是主题句（topic sentence），后面四句是用来说明主题句的。

在汉语中，我们习惯于先分后总，先说原因后说结果，即所谓的"前因后果"，如果要表达相同的意思，我们通常这样翻译：

足球运动员必须能不停地奔跑，有时得用头顶球，撞别人或被别人撞，必须忍受双脚和肌肉的疼痛。所以说，足球运动是一项高难度的运动。

再如下面一则便条：

苏珊因病不能上课，故向林先生请假表示抱歉，并附医生建议卧床休息证明一份。

Sept 12，2015

Dear Mr. Lin,

I feel sorry that I shall be unable to attend the English class this morning because of a bad cold and high fever. Enclosed is a certificate from the doctor who said I must stay in bed for a few days. I will go back to school as soon as I recover.

Yours sincerely,

Susan

从便条中可以看出，英语先表达"果"：I shall be unable to attend the English class this morning，后表达"因"：a bad cold and high fever，即所谓的"先果后因"。

（2）英语重形合（hypotaxis），汉语重意合（parataxis）

英语属印欧语系，汉语属汉藏语系，两种语言差异很大，英语结构紧凑，汉语结构松散。语言学家以"竹节句法"来描述英语句子，即英语句子是由不可或缺的各种连接词衔接而成的，宛如节节相连的竹子；汉语句子则被称为"流水句法"，所谓的流水指少用甚至不用连接词，行文依然流畅。英语句子中如果少了连接词（组）如 or, but, if, so, because, when, although, in order that, so that 等，意思就支离破碎了，而汉语如没连接词，仍能够通过句子内部的逻辑关系将概念或关系表达清楚。以许渊冲英译孟浩然《春晓》为例，译者根据英语语言"形合"的特点，增加主语I，巧妙应用时间状语从句not... till...描述作者春天的清晨一觉醒来后瞬间的听觉感受和联想。

春晓

——孟浩然（唐）

春眠不觉晓，处处闻啼鸟，

夜来风雨声，花落知多少。

A Spring Morning

This morning of spring in bed I'm lying,

Not woke up till I hear birds crying.

After one night of wind and showers,

How many are the fallen flowers!

(Meng Haoran, Trans. Xu Yuanchong)

（3）英语被动句多，汉语主动句多

英语重物称，常常用不能实施动作或无生命的词语作主语。这些"无灵"物称充当主语使得被动句得以广泛使用。在英语被动句里，如果不必强调动作的实施者，就将其置于句尾由by连接；如果不愿或不便言明动作的实施者，就干脆将其省略。相对而言，汉语习惯于人称化的表达，主语常常是能实施动作或有生命的物体，所以汉语中主动句较多。

（4）英、汉两种语言在词汇上差异显著

就词组而言，英语中的词组或短语可谓丰富多彩，有名词短语、动词短语、形容词短语、介词短语、分词短语、不定式短语与独立结构等，它们的语法功能不一而足，可作主语、谓语、宾语、定语、状语、补语等。所以，在翻译时要注意英汉之间的表达差异。

翻译是一种创造性的语言艺术工作。鲁迅先生曾说过：凡是翻译，必须兼顾两面，一则当然力求其易解，一则保存原作的风姿。从实质上来讲，就是要使原文的内容、风格、笔锋、韵味在译文中得以再现。翻译涉及源语（source language）与目的语（target language）两种语言及其文化背景等各方面的知识。翻译作为一种语际间的交际，不仅是语言的转换过程，更是文化的移植过程。译者作为翻译活动的主体，是原文到译文的完成者，是沟通原文与译文读者的中介，不仅应精通源语和译语，还应该通晓两种语言所反映的文化。译者的素质、翻译观、双语能力、百科知识，乃至其从事翻译活动时的生理状况、心理变化等，都会影响翻译的质量。所以，译者要想取得理想的翻译效果，常常需要字斟句酌、反复推敲，仅仅懂得一些基本技巧是不够的，必须深入了解不同文化间的差异，在两种语言上下工夫，乃至独具匠心。

1.3 翻译的标准

关于翻译的标准，历来众说纷纭，莫衷一是。诸多中外学者和翻译家都曾有过精辟的论述。

远在唐代，把翻译佛经当作终身事业的玄奘法师就创造出一种优于前人的直译兼意译的译法。玄奘精通汉梵两种语言，又深通佛学，因此其译文很严谨。他强调译文"既须求真，又须喻俗"，也就是既要忠实、真切地反映原文的原意，又要通顺易懂。

在严复之前，《马氏文通》的作者马建忠于1894年在他的《拟设翻译书院议》一书中写道："夫译之为事难矣。译之将奈何？其平日冥心钩考，必先将所译者与所以译者两国之文字深嗜驾好，字栉句比，以考彼此文字孳生之源，同异之故。所以相当之实义，委曲推究，审其音声之高下，析其字句之繁简，尽其文体之变态，及其义理精深奥折之所由然。夫如是，则一书到手，经营反复，然后心悟神解，振笔而书，译成之文适如其所译而止，而曾无毫发出入于其间，夫而后能使阅者所得之益与观原文无异，是则为善译也已。"虽然马建忠先于严复提出了"译成之文适如其所译"、"能使阅者所得之益与观原文无异"等原则，但不如严复所提的"信（Faithfulness）、达（Expressiveness）、雅（Elegance）"简明扼要。

1896年，中国近代伟大的翻译家严复在翻译《天演论》(*Evolution and Ethics and Other Essays*)的译例言中提出了"信、达、雅"三条标准，即：译文既能忠实准确地表达原文意思，又能通顺流畅、文辞优美、可读性强。严复曾翻译多部社会政治方面的经典著作。他的翻译取材严谨，态度严谨，在当时影响极大。自从严复提出"译事三难：信、达、雅"以来，有人称之为原则，有人称之为理论，也有人称之为标准。译界各抒己见，评价有贬有褒，但至今仍未有一家之说能够超越它。有人说研究"信、达、雅"就是研究中国全部的翻译理论，由此可见"信、达、雅"之说对我国翻译发展有着何等重大而深远的影响。

继严复之后，许多学者提出了各种翻译标准，比如傅雷先生提出的文学翻译的"传神"论，就是比"信、达、雅"更高的标准。钱钟书先生提出的翻译"化境"之说，就是把原文的思想、情感、风格、神韵都原原本本地融化到译文的境界里。这些标准中有许多与严复的"信、达"相似，只是提法有所改变。对于"雅"的标准，尽管有许多学者提出不同的看法，但人们宁愿赋予它新的含义，也不愿将"信、达、雅"的提法整个丢弃。

泰特勒在他的《论翻译的原则》（Essay on the Principles of Translation）一文中提出了翻译的三条原则：①The translation should be a complete transcript of the ideas of the original work.（译文应完全再现原文的思想。）②The style and manner of writing should be of the same character with that of the original.（译文应与原文在风格及手法上相同。）③The translation should have all the ease of original composition.（译文应与原文同样通顺。）国外还有一些翻译家提出了"三似"翻译标准，即形似、意似、神似。所谓"形似"就是强调译文要保持原文的形式美，"意似"是要保持原文的内容美，"神似"则要保持原文的神韵美。

翻译的标准提法很多，可说是各抒己见，百家争鸣，但"忠实"和"通顺"是两项最基本的要求。

忠实：由于翻译是在理解了别人用一种语言所表达的意思后，把同样的意思用另一种语言表达出来，因此译者首先要忠实于原文的内容，也就是说翻译的过程主要是传达别人的意思，而不是自己进行创作，不得篡改、歪曲、遗漏原文的意思，可见准确地理解原文是翻译的关键。

通顺：将一种语言翻译成另一种语言后，译文要流畅、明了、易懂。具体来说，就是将源语翻译成目的语后，译文必须符合目的语的表达习惯和语言规范，文字不晦涩、不生硬。如要做到鲁迅先生所说的"使原文的内容、风格、笔锋、韵味在译文中得以再现"，必须在两种语言上下工夫，字斟句酌，反复推敲。

罗伯特·彭斯（Robert Burns）是英国文学史上最杰出的诗人之一，他以其朴实生动的语言、真挚细腻的情感、通俗的吟唱方式复活并丰富了苏格拉民歌，被称为英国浪漫主义的先驱。其中 A Red, Red Rose 是英国诗歌史上最负盛名的爱情诗之一，多年来一直被人们广为传颂，也涌现出了众多中文译本。

A Red, Red Rose

O my luve is like a red, red rose,

That's newly sprung in June,

O my luve is like the melodie,

That's sweetly play'd in tune.

As fair art thou, my bonie lass,

So deep in luve am I,

And I will luve thee still, my dear,

Till a' the seas gang dry.

Till a' the seas gang dry, my dear,

And the rocks melt wi' the sun!

And I will luve thee still, my dear,

While the sands o' life shall run.

And fare thee weel, my only luve,

And fare thee weel, a while!

And I will come again, my luve,

Tho' it were then thousand mile!

译文1

我 爱

（毕铉 译）

我爱如玫瑰，六月红蕾姣。

我爱如乐曲，妙奏声袅袅。

爱卿无限深，如卿绝世妍。

直至海水枯，此爱永绵绵。

直至海水枯，炎阳熔岩石。

但教一息存，爱卿无终极。

离别只暂时，善保千金躯。

终当复归来，万里度若飞。

毕铉（1911— ），2002年荣获中国翻译协会授予的"资深翻译家"荣誉称号。题目直译为《我爱》，点明全文主旨，简洁明了。全诗以中文古诗体的形式翻译，押韵形式和格调与原诗朴素易懂的民谣风格略有出入，可谓"曲高和寡"，但也不失为文学再创作的有益尝试。

译文2

红玫瑰

（郭沫若 译）

吾爱吾爱玫瑰红，六月初开韵晓风；

吾爱吾爱如管弦，其声悠扬而玲珑。

吾爱吾爱美而殊，我心爱你永不渝，

我心爱你永不渝，直到四海海水枯；

直到四海海水枯，岩石融化变成泥，

只要我还有口气，我心爱你永不渝。

暂时告别我心肝，请你不要把心耽！

纵使相隔十万里，踏穿地皮也要还。

郭沫若先生用词活泼、有趣，将七言诗与白话文巧妙结合，但在个别词句处理上，如"直到四海海水枯"、"踏穿地皮也要还"略显俚俗。整体而言，其译作结构匀称整齐，重复使用"吾爱吾爱"、"我心爱你永不渝"等句式，具有回环往复的音乐美，呈现了原作的神韵。

译文 3

一朵红红的玫瑰
（王佐良 译）

呵，我的爱人像朵红红的玫瑰，
　　六月里迎风初开；
呵，我的爱人像支甜甜的曲子，
　　奏得和谐又合拍。
我的好姑娘，多么美丽的人儿！
请看我，多么深挚的爱情！
　　亲爱的，我永远爱你，
　　纵使大海干枯水流尽。
　　纵使大海干枯水流尽，
　　太阳将岩石烧作灰尘，
　　亲爱的，我永远爱你，
　　只要我一息犹存。
　　珍重吧，我唯一的爱人，
　　珍重吧，让我们暂时别离，
　　　但我定要回来，
　　　哪怕千里万里。

王佐良先生的译文在形式上力求接近原作，结构工整，自然流畅，琅琅上口，最大程度地保留了原诗作为经典民歌所特有的韵律和节奏，给人一种视觉上的愉悦和享受。译文通俗易懂，措词质朴，完好地保留了原诗清新、自然、浓郁的苏格兰乡土气息，可谓形神兼备的佳译。

1.4 翻译的难点

1.4.1 难点一：语言

译者语言基本功的好坏直接影响着翻译的质量。如果英语功底差，即使翻译一句很简单的汉语也会遇到各种困难。

（1）词汇上的困难

首先，英语的词形变化多样。虽然现代汉语与英语相似，采用合成法扩充词汇，以"知"为例，可以组成"知道、知己、知法、知觉、知了、知名、知青、知情、知趣、知识、知悉"等近50个词，但汉语字词的组合力不及英语词缀的滋生力强大，英语通过词缀可以最大限度地造出新词。查《英汉技术词典》可见，由high-构成的新词有260个，micro-构成的新词有300个以上。我们在翻译中倍感苦恼的是，在字典中可以查到某个单词的意思，但在新的上下文中却难以取舍其准确含义或者原先学过的单词释义用不上。例如：

Nursing is referred to as a career that is both "high-tech" and "high-touch".

high-tech由high与technology合成，意为"高科技"，而high与touch则颇让人费解，词典的解释（…High Touch is a purported way of touching on an "energetic" or physical plane and an alleged means of "soul-to-soul contact."）让人明白，它是一种治疗和照料患者时能"触及灵魂"的方式。

译文1：护士的护理工作既要求掌握高科技，又要求对患者进行的治疗和照料能够触动患者的心灵。

译文2：护理是一项融高科技和触动患者心灵的技术为一体的事业。

译文1大致表达了原文的意思，但英语中high-touch是一个单词，译成汉语时却增至十多个字。相比较而言，译文2更多地兼顾了原句的both…and并列结构，读者容易理解这两者都是完成该工作所必需的技术、技能。

其次，词类转换和一词多义也给翻译带来极大困扰。英语的词类丰富，共有10种词类，汉语词类与之大致相仿。量词与语助词是汉语特有的，而冠词与未正式列为一类的引导词（如it，there）则是英语特有的。英语的词类转换较多，因此一定要慎重选词用词，以便贴切地表达意思。以offer为例介绍英语词类与含义的多样化：

①offer作动词时，有"（主动）拿给，给予"的意思，例如：

● The young man **offered** the old man his own seat on the bus.
  那个年轻人在公共汽车上将自己的座位让给了那个老人。

● No food was **offered** at the party.
  聚会时没有食品提供。

②offer作"提出；表示"解，例如：

● The boss in the company came personally to **offer us apologies**.
  那家公司的老板亲自来向我们道歉。

● The president **offered no comment** on the question.
  总统对这个问题未作评论。

③ offer 后如果接不定式，表示"主动提出做某事"，例如：

- He **offered** to drive us to the airport.

  他主动提出送我们去机场。

④ offer 有"出售；出价"的意思，例如：

- He **offered** this bike for 600 *yuan*.

  这辆自行车他要价600元。

  They **offered** him 3,000 *yuan* to buy the laptop.

- 他们愿出3000元来买他的笔记本电脑。

⑤ 下面是 offer 作名词的用法：

- Thank you for your kind **offer** of helping me. = Thank you for your kind **offer** to help me.

  谢谢你提供的帮助。

- I've had an **offer** of $8,888 for that house.

  有人向我出价8,888美元买那房子。（这里 offer 有"出价"的意思。）

⑥ 同样是名词的 offer，在 an **offer** from Oxford University 和 an **offer** from IBM 中，则分别指"学校录取通知"和"工作录用通知"。

钱歌川曾在《英文疑难详解》里单独讨论了 offer 的译法，结论是"它的用法有很多，中文确实没有一个意思相当的字"。

中文虽然也有词类转换现象，如"红了樱桃，绿了芭蕉"，"莫等闲，白了少年头"，这里的"红、绿、白"都是形容词当动词用，但这种用法不如英语中普遍。

英语的词类及一词多义转换为语言表达增添了便捷、简洁、形象、婉约和活泼的色彩。在翻译时，为不让这些色彩流失，得煞费苦心。选词得当，才能译出其妙。例如：

The professor tapped on his desk and shouted: "Young men, **order!**"

The entire class yelled: "**Beer!**"

译文1：教授敲桌子喊道：同学们，请安静！

　　　　学生：啤酒。

译文2：教授敲桌子喊道：你们这些年轻人吆喝（要喝）什么？

　　　　学生：啤酒。

order 有"点（什么菜），要（什么饮料）；秩序"等意思。两种译文相比，译文1虽然解释了它在此处的真正意思，但读者仍难解原句之妙。译文2妙在寻到如此巧合的谐音词"吆喝"（要喝）来翻译英语中一词多义的单词 order，达到了诙谐幽默的效果。

（2）语法上的困难

首先，英语中多出现长句和复合句；汉语则常用短句和简单句。英语中有大量的复合句：定语从句、状语从句、宾语从句、主语从句、同位语从句、表语从句。要使译文既忠于原文，准确传达原文的信息，又符合汉语习惯，达到内容和形式的统一，理清句子结构层次就显得至关重要。例如：

Behaviorists suggest that the child who is raised in an environment where there are many stimuli which develop his or her capacity for appropriate responses will experience greater intellectual development.

该句的主干结构是Behaviorists suggest that the child... will experience... development。句中有多个定语从句：who... an environment是child的定语从句，where... stimuli是environment的定语从句，而which... responses又是stimuli的定语从句。仔细分析该句可以发现，the child... stimuli 与宾语从句中的谓语有潜在的条件关系，即"如果……将……"。理清结构层次后，全句可翻译为：

行为主义者的看法是，如果一个儿童在有许多刺激物的环境中长大，而这些刺激物又能培养其作出适当反应的能力，那么他将会有比较高的智力发育水平。

在翻译句子之前，要先通读全句，一边读一边拆分句子的语法结构。例如：

Social science is that branch of intellectual enquiry which seeks to study humans and their endeavors in the same reasoned, orderly, systematic, and dispassioned manner that natural scientists use for the study of natural phenomena.

拆分句子：

① 句子的主干：Social science is that branch of intellectual enquiry；

② 定语从句：which引导一个定语从句，其先行词是social science；

③ 方式状语：in the same reasoned, orderly, systematic, and dispassioned manner是方式状语，其中的reasoned, orderly, systematic, and dispassioned是并列定语，修饰manner；

④ 定语从句：that natural scientists use for the study of natural phenomena是定语从句，其先行词是manner；

⑤ 拆分后句子的结构如下：

Social science is that branch of intellectual enquiry (主干) which seeks to study humans and their endeavors (定语从句) in the same reasoned, orderly, systematic, and dispassioned manner (方式状语) that natural scientists use for the study of natural phenomena (定语从句).

句子拆分后必然有一个如何排列各分句或成分的问题，为了不削弱原句各成分之间的逻辑联系，同时又兼顾汉语的思维与表达习惯，翻译时常常需要打乱原句的结构，进行重新组合。

翻译时将上面的句子重新组合：

① Social science is that branch of intellectual enquiry 译成"社会科学是知识探索的一个分支"；

② which seeks to study humans and their endeavors 这个定语从句比较复杂，可以放在所修饰的先行词后面，译成"它试图研究人类及其行为"；

③ in the same reasoned, orderly, systematic, and dispassioned manner 为方式状语，翻译时如果照原句序放在动词后面不是太通顺，可以放到动词"试图"后面，译成"它试图以一种……的方式来研究人类及其行为"；

④ that natural scientists use for the study of natural phenomena 这个定语从句直接放到所修饰的词"方式"前面，译成"自然科学家用来研究自然现象那样同样的方式"；

这样，整个就可以组合成一句准确而又通顺的译文：

社会科学是知识探索的一个分支，它试图像自然科学家用来研究自然现象那样，以理性的、有序的、系统的和冷静的方式来研究人类及其行为。

其次，英语的另一显著特点是其丰富的时态。不同的语言具有不同的时态，有的语言甚至很少或没有时态，汉语基本上就是借助词汇来表示各种时间和动作。汉语中除了"着"、"了"、"过"等可以与英语中的进行时、完成时或过去时相对应以外，别无其他可以与英语时态相对应的词语。英语不仅有时态，而且种类繁多，区分细微。英语就是通过这些固定的语法手段将动作的进行过程与状况描绘得更准确更精细，有时甚至能表达说话人的感情色彩。例如：

- She is always helping people.

  她老是帮助别人。（用现在进行时表示赞扬）

- He is constantly leaving his things about.

  他时常乱丢东西。（用现在进行时表示责备）

所以，在传递同样的意思时英语只要选用合适的时态就可以了，汉语则必须使用某些词汇。又如：

It has been noted that those who live, or have lived, in the shadow of death bring a mellow sweetness to everything they do.

人们已经注意到大凡受到死亡威胁的人或是死里逃生的人对于他们所干的任何事总是兴趣盎然。

1.4.2 难点二：文化

王佐良先生指出："翻译里最大的困难是什么呢？就是两种文化的不同。"离开文化背景去翻译，不可能达到两种语言之间的真正交流。

在英、汉两种语言的发展过程中，各自不同的文化背景导致了两者在观察事物和反映客观世界的角度和方法上差别很大，甚至同一事物或现象在两种文化中所引起的联想意义和情感意义也完全不同。英语中某些词的含义并不完全与汉语对等，比如lover这个词，大多数中国人认为是"爱人（丈夫或妻子）"，其实在西方lover指的是"情夫"或"情妇"；再比如First Lady在英美等国指的是总统夫人或州长夫人，而在中国常会被误认为是"原配夫人"；又如intellectual这个词，在英美等国其所指范围较小，只包括大学教授等有较高学术地位的人，不包括普通的大学生，而多数中国人认为intellectual就是"知识分子"，汉语中的"知识分子"所指范围很广：大学教师、中学教师、大学生、医生、工程师等一切受过大学教育的人都可以称为知识分子。

语言的形成与发展深受本国历史、地理、风土人情等各方面因素的影响，英语也不例外。例如：

My sister took her degree at Cambridge, since then we call her a **bluestocking**.

我们称姐姐为<u>天才</u>，因为她获得了剑桥大学的学位。

该句中bluestocking一词的来历可追溯到18世纪。当时在伦敦一般的俱乐部里，人们常聚在一起吃喝玩乐，谈天说地。有一个设在Montague夫人宅第的俱乐部，一反当时的风气，男女成员相聚，以书刊评论和文化讨论代替空洞无聊的闲谈。由于该俱乐部成员不穿绅士们常穿的时髦黑色长裤，而是穿普通蓝色长裤，故被伦敦上流社会"正统"人士称为Bluestocking Club（蓝袜俱乐部）。后来，bluestocking就用来指"自视博才而貌不惊人的女子"。

英语中与Dutch相关的词语往往带有贬义，如go Dutch意为"各自付账"，原意为"小气的，吝啬的"，与英国人所提倡的绅士风度完全背道而行，Dutch courage意为"酒后之勇，一时的虚勇"。这些词语源于17世纪英荷战争时期，故不可避免地带有贬低荷兰人的色彩。再如：

I got mad and talked like **Dutch** uncle.

我勃然大怒，于是就<u>严厉地训人</u>。

另一个例子是a visit from the stork，stork是一种鹳鸟。在英国神话传说中，小孩都是由鹳鸟带来的，因此，a visit from the stork意为"婴儿的出生"。

The **stork** visited the Howard Johnson yesterday.

霍华德·约翰逊家昨天添了一个<u>小孩儿</u>。

英文短语rain check原指比赛、文艺活动等因下雨而中止或延期时，观众会拿到一张rain check，后引申至在商场降价期间，如果东西卖完了，消费者可以凭此卡片在非降价期间有货的时候按照打折的价格购买。

由此可见，由于各个国家、民族的社会制度、自然环境、宗教信仰、风俗、思维方式和语言习惯等方面的差异，跨文化交际给翻译带来的障碍和困难是多种多样的。翻译不仅是两种语言的转换活动，更是两种文化的沟通和移植活动。

译论谐趣：异化、归化再思考

贯穿整个翻译史的直译（literal translation）与意译（liberal translation）是中外翻译界长期争论的话题；译者在翻译过程中常会陷入两难境地：为忠于原文表达形式而采取直译，还是以传达信息为主而采取意译？20世纪70年代以来，随着西方翻译研究的"文化转向"，中国翻译界关于翻译方法问题的讨论也由"直译"与"意译"转向了"异化"（foreignizing）和"归化"（domesticating）。从历史上看，异化和归化可以视为直译和意译概念的延伸，但又不完全等同。直译和意译所关注的核心问题是如何在语言层面处理译文的形式和内容，而异化和归化则突破语言的局限，将视野扩展到语言、文化、思维和美学等更多、更广阔的领域。

"异化"和"归化"概念的提出最初源于德国语言学家、翻译理论家施莱尔马赫（Schleiermacher）1813年在柏林皇家科学院发表的一篇学术演讲《论翻译的方法》（On the Different Methods of Translating）。他提出："要帮助译作的读者在不脱离译入语的情况下正确而完整地看懂原作，可采取两种方法：尽可能地不打扰原作者的安宁，让读者去接近作者；尽可能不打扰读者的安宁，让作者去靠近读者。"

1995年，美国翻译理论家劳伦斯·韦努蒂（Laurence Venuti）在《译者的隐形——翻译史视角》（*The Translator's Invisibility: A History of Translation*）对异化和归化的翻译策略进行了系统的阐述。韦努蒂指出（1995：20），为迎合译入语读者的审美心理、价值观念和表达习惯，归化法把"原作者带入译入语文化"，译文具有通顺、流畅、自然等特征，不见翻译的痕迹，译者隐而不见；而异化法则是"接受外语文本的语言及文化差异，把读者带入外国情景"。

异化翻译敢于追求新颖、独特、非惯用的语言表达方式，刻意在译文中保留源语文化和情调，让读者在阅读时感受到异域韵味，丰富目的语文化和目的语表达方式，因此，被称为"译者的彰显/显身"；归化翻译则尽可能地使源语文本所反映的世界接近目的语文化读者的世界，从而达到源语文化与目的语文化之间的"文化对等"，因此被称为"译者的隐身"。

（1）归化翻译

英国1997年出版的《译学词典》（*Dictionary of Translation Studies*）定义"归化"是"在翻译中采用透明、流畅的风格，最大限度地淡化原文的陌生感的翻译策略"。加拿大翻译家道格拉斯·鲁宾逊（Douglas Robinson）主张"翻译以译者为中心"，认为应采用"归化"翻译的方式将原作同化于目标语文化和语言价值观，具体到语言层面就是所谓的"意译"。韦努蒂（Venuti，1995）的"归化"解释为"遵守译入语语言文化和当前的主流价值观，对原文采用保守的同化手段，使其迎合本土的典律、出版潮流和政治潮流"。他认为，归化策略有助于减少译文中原文语言所带来的种族优越感的影响，译文语言的文化价值观能够在译文中永远占主导地位，如同将原文作者带回家，减少原文语言的文化内涵在译文中的痕迹。对韦努蒂来说，在以归化法为标准翻译法的文化社会中，译者的"隐匿性"使译文自然而然地归化于目的语文化而不被读者发觉。（1995：16-17）

中国古典名著《红楼梦》的英文译名有*A Dream of Red Mansions*（杨宪益和戴乃迭译）和*The Story of the Stone*（戴维·霍克斯译），显然杨先生采用了异化的手段处理语言的文化因素，而霍克斯明显运用了归化的手段，以避免中英两种不同文化的冲突，因为"红楼梦"在中西方读者中引起的联想意义是完全不同的。此外，霍克斯在必须翻译"红楼梦"三个字时，也有意处理成the dream of golden days（黄金时代的梦），"怡红院"译作the house of green delight，均是为了消除"红"这一颜色词在目的语文化中可能给人带来的不悦感。

美国翻译理论学家尤金·奈达是归化翻译策略的主要代表之一，他提出了"功能对等"理论，也称为"动态对等"。所谓"动态对等"翻译，是以翻译交际理论为指导的翻译，即"从语义到语体，在接受语中用切近（原文）的自然对等语再现源语信息"。奈达强调译文应呈现一种正常、自然的状态，明白易懂，而不要拘泥于原文的词汇、字面意思以及语法；提倡寻找语言、文化之间的翻译对等语，以适当方式重组原文形式和语义结构来进行交际。例如：

"喔，谢谢你一家们！我的东西，请你少费心！不管是<u>阿猫阿狗</u>，拖了来当做好主顾，"大少奶奶说到这里忍不住扑哧的笑了一声。

"Thank you very much! In the future, please don't concern yourself so much about my affairs. Bringing home any **Tom, Dick or Harry** and claiming he's a real buyer!" The girl giggled in spite of herself.

"阿猫阿狗"是汉语口语中的通俗词，相当于"张三李四"，是指"不管什么人"，与英文中的Tom, Dick or Harry语义相当，语体对应。因为无法在目的语中找到对等词，译者采用目的语读者熟悉的、地道的表现形式使他们更准确、迅速地理解原作者的话语意义，能避免文化冲突的产生，保证跨文化交际顺畅进行。

语言是一个民族的文化记忆与沉淀，而习语往往具有浓厚的民族文化特色和深远的社会历史渊源。翻译习语时尤其要考虑译入语的民族特色、地域特色、接受心理和表达习惯。例如：

When his father died, he became a **wandering Jew** and traveled everywhere.

他父亲死后，他到处流浪，四海为家。

wandering Jew指"无家可归，四处流浪的人"，因为犹太人曾经流浪多年。译者舍弃源语形象，采用归化策略保证了源语信息的有效传递。

（2）异化翻译

异化与归化相反，注重在一定程度上保留原文的语言特点与文化特色，邀请读者来赏析这些异国风味。一个"好"的译本总是要保留原来"外语"文本中某些有意义的痕迹。比利时裔美籍比较文化及翻译学教授安德烈·勒弗维尔（André Lefevere）认为：译者应当让译文读者感受到原文读者所体验到的画面与阅读乐趣。如此，译文读者逐渐熟悉了原本知之甚少的源语文化，并且感知到原文语言与母语之间的差别。例如：

揭去方巾，见那娘子辛小姐，真有沉鱼落雁之容，闭月羞花之貌。

When the bride's red veil was removed, he saw that Miss Xin the bride was lovely enough to **outshine the moon and put the flowers to shame**.

"沉鱼落雁之容，闭月羞花之貌"形容女子的美丽容颜，以至于鱼见之沉入水底，雁见之降落沙洲。译者采用异化的手法，保留了原文的形象描写，以生动活泼的语言带给西方读者解读中国文化的新视角，也丰富了目的语读者的语言表达方式。如果简单地意译为：Her beauty is beyond description，则完全丧失了原文的神采和韵味。

韦努蒂也是异化策略的主要倡导者之一。翻译是一种跨文化行为，其目的是推动不同文化之间的交流，所以，完全有必要将原文语言文化的特点展现给译文读者。异化策略承认不同文化之间存在差异，认识到通过翻译行为，可将这些差异展现出来。正是通过这种翻译方法，源语文化才能进入译入语所代表的文化，如此，跨文化交流才算真正实现。

作为翻译家和译论家，严复认为译文重在"达旨"而非"翻译"，他强调翻译的"通顺畅达"，属于目的语文化导向。留日前期的鲁迅亦深受影响，提倡归化的翻译策略；在留日后期和民国初年，他则更多地关注与中国传统文化异质的文化因子，尝试异化的翻译策略，如《域外小说集》、《死魂灵》等。以翻译为媒介借鉴、汲取异质的域外文化，创造性地引入新的表现形式，构建中国现代文化是鲁迅先生对中国近代翻译文学史的重要贡献。

鲁迅在《关于翻译的通信》一文中提到："这样的译文不但在输入新的内容，也在输入新的表现手法。"鲁迅在《"题未定"草（一至三）》中谈及他翻译《死魂灵》时，倡导译文应具有"异国情调，即所谓的洋气……其实世界上不会有完全归化的译文，倘有，就是貌合神离，从严辨别起来，它算不了真翻译。"鲁迅所谓的"洋化"或"欧化"实际就是韦努蒂所详细论述的"异化"。

尽管归化可以让译文读者倍感亲切，减少对文本的理解障碍，增加可读性，但是在全球化语境下，一味地归化会模糊、削弱源语的民族文化身份。在向西方读者译介中国文学作品时，增强目的语读者对中国文化的解读能力和熟练度，有利于我国民族文化身份的保持及中西方文化的融合。杨氏夫妇所译的《红楼梦》堪称"异化"翻译的经典，为中西方文化交流作出了特有的贡献。在其译文中，特别注重保留原文的语义和句法结构，对诸多繁杂的中国特色文化加以注释，在文化背景迥异的英语读者面前呈现与诠释一种全新的异质文化，使译作处处洋溢着"异域风情"。例如：

刘姥姥道："这倒不然。谋事在人，成事在天。咱们谋到了，看菩萨的保佑，有些机会，也未可知。"

杨译："Don't be so sure," said Granny Liu. "**Man proposes, Heaven disposes**. Work out a plan, trust it to Buddha, and something may come of it for all you know. "

霍译："I wouldn't say that," said Grannie Liu. "**Man proposes, God disposes**. It's up to us to think of something. We must leave it to the good Lord to decide whether He'll help us or not. Who knows. He might give us the opportunity we are looking for. "

在《红楼梦》译本中，杨宪益先生套用英语谚语Man proposes, God disposes，将God改成了Heaven，而霍克斯直接将这一成语归化为英语谚语，并用the Lord代替原文的"菩萨"，其目的是消除译入语读者在阅读过程中碰到的文化障碍，然而这种完全归化的译法容易让英语读者误以为中国人同西方人一样信奉"上帝"，反而造成了文化误读；比较而言，杨先生的译文巧妙地使用Heaven一词，有效保留了中国的本土色彩。再如：

袭人笑道：“可是你‘只许州官放火，不许百姓点灯’。”

杨译：Xiren laughed. "You're like 'the magistrate who goes in for arson but won't allow common people to light a camp.'"

霍译："Curfew for the common people, but the Perfect can light a fire," said Aroma drily.

　　杨宪益译文中通过使用go in for arson和light a camp形成鲜明的对照，既保留了原文的典故，又体现了原文的修辞效果，向西方读者传达了"异域"文化色彩；而霍译本中借用了欧洲中世纪晚间定时灭火熄灯就寝的规定，让西方读者读起来没有一丝一毫文化背景方面的新鲜感。

　　翻译作为一种跨文化的交流活动，无论是广义的翻译还是狭义的翻译，无不在一定的文化语境中进行。巴斯奈特与勒弗维尔（Bassentt & Levefere）在《翻译、历史与文化》（Translation, History and Culture）中指出，"如果把文化比成人的身体，那么语言就是人的心脏，只有身体与心脏相互协调，人类才能保持生机与活力。外科医生给病人做心脏手术时，绝不会不管病人心脏周围的身体状况。翻译人员从事翻译工作时决不能割离文化而孤立地看待翻译。"

　　归化和异化作为翻译时处理文化差异问题的两种意见，一直是翻译界的热门话题。归化和异化是对立统一、相辅相成的，绝对的归化和绝对的异化都是不存在的。异化和归化除了排斥性和对立性之外，更有兼容性和并存性。

　　著名后殖民学家霍米·巴巴（Homi K. Bhabha）反对传统译论研究中的二元对立，它认为在二元对立之中存在着一个"第三空间"，也就是说两种文化进行交流就必然存在一个"第三空间"。当译入语文化和源语文化进行交流时，如果双方不是在"第三空间"中进行，那么不论是谈判还是翻译都是不可能获得相互理解的。"第三空间"中的语言和文化交流其实就是杂合化的结果，兼具了两种文化的特色。中国学者韩子满（2005）指出，杂合"表示由于两方或多方相互影响、相互作用而形成的新的一方。这个新的一方具有原来各方的一些特点，但也有一些新的特点，与原来各方既有千丝万缕的联系，又有显著的区别"。在传统翻译策略中，归化的翻译使源语文化无法吸收新鲜的文化成分，虽然在一定程度上有保护源语文化的作用，但却使自身文化没有任何发展，无异于"闭关锁国"。异化的翻译可以尽显译入语文化的特色，向自身文化输入新鲜血液，然其没有过多考虑两种文化的交流性，使其译文晦涩难懂，让读者读起来云里雾里，往往损害译文的可读性，甚至造成读者的误解，同样不利于文化的交流和传播。不同语言文化之间的差异是显著的，语言之间不存在完全对等的关系。翻译的过程是两种或多种文化之间交流和相互影响的过程。

从文化模因理论的角度来看，翻译是一个文化转向的过程。"文化转向"揭示，文化体本身也常有吸收异族模因的要求。对本族文化的模因来说，这些引进的异族模因构成了文化生命体进化所需的约10%的突变，使本族文化获得新的生命力。（尹丕安，2006：39）黄艳春、黄振定提出异化与归化是一种渐变连续体关系：异化→（程度渐小）（程度渐小）←归化，并指出在处理异化和归化的差异空缺时应强调两者的结合。（2010：101）异化与归化的结合在渐变连续体中的体现是异化和归化都同时在无限接近"程度渐小"的中间地带，这种结合使双方文化不断靠近中间公共地带。异化归化相结合的翻译（异化 ⇨⇦ 归化）是译者追求的最佳境界，也是源语文化与目的语文化的成功交流与融合。

译例赏析

原文

孔乙己

（节选）

孔乙己是站着喝酒而穿长衫的唯一的人。他身材很高大；青白脸色，皱纹间时常夹些伤痕；一部乱蓬蓬的花白的胡子。穿的虽然是长衫，可是又脏又破，似乎十多年没有补，也没有洗。他对人说话，总是满口之乎者也，教人半懂不懂的。因为他姓孔，别人便从描红纸上的"上大人孔乙己"这半懂不懂的话里，替他取下一个绰号，叫作孔乙己。孔乙己一到店，所有喝酒的人便都看着他笑，有的叫道，"孔乙己，你脸上又添上新伤疤了！"他不回答，对柜里说，"温两碗酒，要一碟茴香豆。"便排出九文大钱。他们又故意的高声嚷道，"你一定又偷了人家的东西了！"孔乙己睁大眼睛说，"你怎么这样凭空污人清白……""什么清白？我前天亲眼见你偷了何家的书，吊着打。"孔乙己便涨红了脸，额上的青筋条条绽出，争辩道，"窃书不能算偷……窃书！……读书人的事，能算偷么？"接连便是难懂的话，什么"君子固穷"，什么"者乎"之类，引得众人都哄笑起来：店内外充满了快活的空气。

听人家背地里谈论，孔乙己原来也读过书，但终于没有进学，又不会营生；于是愈过愈穷，弄到将要讨饭了。幸而写得一笔好字，便替人家抄抄书，换一碗饭吃。可惜他又有一样坏脾气，便是好吃懒做。做不到几天，便连人和书籍纸张笔砚，一齐失踪。如是几次，叫他抄书的人也没有了。孔乙己没有法，便免不了偶然做些偷窃的事。但他在我们店里，品行却比别人都好，就是从不拖欠；虽然间或没有现钱，暂时记在粉板上，但不出一月，定然还清，从粉板上拭去了孔乙己的名字。

孔乙己喝过半碗酒，涨红的脸色渐渐复了原，旁人便又问道，"孔乙己，你当真认识字么？"孔乙己看着问他的人，显出不屑置辩的神气。他们便接着说道，"你怎的连半个秀才也捞不到呢？"孔乙己立刻显出颓唐不安模样，脸上笼上了一层灰色，嘴里说些话；这回可是全是之乎者也之类，一些不懂了。在这时候，众人也都哄笑起来：店内外充满了快活的空气。

译文

Kong Yiji

(Excerpt)

Kong Yiji was the only long-gowned customer who used to drink his wine standing. A big, pallid man whose wrinkled face often bore scars, he had a large, unkempt and grizzled beard. And although he wore a long gown it was dirty and tattered. It had not by the look of it been washed or mended for ten years or more. **He used so many archaisms in his speech that half of it was barely intelligible. And as his surname was Kong, he was given the nickname Kong Yiji from** *kong, yi, ji,* **the first three characters in the old-fashioned children's copybook.** Whenever he came in, everyone there would look at him and chuckle. And someone was sure to call out:

"Kong Yiji! What are those fresh scars on your face?"

Ignoring this, he would lay nine coppers on the bar and order two bowls of heated wine with a dish of aniseed-peas. Then someone else would bawl:

"You must have been stealing again!"

"Why sully a man's good name for no reason at all?" Kong Yiji would ask, raising his eyebrows.

"Good name? Why, the day before yesterday you were trussed up and beaten for stealing books from the Ho family. I saw you!"

At that Kong Yiji would flush, the veins on his forehead standing out as he protested, "Taking books can't be counted as stealing… Taking books… for a scholar… can't be counted as stealing." Then followed such quotations from the classics as "A

gentlemen keeps his integrity even in poverty," together with a spate of archaisms which soon had everybody roaring with laughter, enlivening the whole tavern.

From the gossip that I heard, it seemed that Kong Yiji had studied the classics but never passed the official examination and, not knowing any way to make a living, he had grown steadily poorer until he was almost reduced to beggary. **Luckily, he was a good calligrapher and could find enough copying work to fill his rice bowl.** But unfortunately he had his failing too: laziness and a love of tippling. So after a few days he would disappear, taking with him books, paper, brushes and ink stone. And after this had happened several times, people stopped employing him as a copyist. Then all he could do was resort to occasional pilfering. In our tavern, though, he was a model customer who never failed to pay up. Sometimes, it is true, when he had no ready money, his name would be chalked up on our tally-board; but in less than a month he invariably settled the bill, and the name Kong Yiji would be wiped off the board again.

After Kong Yiji had drunk half a bowl of wine, his flushed cheeks would stop burning. But then someone would ask：

"Kong Yiji, can you really read?"

When he glanced back as if such a question were not worth answering, they would continue, "How is it you never passed even the lowest official examination?"

At once a grey tinge would overspread Kong Yiji's dejected, discomfited face, and he would mumble more of those unintelligible archaisms. Then everyone there would laugh heartily again, enlivening the whole tavern.

——选自《鲁迅小说选》/ 杨宪益、戴乃迭 译

背景介绍

《孔乙己》是我国文学巨匠鲁迅先生较具代表性的一篇短篇小说。小说成功塑造了一个深受封建科举制度毒害、被残酷地抛弃于社会底层、生活穷困潦倒的读书人的悲剧形象。

翻译家杨宪益、戴乃迭夫妇一生致力于译介中国优秀的文学作品，为传播中国丰富的文化遗产和中西文化交流作出了巨大贡献。杨氏译文用词精当、语言平实，以异化为主，尽可能准确、完整地将原文的生动形象移植到译文中，从而最大程度地保留、传达原作特有的文化意向和艺术特色。他们翻译的鲁迅作品深刻而传神，深受国内外读者的喜爱，成为鲁迅小说英译的权威版本。

译文分析

（1）他对人说话，总是满口*之乎者也*，教人半懂不懂的。

He used so many **archaisms** in his speech that half of it was barely intelligible.

　　小说多次写到孔乙己满口"之乎者也"，反映他受封建教育毒害之深，用个性化的语言描写了孔乙己自命清高、迂腐不堪、自欺欺人的性格特征。"之"、"乎"、"者"、"也"这四个字都是文言虚词，是中国古代封建社会受过教育的人显示其学识修养时常用的一种表达方式，现在常用作对文人咬文嚼字的讽刺，指其迂腐的书呆子气。

　　"之乎者也"可译成archaisms或pedantic jargons/terms。archaisms意指"已过时、不太常用的古语"；pedantic jargons/terms较抽象，指"卖弄学问的措词"。现代英语常用表示具体形象的词指代一种属性、一个概念或某事物，将表示具体形象的词进行概括性引申和抽象化处理能够使译文更加自然流畅。译者在翻译过程中充分考虑西方人的认知水平，概括性地选用archaisms一词，虽语意宽泛，但用词凝练、简洁清楚，符合英语语言简洁的特征，将原作中精炼的"词眼"在译文中传神地再现出来，相比较而言，pedantic jargons/terms的文学韵味略显不足。

（2）因为他姓孔，别人便从描红纸上的"上大人孔乙己"这半懂不懂的话里，替他取下一个绰号，叫作孔乙己。

And as his surname was Kong, he was given the nickname Kong Yiji from *kong, yi, ji*, **the first three characters in the old-fashioned children's copybook.**

　　旧时学童入私塾，初学习字先写仿，由塾师写定范帖仿影，将仿影衬于透明仿纸下；描红则是以红色印刷范字，学童墨写覆红。这种蒙学教材相当古旧，明代叶盛《水东日记》称其为"描朱"，学生写完，由蒙师在所写字上逢好加圈。"描红"属于中国特有的文化现象，英语中没有对应的表达方式，译文使用copybook有效地实现了其功能对等，杨译通过补充同位语信息the first three characters in the old-fashioned children's，保留了汉语的文化因素，有效地传递了"描红"这一中国古代传统习字文化。

　　旧时最通行的描红字帖上印有"上大人，孔乙己，化三千，七十士，尔小生，八九子，佳作仁，可知礼"等一些笔画简单、三字一句和似通非通的文字。迂腐的读书人孔乙己的名字便源于描红纸的字句。对"上大人"这三个字，杨先生采用了省略的译法，减少了冗余文化信息的干预，最大限度地传递了原文的意思。此外，译者也不拘泥于原文，省译"这半懂不懂的话里"，避免译文冗长累赘。

（3）孔乙己便涨红了脸，额上的青筋条条绽出，争辩道，"窃书不能算偷……窃书！……读书人的事，能算偷么？"接连便是难懂的话，什么"**君子固穷**"，什么"**者乎**"之类，引得众人都哄笑起来：店内外充满了快活的空气。

At that Kong Yiji would flush, the veins on his forehead standing out as he protested, "Taking books can't be counted as stealing... Taking books... for a scholar... can't be counted as stealing." Then followed such quotations from the classics as "**A gentleman keeps his integrity even in poverty**," together with **a spate of archaisms** which soon had everybody roaring with laughter, enlivening the whole tavern.

"君子固穷"出自《论语·卫灵公》，指君子能够安贫乐道，不失节操。原句为"子曰：'君子固穷，小人穷斯滥矣。'"意思是："（孔子说）'君子安于穷困，小人遇到穷困，就会胡作非为了。'"为避免中西文化隔阂，译者通过文化移入的方式，直接将其中的形象信息移植到目的语中。译文此处未增加任何详细注释，而是以意译的 A gentleman keeps his integrity even in poverty 传达其内在含义，旨在凸显孔乙己的酸儒品性。

此外，对于文中"者乎"等古文的翻译，为避免影响外国读者对作品的理解，杨译直接处理为 a spate of archaisms，语意略显模糊，不能充分展示出这个落魄的读书人迂腐的性格特点。相比较而言，美国译者威廉·莱尔对此部分的翻译是：Tacked onto that was a whole string of words that were difficult to understand, things like the gentleman doth stand firm in his poverty, and **verily this and forsooth that**. 威廉·莱尔通过使用 verily、forsooth 等晦涩难懂的古英语词，既在形式上与古汉语"者乎"对等，又在功能上让读者直观地感受到了孔乙己的迂腐，将一个深受封建教育毒害的穷知识分子的形象活生生地展现在读者面前。

（4）幸而写得一笔好字，便替人家抄抄书，<u>换一碗饭吃</u>。

Luckily, he was a good calligrapher and could find enough copying work to **fill his rice bowl**.

李文中（1993）认为"中国英语是以规范英语为核心，表达中国社会文化诸领域特有事物，不受母语干扰和影响，通过音译、译借及语义再生诸手段进入英语交际，具有中国特点的词汇、句式和语篇"，如 qigong（气功）、erhu（二胡）、iron rice bowl（铁饭碗）等。中国英语融入汉语特色，把中国独有的文化、事物、意念和传统等通过音译、译借及语义再生等手段客观地再现，语音、语义、句法、章法、文本、语用、文体和风格都不同程度地反映了中国人特有的思维和价值观；中国英语是汉语和汉文化最大限度的正迁移；其发展变化与中国社会文化的发展演变相适应。

中国的饮食文化已有上千年的历史，是中国传统文化的重要组成部分。在中国人看来，食物乃生命之源，自古就有"民以食为天"、"悠悠万事，唯此为大"的说法。因此，中国很多词语的产生都与饮食有着千丝万缕的联系，如谋生叫"糊口"，混得好叫"吃得开"，被照顾叫"开小灶"，嫉妒叫"吃醋"，犹豫不决叫"吃不准"。"饭碗"本义是"盛饭用的碗"，亦用来比喻"职业"。其引申词汇"铁饭碗"指非常稳固的工作或职位；"金饭碗"指待遇非常优厚的或国家公务职位。鲁迅在《书信集·致曹靖华》提到："要找一饭碗，却怕未必有这么快"。原文中"幸而写得一笔好字……换一碗饭吃"是指孔乙己因一手好字，而靠抄书以维持生计。杨先生采用异化的方法，保留了rice bowl（饭碗）在源语文化中的特有含义，将"换一碗饭吃"处理成fill his rice bowl，既生动地传达了孔乙己以此为营生的含义，同时又传递了源语传统文化中特有的思维模式。

练习

一、翻译下列句子，注意使用词类转化法。

1. So far **so good**.

2. He is a **lover** of pop music.

3. He was a good **listener** and they would like to talk with him.

4. It was only my capacity for hard work that saved me from early **dismissal**.

5. **Silence** followed this remark.

6. Our age is **witnessing** a profound political change.

7. Lack of patience may be his **heel of Achilles**.

8. He was **eloquent** and **elegant** but soft.

9. The project is an economic **albatross** from the start.

10. With this faith we will be able to hew out of **the mountain of despair a stone of hope**.

11. There was no loud sound. Nothing asserted its size **in a brutal tumult of wind and thunder**.

12. With determination, with luck, and with the help of lots of good people, I was able to **rise from the ashes**.

13. Magic realism **portrays** magical or unreal elements as a natural part in an otherwise realistic or mundane environment.

14. 他们不顾一切困难、挫折，坚持战斗。

15. 他的父亲担心他是否能负担起儿子的学费。

16. 一代红颜为君尽。

17. 两国的共同利益大于分歧。

18. 当我们大为谦卑的时候，便是我们最接近伟大的时候。

19. 这位太太的脑子并不难以捉摸，她显得喜怒无常、智力不足、孤陋寡闻。

20. 他可以信赖，他为人正直，公平行事。

21. 前途是光明的，道路是曲折的。

22. 金属的延展性大，通常是靠牺牲强度才获得的。

23. 双方应信守合同，未经双方一致同意，任何一方不得擅自更改、解除和终止合同。

24. 严峻的现实表明，在教育机会和营养健康方面，城乡儿童发展均严重失衡，差距明显。贫困地区儿童的发展面临严峻挑战。

25. 实现新工业革命的关键在于智能化，我国将经由"三步走"——从"中国制造"到"中国创造"再到"中国智造"——将基础设施建设推向新的水平。

二、翻译下列句子，注意运用异化、归化翻译策略翻译以下中国特色词。

1. 她写下了"厚德载物"这四个字。

2. 政府开展了一系列扫黄打黑行动。

3. 他们又倒上了一盅白酒。

4. 清明节是中国人缅怀祖先的节日。

5. 我们走进一家店，吃了第一碗泡馍。

6. 11月11日—称为"光棍节"，是中国人对情人节加以改动后的创作，也是网络购物最火爆的日子之一。

7. 《白蛇传》和《花木兰》等影片对历史原型进行了大量改编。

8. 去年6月，阿里巴巴推出了一款名为余额宝的货币市场产品。

9. "气"流经自然和人体，从而决定了健康和谐或疾病失调。

10. 微信是中国的应用大热门和倍受欢迎的社交软件。

11. 城管负责执行保障街道有序与出行畅通的各种规定。

12. 春节是一个对中国人来说非常重要的节日，也是家庭团聚的日子。

13. 人们为什么热衷于摸彩票？

14. 刺绣是中国优秀的民族传统工艺之一。

15. 秋风起，天气凉，一群群大雁往南飞，一会儿排成个"一"字，一会儿排成个"人"字。

参考文献

Bassnett, S. & A. Lefevere. *Translation, History and Culture* [M]. London & New York: Printer Publishers, 1990.

Homi, B. *The Location of Culture* [M]. London & New York: Routledge, 1994.

Nida, E. A. *Language and Culture* [M]. Shanghai: Shanghai Foreign Language Education Press, 2001.

Riehards, I. A. Toward a Theory of Translation [A]. *Studies in Chinese Thought* [C]. Eidetd by A. Wright. Chicago: Univesrity of Chicago Press, 1953.

Schleiermacher, F. On the different methods of translating (1813) [C] // A. Lefevere. *Translation / History / Culture* [M]. London & New York: Routledge, 1992:141-166.

Venuti, L. *The Translators Invisibility: A History of Translation* [M]. London: Routledge, 1995.

陈福康. 中国译学理论史稿 [M]. 上海：上海外语教育出版社，1992.

陈秋劲. 英汉互译理论与实践 [M]. 武汉：武汉大学出版社，2005.

方梦之. 翻译新论与实践 [M]. 青岛：青岛出版社，1999.

傅雷.《高老头》重译本 [M]. 辽宁：辽宁教育出版社，2005.

韩子满. 文学翻译杂合研究 [M]. 上海：上海译文出版社，2005.

黄艳春，黄振定. 简论异化与归化的运用原则 [J]. 外语教学，2010（2）：101-104.

刘宓庆. 当代翻译理论 [M]，北京：中国对外翻译出版公司，1999.

鲁迅."题未定"草（一至三）[C]// 鲁迅. 鲁迅全集·且介亭杂文二集（第六卷）.
    北京：人民文学出版社，2005.

鲁迅. 关于翻译的通信 [C]// 鲁迅. 鲁迅全集·二心集（第四卷）. 北京：人民文学
    出版社，2005.

马会娟. 奈达翻译理论研究 [M]. 北京：外语教学与研究出版社，2003.

孙致礼. 翻译：理论与实践探索 [M]. 北京：中国对外翻译出版公司，1999.

谭载喜. 西方翻译简史 [M]. 北京：商务印书馆，2006.

谭载喜. 新编奈达论翻译 [M]. 北京：中国对外翻译出版公司，1999.

许均. 翻译论 [M]. 武汉：湖北教育出版社，2003.

杨宪益，戴乃迭译. 鲁迅小说选 [M]. 北京：外文出版社，2010：36-51.

尹丕安. 模因论与翻译的归化和异化 [J]. 西安外国语学院学报，2006（1）：39-41.

张培基. 英译中国现代散文选：汉英对照 [M]. 上海：上海外语教育出版社，1999.

第二章　翻译理论

　　翻译是人类文化交流最悠久的活动之一，有翻译实践，就必然有对翻译活动的思考、探索与研究。中外译论在长期的发展中，对翻译以及与其有关的一些重大问题都有着各自的认识。西方翻译的语文学派、语言学派、交际理论学派、社会符号学派、多元系统理论学派以及最近几十年出现的文化学派、女性主义翻译都从不同层面、视角对翻译及译者作出了自己的阐释。其中，美国翻译理论家尤金·奈达的翻译理论产生了世界性的深远影响。他提出了著名的"功能对等"理论，即以目的语和目的语文化为依归，以译文和译文读者为中心，以译意为核心的翻译理论。另一位对翻译作出杰出贡献的是英国的实践型翻译理论家彼得·纽马克（Peter Newmark）。他将跨文化交际理论和现代语言学的研究成果，如符号学和交际理论运用到翻译研究中，认为翻译既是科学，又是艺术和技能，并提出了著名的"交际翻译"和"语义翻译"法。中国译学历史悠久，从最初的佛经译论、明末清初的科技翻译到"五四"运动以后的西学翻译，大致经历了"案本、求信、神似、化境"的发展历史。随着当代西方翻译理论研究不断将文化、社会和政治因素纳入其研究领域，翻译研究又出现了新的研究范式，即"后殖民翻译"。它将源语文化与目的语文化之间的权力差异作为一个重要的维度进行研究。

2.1 西方翻译理论简介

2.1.1 西方翻译理论史及流派概述

　　西方翻译研究历史源远流长，内容浩如烟海。从时间角度看，有人将其分成四个阶段，即古典译论期、古代译论期、近代译论期和现代译论期。

　　古典译论期包括古代到公元4世纪末这段时期，主要代表人物有西塞罗（Cicero）、贺拉斯（Horatius）等，译论以围绕希腊文化翻译为特征。罗马帝国时期的西塞罗是西方最早的翻译理论家。他从修辞学家、演说家的角度看待翻译，首次把翻译区分为"作为解释员"和"作为演说家"的翻译。"作为解释员"的翻译是指没有创造性的翻译，而"作为演说家"的翻译则是指具有创造性、可与原著媲美的翻译。这样，西塞罗便厘定了翻译的两种基本方法，从而开拓了翻译理论和方法研究的园地。自西塞罗以来，西方翻译理论史便围绕着直译与意译、死译与活译、忠实与不忠实、准确与不准确的问题向前发展。

古代译论期始于欧洲的中世纪至18世纪，以宗教翻译和人文著作翻译为特征，主要代表人物有奥古斯丁（Augustinus）等。奥古斯丁提出《圣经》翻译凭"上帝的感召"和有关语言符号理论。昆体良（Quintilian）的"与原作竞争"和哲罗姆（St. Jerome）的"文学用意译，《圣经》用直译"之说；波伊提乌（Boethius）的翻译观点是宁要"内容准确"，不要"风格优雅"的直译和译者应当放弃主观判断权的客观主义；但丁（Dante）主张"文学不可译"论。在文艺复兴时期，伊拉斯莫（Erasmus）坚持不屈从神学权威，主张《圣经》翻译要用译者的语言；路德（Luther）主张翻译必须采用民众语言；多雷（Dolet）则提出"翻译五原则"，即译者必须理解原文内容、通晓两种语言、避免逐字对译、采用通俗形式、讲究译作风格。

近代译论期始于18世纪后期到19世纪末，适逢欧洲工业革命和启蒙运动，马修·阿诺德（Mathew Arnold）是其中一个重要的代表。巴托（Bartow）提出"作者是主人"（译者是仆人）、译文必须"不增不减不改"的准确翻译理论；德莱顿（Dryden）提出"直译"、"意译"、"拟作"的翻译三分法和翻译是艺术的观点；泰特勒（Tytler）厘定优秀译作的标准："译文应完全再现原文的思想；译文应与原文的风格及手法等同，译文应与原文同样通顺"等翻译三原则；施莱尔马赫（Schleiermacher）区分了口译和笔译、文学翻译与机械性翻译；洪堡特（Humboldt）的理论是语言决定世界观和可译性与不可译性；阿诺德（Arnold）的观点是"翻译荷马必须正确把握住荷马的特征"。

现代译论期始于19世纪，一直到今天。这个时期，特别是20世纪后半期，语言学发展很快，译论也和语言学研究紧密相连，而且学派纷呈，人物辈出，是翻译研究百花齐放的时期。有费道罗夫（Federov）的翻译理论"翻译研究需要从语言学方面来研究"，翻译理论由翻译史、翻译总论和翻译分论三部分组成的观点；有雅克布森（Jakobson）的"语内翻译"、"语际翻译"和"符际翻译"的三类别；有列维（Levy）的"翻译是一种做决定的过程"和加切奇拉泽（Gachechiladze）的"翻译永远是原作艺术现实的反映"、"文艺翻译是一种艺术创作"的文学翻译理论；有弗斯（Firth）、卡特福德（Catford）的翻译在于"语言环境对等"的语言学翻译理论；有奈达的"等同的读者反应"和"翻译即交际"的理论等。可以说，所有这些主要观点都是构成西方翻译理论的重要组成部分。

从内容上分，西方翻译理论大致可以分为四个基本学派：语文学派、语言学派、交际理论学派和社会符号学派。语文学派关注原文的文学特征，比较注重原文而忽略读者。语文学派的翻译观早在希腊和罗马时期就很重要，提出了"到底是让信息适应人，还是让人适应信息"的问题，很早就围绕直译和意译的问题进行了激烈的争论。

语言学派注重的是源语和译入语在语言结构方面的差别。该学派强调源语和译入语的对应规则，但这种对应基本上是在表层进行的，所以它对大部分实际翻译活动的帮助不大。然而，语言学派较为刻板的对应规则却对机器翻译的发展有很重要的意义。这个学派的代表人物可以说是卡特福特（Catford），代表作是他的《翻译的语言学理论》（*A Linguistic Theory of Translation*）。

交际理论学派从信息源、信息、信息接受者、媒体等方面研究翻译的问题，一下子就把语言学派局限性解决了。这个学派认为应该突出信息接受者的作用，强调信息的交流而非语言的对等。奈达（Nida）、卡德（Kade）、纽伯特（Neubert）、维尔斯（Wilss）等人是这一学派中较为活跃的人物。但是交际学派仅从信息出发，没有对语言和社会文化间的关系给予足够关注，是其不足之处。

社会符号学派则更进一步将文字外更多的信息加以考虑，要求译者关注。在这个学派看来，很多社会文化因素可能影响信息的传递，所以译者不仅要看所译的文字，还要注意文字所存在的社会文化环境。奈达也是这个学派的重要代表人物之一。

此外，发源于以色列的多元系统理论（Polysystem Theory）也是最近20多年来一个重要的学派。以色列由于所处政治文化地位特殊，本身的文学中缺少堪称经典的作品，因此特别依靠引进外来语言文化中的文学作品，翻译也就有了它特殊的地位。多元系统理论指出，将翻译界定为次要系统（secondary system）的传统看法并不能准确地描述客观实际情况。在那些确立经年的古老传统的文化多元系统中，翻译确实是次要的；但在那些较年轻、较弱小的文化多元系统中（如以色列），翻译文学就并不是徘徊在文化的边缘，而可能成为文学的主要部分。以这一基本理论为出发点，多元系统理论在翻译对本土主流文学的影响、翻译的方法论等诸多问题上都提出了独树一帜的观点。

还应该特别提到的是近年来西方翻译研究领域中最激动人心的一股新力量。以苏珊·巴斯奈特（Susan Bassnett）、安德烈·勒弗维尔（Andre Lefevere）、劳伦斯·韦努蒂（Lawrence Venuti）等为核心人物的文化建设翻译学派正越来越引起人们的注意。他们和传统的翻译学派不同，似乎在用翻译借题发挥，关注的焦点在语言和翻译之外。他们强调翻译有必要和其他研究领域连接起来，特别是文化研究离不开翻译研究。他们认为翻译活动直接参与了权力和语篇的产生，在强势文化和弱势文化间进行语言符号的转换绝不仅仅只是文字的转换，甚至不只是信息的转换，而牵涉到权力对社会文化的影响。

继翻译的"文化转向"之后，女性/性别与翻译结下了不解之缘，成为翻译研究的话语主题。女性主义翻译理论从翻译与性别隐喻、译者的身份建构、身体翻译以及翻译作为女性和他者的象征等几个方面，分析和揭示了翻译与女性的关系。其主要理论主张为：翻译的意识形态和政治立场要为女性译者的身份建构创造条件；颠覆了传统译论中"作者/原文—译者/译文"的二元对立模式，提倡原文—译文的共生共荣；瓦解了传统译论的"忠实"观念，提出"忠实"不是忠实于原文作者，也不是忠实于接受语言文化的读者，而是忠实于自己的阅读；提出了"性别译者"的概念，肯定了译者性别差异所导致的对原文文本意义阐释的不同，从而丰富了原文文本的内涵，同时也提高了译者的主体性。在翻译实践中，女性主义译者常采用增补、劫持以及加写前言和脚注的手段，彰显女性语言，为女性说话。女性主义翻译理论从女性主义的角度考量翻译中的作者、文本、译者和读者，给翻译研究带来了全新的启迪。在后现代、后殖民文化语境下，女性、差异性以及他者为重建译者主体性提供了无限的可能性。其杰出代表人物有芭芭拉·戈达德（Barbara Godard）、雪莉·西蒙（Sherry Simon）、萝莉·张伯伦（Lori Chamberlain）以及路易斯·冯·弗洛托（Luis von Flotow）。

自20世纪50年代以来，西方翻译研究人才辈出，有不少学者值得我们了解。比如英国学者纽马克（Peter Newmark）就是翻译学术界人人皆知的人物，他的《翻译教程》（*A Textbook of Translation*）几乎是翻译系学生必读的书。他提出了语义翻译和交际翻译，还借用前人的模式将语篇按语言功能分类，为译者提供了有效的使用工具。另外，法语翻译理论研究也风景独好，值得一提的有让-保尔维纳（Jean-Paul Viney）和让-达贝尔纳（Jean Darbelnet）发表于1958年的重要著作《法英修辞比较研究》。在这本书中，他们建立了一系列严格界定的翻译术语，提出了翻译单位的确定问题，还对翻译技巧进行了分类。法国翻译研究方面最著名的应是乔治·穆南（Georges Mounin）。他在1963年发表的博士论文《翻译的理论问题》，几十年来一直是法国翻译界的经典之作。穆南对翻译研究的主要贡献是将现代语言学理论运用到一些翻译问题的研究上，他认为翻译研究隶属语言学研究。穆南的博士论文被称为"划时代的著作"，可见他在法国翻译研究领域的深远影响。

此外，俄国学者在翻译方面的贡献也不可低估，其中特别值得一提的是费道罗夫（Federov）和他的《翻译理论概要》以及巴尔胡达罗夫（Barkhudarov）和他的《语言与翻译》。这两本书基本上是从语言学角度讨论翻译，特别是前者，一直被认为是翻译理论的语言学纲要。巴尔胡达罗夫的《语言与翻译》一书也是俄国翻译研究方面的重要著作。他在书中就翻译的定义、可译性、语义与翻译、翻译单位、翻译转换法和翻译理论等问题都有论述。

除上面提到的几位外，欧洲学者乔治·斯坦纳（George Steiner）著名的《通天塔》（*After Babel*）也是翻译研究方面的经典之作。还有德语翻译方面的纽伯特（Albrecht Neubert）也是目前欧洲翻译研究方面较为活跃的人物。另外，多元系统理论的先驱人物埃文-左哈尔（Even-Zohar）以及该理论的主要继承人物吉恩·图里（Gideon Toury），还有苏珊·巴斯纳特和安德烈·勒弗维尔等都是发展译论方面的重要人物。

当代西方翻译研究虽然是百花齐放，人才辈出，但几乎大部分学者都认为美国学者尤金·奈达是众多的研究者中贡献最大的一位，有人甚至将他称为"当代翻译理论之父"。此外，对翻译实践贡献卓著的彼得·纽马克虽在理论探索方面算不上举足轻重的人物，但为翻译实践者提供了十分有效的方法。下面将较为详细地介绍这两位学者。

2.1.2 奈达翻译理论概述

尤金·奈达（Eugene. A. Nida）1914年生于美国的俄克拉何马州，早年师从当代结构主义语言学大师布隆菲尔德（Leonard Bloomfield）等语言学家，博士毕业后供职于美国《圣经》公会，终生从事《圣经》翻译和翻译理论的研究，著作等身，是公认的当代翻译理论的主要奠基人。

他的理论的核心思想是"功能对等"（functional equivalence），其前身是"动态对等"（dynamic equivalence），后来为避免被人误解，改成"功能对等"。简单讲，功能对等就是要让译文和原文在语言的功能上对等，而不是在语言的形式上对应。要取得功能对等（奈达指的对等是大致的对等），就必须弄清何为功能对等。他把功能分成九类并认为译文应在这些功能上与原作对等。那么，怎样才算对等呢？奈达认为回答这个问题不能只局限在文字本身，他把判断对等与否的大权交给了读者的心理反应。这就与在奈达之前的大多数翻译研究者的观点相左。传统上，人们总是将客观的语篇作为判断译文对错优劣的依据。但奈达改变了这种判断方式，创造出了一个崭新的局面，为当时几乎陷入绝境的翻译研究者打开了眼界，西方翻译理论研究一下子柳暗花明。

奈达这一发展当然是和他本人对翻译的研究有关。奈达并非闭门造车，功能对等自有其源头活水，这活水就是当时语言学领域突飞猛进的发展。结构主义对语言的研究有其独到之处，但结构主义没有对语言外的因素给予重视。为克服这一缺陷，后来的语言学家渐渐对语言外的因素产生了越来越大的兴趣，结果各种语言学分支渐次诞生，心理语言学、社会语言学、语用学、符号学等相继应运而生。奈达理论中读者心理反应这一基石基本上得益于上述语言学方面的飞速发展。

另外，奈达理论在操作方面与乔姆斯基（Noam Chomsky）的转换生成语法也有关联。乔姆斯基从不涉及语言外因素，但其早期理论中有关语言表层结构和深层结构转换的模式在很大程度上为奈达描写功能对等提供了工具。

可以这么说，早期的奈达仍然在很大程度上从语言内营造他功能对等的理论，用了诸如转换生成语法、语义成分分析等具体方法来描写他的理论。他发表于1964年的《翻译科学探索》（*Towards a Science of Translating*）就主要在语言学的框架下讨论翻译（也涉及了语言外的因素）。他在该书中将语义细分成语法意义（linguistic meaning）、所指意义（referential meaning）和情感意义（emotive meaning）。该书被认为是翻译研究方面的必读之书。越往后，奈达就越重视社会文化因素。他在1996年出版的《跨语际交际的社会语言学》（*The Sociolinguistics of Inter-lingual Communication*）中，对社会文化因素给予了极大的重视。

在奈达看来，翻译就是要在译入语中以最自然的方式重现原文中的信息，首先是重现意义，然后是风格。最好的译文读起来应该不像译文。要让原文和译文对等就必须使译文自然，而要达到这个目标就必须摆脱原文语言结构对译者的束缚。因为在大多数情况下，原文的结构和译文的结构是不同的，所以必须有所改变。但奈达是一个严谨的学者，他深知翻译犹如走钢丝，绝不能一边倒。他因此又指出，要让《圣经》中的故事听起来像是十年前发生在附近一个小镇中的事是不恰当的，因为《圣经》的历史背景是十分重要的。（Nida, 1996）换句话说，翻译《圣经》不应该是"文化翻译"。紧接着他又指出，这倒不是说译文要保留原文中的语法和文体形式，以致造成译文生硬难懂，翻译应避免"翻译腔"（translationese）。奈达之所以掀起翻译界的大浪，是因为他大胆地提出了翻译要达到的不是语言的对等，而是语言功能的对等，是读者心理反应的对等。译文在译文读者心中的反应是否和原文在原文读者心中的心理反应相似（并非相等）才是奈达所关注的。要考虑读者的心理反应，就不可能只看文字，还要看文字产生的环境，要看读者生存的环境。这样，文化、社会、心理等因素都被包括进来了。

在上述理论的指导下，奈达将Do not let your left hand know what your right hand is doing. 改成Do it in such a way that even your closest friend will not know about it. 他甚至认为washing the feet of fellow believers这种译法不够准确，应该译成showing hospitality to fellow believers，因为foot washing这一仪式在近代已经失去其最原始的意思，其基本意思是show hospitality。如采用功能对等的理论，as white as snow有时完全可以译成very white，因为译入语文化中的人可能不知道什么是雪。上面几个例子中译文虽然从表面上看都和原文相去甚远，但是译文读者读译文的心理反应和原文读者读原文的反应却基本相同。

奈达这套理论的锋芒直指语言形式，他认为原文句法、语义等结构是译者的大敌。从事英汉翻译的人一定会赞成他的这一说法。大多数从事英译汉的译者都是通过学习语法来认识英文的，所以语法意识非常强，结果在翻译时也会不知不觉地受到英文句法或语义结构的影响，译出的句子就会很像英文。如何来论证他的功能对等理论？奈达从几个方面科学地描述了功能对等的具体内容。这里将他的理论简单地概括成三个部分：采用词类（word classes）取代传统的词性（parts of speech）来描写词之间的语义关系；采用核心句（kernel sentence）的概念以及句子转换的概念克服句法对译者的束缚；用同构体的理论（isomorphism）来克服社会文化差异所造成的障碍。现在分述如下：

（1）采用词类取代传统的词性

传统语法的一个核心部分就是词性，对词法的描写主要依靠词性，如名词、动词、代词、介词、副词、连接词等。我们头脑中有一套根深蒂固的规则，形容词修饰名词，副词修饰动词，连接词连接句子的各个部分等。学外语的人对这类规范性的语言规则如数家珍。当我们带着这套规范性的条条框框踏入翻译领域时，我们的译文就会受其影响。对语法毕恭毕敬的人会将She danced beautifully.译成"她优美地跳着舞。"因为beautifully在语法上是副词，在这里是修饰动词"跳舞"的；I was reliably informed.这句可能被译成"我被很可靠地告知"，因为reliably是副词，在这里修饰过去分词informed；His symbolic tale of this dualism则会较死板地译成"他描写双重人性的象征性的故事"，因为symbolic是形容词，修饰后面的名词；There is certainly some historical possibility. 这句原本是说美国副总统戈尔日后东山再起的可能性，大部分学生都译成"确实有一些历史的可能性"，因为historical这个形容词在英文里是修饰名词possibility的；另外，The actor has a smaller circle of admirers.这句也会照原文的词性，译成"那个演员有一个较小的钦佩者的圈子。"凡此种种，不胜枚举。译者是语法老师的乖孩子，从不敢违背语法规则。但在实际翻译中，译者往往会有很多选择。是按原文语言的语法去译，还是另辟蹊径，这要根据具体语境而定。有时，遵照原文结构的译文更好，有时违背原文语法结构的灵活译法更好，译者不能墨守成规。

用词性（名词、动词、形容词、副词等）来描述语言只能揭示词与词之间的句法关系。但She danced beautifully.的深层语义是Her dancing was beautiful.因此只要上下文允许，译成"她的舞姿优美"或"她舞跳得很美"不是更好吗？"她优美地跳着舞"其实是很不优美的译法。reliably informed中的reliably也并不一定要按照英文句法与informed紧扎在一起，上面那句译成"我得到的信息很可靠"难道不更好吗？如将"他描写双重人性的象征性的故事"改成"他用象征手法描写双重人性的故事"，意思会更清楚。有关戈尔那句话，本来说的是过去确有人东山再起，所以译成"历史上确有这种可能"或"从历史上看，这种可能确实存在"就更清楚；至于The actor has a smaller circle of admirers这句要是译成"那个演员没有那么叫座"，不是更像中文吗？

为了能在翻译上建立起一个科学的模式来完善他的这个基本思想，奈达将词重新分类。这回他抛弃了已经确立经年的术语，而改用实体（object）、事件（event）、抽象概念（abstract）、关系（relations）。（Nida，1969）

实体指具体的人和物等，如book、women等词。事件指行动、过程等发生的事，如go、love、talk、grow等。抽象概念指对实体和事件等质量和程度的描写，比如green、slowly、often等。关系指用来将实体、事件、抽象概念连接起来的手段，比如连词、介词等。乍一看，这好像只是换了个名称，内容依然照旧。但仔细分析就会发现这四个类别要比词性能更清楚地描写语言成分间的关系，比如talk在传统语法中有两个身份，一个是名词身份，一个是动词身份。但用奈达的划分法分析的话，talk只是一个事件，所以到底要把talk译成名词还是动词并无多大差别，怎样在汉语中显得更自然，就怎样译，不一定要受原文词性的束缚。

这四个词类是奈达早期的分法。奈达后来发现词和词的关系十分复杂，所以就采用了新的分法，词类从四种增加到七种。他的新分类法如下：

- 实体（entities），如man、book、table等；
- 活动（activities），如walk、think、swim等；
- 状态（states），如dead、tired、happy、angry等；
- 过程（processes），如widen、grow、enlarge等，与状态或特征的变化有关；
- 特征（characteristics），如tall、huge、beautiful等；
- 连接（links），如when、during、below、if等，在时空等方面起连接作用；
- 指示（deictics），如this、there、here等。

虽然种类增加了，但基本模式是一样的。那么，奈达是怎样用这种分类法来描写翻译过程的呢？请看下面的例子：

the beauty of her singing和her beautiful singing这两个短语用传统语法来分析是两个完全不同的结构。第一个短语中的beauty是名词，of her singing是用来限定beauty的范围的。第二个短语中的中心词是singing，已经由动词变成具有名词性质的词（或称动名词），beautiful是形容词，修饰后面的动名词。但用奈达的新模式分析这两个结构不同的短语却会得出相同的结果。第一个短语中的beauty（名词）是抽象概念（或特征），her是实体，of是连接词，singing是事件（或活动）。在第二个短语中her是实体，beautiful是抽象概念，singing则是事件（或活动）。尽管各个词在语法上叫法不同，在奈达的模式中它们名称相同，实质一样。因此，这两个不同的短语可以采用同一种译法，丝毫不影响它们的语义。

显而易见，这么思考词和词之间的关系可以使译者摆脱语法的束缚。英文中有些结构在翻译时会给人带来很大麻烦，比如environmentally damaging waste。传统的语法分析法认为environmentally是副词，修饰形容词化了的动词damaging，结果这个短语就可以译成"在环境上有损害的废物"。但用奈达的分析法一看，就会发现这个短语中的environmentally是实体，damaging则是event。waste也是object。三个词之间的修饰关系是3（waste）does 2（damage）to 1（environment），那么，这个短语就完全可以译成"损害环境的废物"。这样，就为常用的翻译技巧找到了理论依据，如常用的词性转换法（conversion）就可以用奈达的分析法加以解释。

（2）用核心句和句型转换的概念克服句法障碍

奈达采用新的方法将词重新分类，克服了传统词法对译者的束缚，但这仍然不能完全将译者从原文的牢笼中解脱出来，造成译文生硬难懂的一个更大的敌人是原文的句法。

奈达指出一个有经验的译者往往不会被错综复杂的句子表层结构遮住视线，他会透过表层结构，看到句子的深层意义。他认为译者必须避免从句子的表层结构出发直接生成译入语，而应转弯抹角地达到目的。他把翻译比作涉水过河，如果上游水流湍急，就不能硬闯，而要到下游找一个浅的地方过河，然后再折回上游的目的地。要完成这个过程不仅应该改变对词性的传统看法，还要在句法方面有些革新的想法，甚至要对语言外的因素，如社会文化等因素，有些新颖或突破的见解。现在，我们再从句法结构方面讨论一下奈达的理论。

那么用什么模式来描写这个躲激流、过浅滩的过程，以克服句法的障碍呢？这时，奈达引用了早期转换生成语法中表层结构和深层结构的概念。由于乔姆斯基的理论主要是用来机械地描写语法，所以照搬过来用到翻译上会多有不当。乔姆斯基本人也再三强调他的理论是非实用性的。所以奈达并没有原封不动地使用转换语法，而是使用其中核心句（kernel sentences）的概念，没有进一步涉及深层结构。（Nida, 1975: 80）

什么是核心句呢？简单地说，核心句就是最基本、最重要的句子。下面这个句子是一个非常复杂的句子：There is something I must say to my people who stand on the warm threshold which leads into the palace of justice. (Martin Luther King) 这个句子的句法结构是英文的句法结构，中文不会这么写。也就是说，讲英语的人和讲汉语的人在表达这个概念时所用的语言结构迥然不同，无法取得一致。但是只要将这个复杂的句子简化为数个核心句或近似核心句的句子，那么无论谁都能接受，分歧一下子就消失了：

There is something.

I must say something (to my people).

My people stand (on the warm threshold).

The threshold is warm.

The threshold leads (into palace).

The palace is of justice.

上面这个句子一下子就被分解成6个十分简单的句子。这种简单的核心句是人类各种语言基本上都可接受的句型。也就是说，人类在核心句这个层面上相互之间没有太大的交流困难。奈达（1982: 40）认为英语中最简单的核心句有七种：

① John ran quickly. (subject + predicate + adverb)

② John hit Bill. (subject + predicate + object)

③ John gave Bill a ball. (subject + predicate + object + object)

④ John is in the house. (subject + be + subject complement)

⑤ John is sick. (subject + be + attributive)

⑥ John is a boy. (subject + be + indefinite article + noun)

⑦ John is my father. (subject + be + pronoun + noun)

奈达认为一个有经验的译者在解释原文时常常会在心中将一个复杂的句子分解成多个这样简单的句子。当我们分解到这一步时，我们实际上已经淌过了"浅滩"，但我们还没有到达目的地，因为目的地还在上游。译者如果在这一步停下来是不行的。谁会满足于上面那六个相互没有关联的简单的句子呢？所以，译者还要重建译入语的表层结构。所谓重建就是要按照译入语的习惯，将数个简单句自然地连接起来，于是一句意义和原文相同的地道的句子在译入语中就诞生了。

应该指出的是，这个过程在实际翻译时是在人的大脑中完成的，绝不会写在纸上。这只是一种翻译的模式，旨在描写翻译时译者克服句法障碍的过程。

（3）用同构体概念解释社会文化语言符号

奈达在上述两方面的努力基本上排除了语言本身结构所造成的障碍，但翻译过程中，译者遭逢的困难不仅来自语言之内，还来自语言之外，即语言所处的大环境。政治、经济、文化等社会大环境都会给译者造成困难。比如，在一些文化中点头表示轻蔑，而在另一文化中用摇头来表达同一个意思。同一个符号在不同文化中表达不同意思，不同符号在不同文化中表达相同意思的例子也俯拾皆是。"牛"这个字在中文里的联想意义和英文中的意义就可能不同。在英汉两种语言中看似相同，而实际意义大不相同的例子我们每个人都能举出不少。怎么才能从理论上找到克服这方面困难的依据呢？奈达求助了符号学，特别是同构体（isomorphism）这一概念。

符号学的一个基本概念是任何一个符号，无论是字、词、成语这类语言符号，还是手势、身体活动等语言外符号，或者社会行为这类社会符号，都只有在它本身所处的环境（系统）中才有意义。点头这个符号只有在某一个特殊的系统中才表示轻蔑，将其放到另一个系统中意思甚至可能恰恰相反。遇到一位久别的莫逆之交说："他妈的！你小子跑到哪儿去了？"这个语言符号只有在特定的环境中才能用。假如你对你的博士生导师这么说，就完全不成体统了。有时符号的基本意义在两个不同的体系中虽然相同，但程度会相差很大，如英文的 I love you 和中文的"我爱你"意思基本是一致的，但它在英文中的分量和在中文里的分量显然很不相同。奈达曾说："人们亲吻越频繁，其分量就越轻。什么东西都用'最'来形容,'最'这个词也就毫无意义了。"(Nida, 1996: 72)可以用一个形象的比喻来说明这一点。一个符号就像一条热带鱼,要在一定的环境中才可以存活,将其放到水温、水质等完全不同的水里,鱼就无法存活。在具体描写这个关系时,奈达使用了同构体这个概念。奈达认为符号在源语和译入语之间的关系很像数学的方程式。如果我们认为2,4,8三个数字放在一起构成一个系统(系统A),那么16,32,64三个数字放到一起也可构成一个系统(系统B)。如果要将系统A中的2拿出来,放到系统B中就不能用原来的数字,因为2在系统A中的实际意义与价值恰恰等于系统B中的16。这是一个十分深刻的概念,用来分析翻译十分有效。奈达功能对等的理论在用这个概念解释之后一下子如虎添翼。

由于有了同构体这个概念的支持,我们终于敢大胆地将to grow like mushroom译成"如雨后春笋般地成长起来",因为mushroom在英文中的意义正好等于"春笋"在中文里的意思。应该指出,同构体这一概念不仅可用来解释文化因素,也可解释语言的其他方面。语言中的许多形象、结构,包括语义结构和句法结构等,在翻译时如照原来的样子译过来不合适的话,译者就可以考虑改变原文的形象或结构,以取得与原文相同的效果。如果我们以这个理论为指导,我们在见到一些死板的直译的句子时就可以问一下译者,难道不改变结构就是忠于原文吗?下面这个例子十分有力地说明了以同构体概念为依据的功能对等在翻译中是十分有用的。

① For the kingdom of heaven is like unto a man that is a householder, which went out early in the morning to hire labourers into his vineyard. And when he had agreed with the labourers for a penny a day, he sent them into his vineyard. And he went out about the third hours, and saw others…

② For the kingdom of heaven is like a householder who went out early in the morning to hire labourers into his vineyard. After agreeing with the labourers for a denarius a day, he sent them into his vineyard. And he going out about the third hours, and saw others…

③ The kingdom of Heaven is like this. There was once a landowner who went out early one morning to hire labourers for his vineyard; and after agreeing to pay them the usual day's wage he sent them off to work. Going out three hours later he saw some more men…

(Matthew 20, 1-16)

从上面三个圣经译本中我们可以看到三位译者对钱的数量的译法各不相同。第一个译本(The Authorized Version, published in 1661)用了penny,第二个译本(The Revised Standard Version, 1881 and 1954)用了denarius,然后

在下面加注说明一个denarius相当于17便士。但两个货币单位都只有在某一特定的地点和时间内才有意义，脱离了当时的时空，脱离了特定的语言文化体系，一个penny到底价值多少，一个denarius是多了还是少了，读者无法得出结论。就算用17便士注释，当今的读者也弄不清其价值。因此，第三个译本（New English Bible，1961）选用了the usual day's wage，符号被彻底改掉了，但符号的价值却被清楚地揭示了。译文离开了原文的语言，以便最大限度地获得信息的交流。这是一个典型的以读者为中心的例子。（Hatim & Ian, 1990: 17）

2.1.3 彼得·纽马克及其贡献

（1）纽马克翻译理论概述

纽马克是英国翻译教育家和理论家。奈达的理论有不少语言学的内容，而纽马克的理论则通俗易懂，不需要多少语言学专业知识就可以看懂。翻译是一门注重实践的学科，因此注重实践的理论对译者帮助更大。

就翻译思想而论，纽马克在有些方面与奈达针锋相对。奈达说自己略倾向于直译，因为他崇尚真实性和准确性。奈达认为翻译是一门科学，而纽马克认为翻译不是科学，但他们都认为交流是翻译的首要任务。纽马克的理论涉及面十分广，从翻译的基本理论到翻译的某些具体问题，几乎都有论说，而且讲解通俗易懂。纽马克理论中最重要的应该是他对语义翻译和交际翻译的区分（semantic / communicative translations）以及他对语篇类别的仔细区分。他在其他方面的论述都可以从这两个题目下衍生出来。

（2）语义翻译和交际翻译

传统上，对翻译的讨论总是跳不出直译和意译这个二元框架，而且这种思维基本上以语篇为基础，很少将翻译的目的、读者的情况等因素考虑进去。纽马克（1988: 45）感到二元模式束缚译者，所以他创立了一个多元的模式，其中有八个供选择的方法：

SL emphasis（强调源语）　　　　　TL emphasis（强调译入语）
word-for-word translation（逐字翻译）　adaptation（改写）
literal translation（直译）　　　　free translation（自由翻译）
faithful translation（忠实翻译）　　idiomatic translation（习语翻译）
semantic translation（语义翻译）　　communicative translation（交际翻译）

在这八种方法中，最下面的两种，即语义翻译和交际翻译是核心。左边的几种方法都是强调源语的，只是程度不同，逐字翻译的方法离原文最近，直译法比最上面的一种要自由些，但不如忠实翻译自由，而忠实翻译又没有语义翻译自由。即便是语义翻译也是强调源语的，是强调源语的最后一道防线，再向前走一步，译者就跨入了强调译入语的范围了。那么这四种强调源语的方法的定义是什么呢？

逐字翻译：这种方法将源语放在上面，将译入语放在下面，不仅保留源语的语序，而且也将原文中的词逐一译进译入语，直接写在下面，以便上下对照，根本不顾及上下文等因素。有关文化的词都以直译法搬到译入语中。这种译法的目的并不在于交流，而是用这种方法揭示源语的结构，或对比源语和译入语的差别，是学术研究的一个工具，没有交流的作用。

直译：这种方法将源语的语法结构转换成译入语中与之最接近的结构，但源语中的词仍然一个一个地译进译入语，不顾及上下文等因素。

忠实翻译：此法在译入语语法结构的限制内精确地重现原文的上下文意思，将文化词照搬到译入语中，并保留原文的语法和词汇的"异常"结构（abnormality），旨在试图完全忠实于原作者的意图和语篇结构。

语义翻译：语义翻译也是以源语为依归，但它不同于忠实翻译之处在于它更多地考虑源语的美学因素，而且对一些不十分重要的文化词，可以用文化上中性的但功能相似的词来译。在一些不重要的地方，译者愿意为读者多考虑一点。

现在再来看一下右边四种翻译方法，即改写、自由翻译、习语翻译和交际翻译。这四种译法不同于左边四种的地方是译文以译入语为依归，强调的是译入语而不是源语。当然四种译法强调的程度有所不同。改写也算是一种翻译，但最自由。自由译法和习语译法则不如改写那么自由，交际译法是四种译法中最严谨的一种。下面是对这四种译法的定义：

改写：最自由，常用于戏剧。主题、人物、情节均保留，但源语的文化被移植成译入语的文化，语篇则彻底重写。

自由翻译：重现原文的内容，但不重视原文的表达形式。一般来说，这很像释意（paraphrase）。

习语翻译：习语翻译重现原文的信息，但却使用一些原文中并不存在的方言与成语，因此，原文的意思略有些走样。

交际翻译：重现原文内容和准确的上下文意思，而且是以读者可以接受、易懂的方式翻译的。

上述八种译法的定义主要是根据纽马克在印欧语之间翻译的实践所总结的，所以具体内容并不一定适合英汉间的翻译。但这种分类法显然有其优点。首先，译者选择的范围广了。在翻译实践中，译者经常会碰到一些非常规的情况，采取严格意义上的翻译并不恰当。如报社就很少会让译者一句不漏地译出原文。译者除了译笔要灵活外，可能删减一些内容，甚至重写原文，这样的编译已经不属于严格的翻译，而接近于改写。在当前信息爆炸的后现代社会里，这种编译性质的翻译方法实际上非常实用。尽管改写和编译之类的方法不够严谨，但现实告诉我们，排除这类译法反而会妨碍信息的交流，因为信息量实在太大，严谨的译法跟不上庞大的信息源。很多在二元框架中找不到"安身之地"的译法，都可以在纽马克的这个模式中找到落脚点。

当然，在实际翻译中，译者没有必要这样严格地区别各类译法，更不用死板地把自己的译法与纽马克模式中的译法对号入座。译者没有必要机械地套用这个模式，但这个模式显然可以帮助译者开阔视野，无论译笔松紧，都能有所依据。

在大多数情况下，严格意义上的翻译应采用这个模式中最下面的两种：语义翻译和交际翻译。纽马克的交际翻译大致相当于奈达的功能对等概念。语义翻译忠于的是原文的语篇，交际翻译忠于的是译文的读者。为了交流畅通，译文可以将很多文字以外的因素考虑进去。例如：将 *bissiger hund* 或 *chien mechant* 译成 dog that bites 或 savage dog 是语义翻译，但如译成 beware of the dog 就是交际翻译，因为后面这种说法是英语中实际使用的说法。再如：将 Wet paint! 译成"湿油漆"是语义翻译，但译成"油漆未干，请勿触摸"就是交际翻译。可见在交际翻译中，意义不仅仅是书面上的文字，同时也来自文字所处的大环境。所以，语义翻译较具体、较复杂，更能反映出原作者的思维过程，容易造成超额翻译（overtranslate）；而交际翻译则较流畅、清楚，符合译入语的习惯，容易造成欠额翻译（undertranslate）。应该指出的是，纽马克对语义翻译和交际翻译两种译法都持肯定态度。在纽马克看来，有时要用语义翻译，有时要用交际翻译。因此，将纽马克的这对概念和奈达的功能对等和形式对应（functional equivalence vs formal correspondence）相提并论显然是不对的。在奈达的理论框架中，功能对等是唯一正确的，形式对应是应极力避免的。

另外，纽马克主张有时应该强调原文，采用语义翻译，这点当然不错。但他的理论大多来自于自己的翻译实践（英语和其他欧洲语言之间）。由于英语和德语或法语之间的差异远小于英语和汉语之间的差异，因此可以说欧洲语言之间翻译可以采用语义翻译法，在英汉翻译中并不一定可行。也就是说，纽马克的基本模式虽然对英汉翻译有所启发，但在英汉翻译时其实际可行性会大打折扣。在英汉翻译中交际翻译法仍然是最主要的方法。

（3）对语篇的分类

如何运用上述翻译方法呢？目前我们还是纸上谈兵。到底选用哪种方法更合适，必须要看实际的语篇。传统上我们一般以题材（subject matter）区别语篇，如文学类、科技类等。纽马克认为这种区分对语言本质的揭示不够深刻。因此他另辟蹊径，从新的角度看语篇。

纽马克实际上并没有创出什么新的模式，但他借用了几个已经存在的模式，略加改造，为己所用。他的切入点是语言的功能，采用的模式是比勒（Bühler）的语言功能分类。纽马克在《翻译教程》（*A Textbook of Translation*）中又将雅各布森的另外三个功能加了进去，即 the poetic, the phatic and the metalingual functions.（Newmark, 1988: 42）经纽马克改造后的模式包括三个语言功能：

A. 表达功能（expressive function）

B. 信息功能（informative function）

C. 呼唤功能（vocative function）

A 是以作者表达自己为主，比较主观，是以作者为中心的语篇，如文学等。B 是以语言之外的信息为主，比较客观，重点是语言所描写的客观内容，如科技报告等。C 也是以人为中心，但和 A 不同的是，C 以读者为中心，语篇的目的在影响读者，特别是影响读者的情感和行为，如广告或政治宣传。（Newmark, 1981: 12）

然后，纽马克又借用了弗雷格（Frege）的模式，加以改造。他用了 X、Y、Z 作为译者在翻译时要不停参照的"系数"。Y 是语篇的语言（language of the text），译者显然要从 Y 出发，Y 是翻译的最基本的落脚点，没有了 Y，也就无法翻译了。但语言是复杂的，所以纽马克又用了 X 和 Z。X 是指现实世界中的现实情况，也就是说在还没有形成文字（Y）前的客观现实，包括文字的所指意义（referent）和句子间最简单的逻辑结构（参考奈达的核心句）。最后还有 Z，即文字在人头脑中可能产生的图像，是个十分主观的因素。（Newmark, 1981: 13）比如说，the President of the United States 是文字 Y，其所指 X 即为巴拉克·侯赛因·奥巴马（Barack Hussein Obama）或 the man who presides over the US，而可以在人头脑中产生的图像 Z 即权威。这样，在译者面前就有了两组参照的"系数"：

A. expressive   B. informative   C. vocative

X. referential   Y. textual   Z. subjective

首先，译者在看原文时要看一下原文是属于 A、B，还是 C。如原文是一首文字形式非常重要的诗歌，则主要着眼点应为 A；如果原文是技术报告，则重点应为 B；如原文是商业广告，则应侧重 C。这当然是理想的分类，实际情况要复杂得多。有时是 A 和 B 两类合一，如在一首诗歌中出现的一段描写自然的文字；或 B 和 C 两类合一，如推广一个科技报告，推广部分属于 C，报告部分则是 B。有时甚至是 A、B、C 三类并存，因为在一个语篇中语言的功能并非泾渭分明，而是常混在一起。

（4）分类方法的几个应用实例

分类之后，译者就要开始翻译了。译者当然一定要从 Y（text）出发，但他必须不停地参照 X 和 Z。如原文为科技类翻译，显然突出的是客观信息，所以要在 X 层面下工夫。这时要尽量减少 Y（语言本身）的影响。但如果原文是一则广告，要突出的是如何影响读者的购买行为。这时要在 Z 层面下工夫，唤起读者头脑中的图像，影响读者的购买决策，为此要尽量减少Y层面语言对译者的束缚。如果原文是以语言取胜的严肃的文学作品，那么语言本身就会显得尤为重要，所以功夫要花在Y层面。下面让我们举例来进一步说明。

MLS (microwave landing system) would allow pilots to make steeper and curved descents, cutting noise and boosting airport capacity.

有人将这句译成："MLS将使飞行员以较陡的角度，呈弧形下降，减少噪音和增大机场容量。"这个译法显然没有错误，但这是一个比较照顾到Y的译法。那么到底Y所描述的是怎样的情况呢？也就是说，到底X是什么？译者有必要了解在语言形成前发生在机场上的情况。没有MLS导航，飞机下降的曲线弧度很小，低空飞行时间长，显然噪音就很大；利用MLS导航后，飞机下降的曲线弧度很大，高空飞行时间较长，低空飞行时间短，噪音就小。此外由于MLS导航可以更有效地利用跑道，就可以增加机场降落次数。这种离开Y，到X中去理解原文的方法，就有可能帮助译者产生下面的译法："MLS可使飞行员的飞行陡度增加，呈弧形下降，结果机场附近的噪音减少，机场飞机降落的次数亦因之增加。"原文中没有的"结果"在译文中解读了进去，原文只说是"机场的容量"，译文则想到了X，而具体解读为"机场飞机降落次数"。

此外，如果原文有广告宣传的目的，就属于C类。如要为汽车做广告，即使原文是很普通的文字，译文也可以夸张，因为这类翻译，目的不在于Y，甚至X的地位都不甚重要，关键是Z。所以即使是简简单单的This is THE car.或This is NO. 1.都可以用"举世无双"、"无与伦比"等十分夸张的手法表达。英汉两种语言吸引读者的手段不同。英文中用THE，中文则可以用成语等来表达，起到同样的效果。这类翻译在读者心中产生的效果（Z）是最终目的，而语言本身（Y）并不重要。译者有较大的自由度，可以对原文的结构、意象进行调整改变。

但如果原文属于A类，出自权威作家之手，译者就有必要多照应Y，因为原文的说法本身已经成为识别原作者的线索。比如海明威的短句应译成短句，因为简短是海明威的特色。另外，有人将肯尼迪演说中的The torch has been passed to a new generation of Americans.一句译成"接力棒已经传给了新一代的美国人。"在广告中，如果将"火炬"译成"接力棒"能更好地发挥广告的作用，更好地调动Z层面上的劝说力，就可调换这个形象。但由于这是一篇权威人士的演说，属于A类语篇，Y本身也是关注的一个焦点，所以就应该还"火炬"为"火炬"。小约翰·肯尼迪突然英年早逝，美国电视传媒用了Carry the Torch这样的标题，同样的道理，这时只有将torch译成"火炬"，才能点出父子传承的关系，如果用了"接力棒"，这层关系就无影无踪了。

纽马克根据上面两方面的分析，创造出了一个十分有用的图表，其中包括了翻译中的诸多因素，很有参考价值。根据他的这个表格，严肃的文学作品以及其他权威性语篇属于表达类，原作者是译者要关注的，翻译的重点放在源语，较适用"直译"，翻译单位较小，以词组、词为单位，要保留原文的比喻用法，因此翻译时原文中的一些信息就会丧失。（Newmark, 1981: 15）上节讲过的八种翻译方法中，语义翻译法较适合这类语篇。

另外，科技报告、教科书之类属于信息类，客观事实是译者要关注的，翻译时要以译入语为依归，重点放到客观事实上，可用等效翻译法。翻译单位适中，以句子和词组为翻译单位。只求事实描述，可以舍去比喻，意思丢失较少。交际翻译法是较合适的方法。

最后，旨在煽动大众情绪的政治演说、宣传品、商业广告，甚至通俗文学都被纽马克归在呼唤类。这时，读者是译者要关照的。翻译时要以译入语为依归。等效翻译法常是可采用的方法，甚至可重新创作，翻译单位较大，大到整个语篇，小到以段落为单位。要用能激起人情绪的语言，语义丧失依文化差异而不同。纽马克的八种翻译方法中右边四种均可采用，有时甚至可以用改写的方法来翻译广告之类的语篇。

纽马克的这个模式显然是译者可以使用的一个有效的工具，他简单地把五花八门的语篇、各种各样的翻译纳入了一个一目了然的表格中，其实用价值很大。但由于英汉翻译和纽马克的实践相差很远，许多具体的指导方法不见得可以搬过来指导英汉翻译。比如说文学类的翻译，在纽马克看来翻译单位应该十分小（词和词组）。可在英汉翻译中就不见得可行。英德或英法翻译时用较小的翻译单位也许读者尚可接受，英汉翻译时用同样小的翻译单位译出的文章中国读者就可能无法接受。译者不得不用较大的翻译单位。因此，最好是借用纽马克理论的框架，而不一定采纳他的具体建议。

纽马克的译论当然不止上面介绍的几方面，他几乎讨论了与翻译实践有关的所有内容，大到与思维有关的理论，小到标点符号。但所有这些论述似乎都和他的核心思想紧密相连，而上面所介绍的却只能提纲挈领地概括纽马克翻译理论的核心思想。

2.2 中国译学状况略述

我国有着自成体系的翻译理论，罗新璋（1984）先生以"案本、求信、神似、化境"八个字概括了我国译论及其发展历史。这一线性描述的历史始于东汉桓帝，终结于现代。

可以按不同的历史阶段把中国译学的发展按四个阶段来呈现：先秦儒家至明清的翻译观、"五四"运动至新中国成立以前、新中国成立后至20世纪末、21世纪的译学展望。

2.2.1 先秦儒家至明清的翻译观

自有翻译以来，中国人就没有停止过对翻译的研究。西汉末，丝绸之路开通，中国与西域各国的交流逐渐频繁，佛教随之被引进中国。汉代佛教的兴盛带动了佛经的翻译。安息国人安世高将《安般守意经》等九十五部梵文佛经译成汉语；娄迦谶来到我国，翻译了十多部佛经；他的学生支亮，支亮的弟子支谦，都是当时翻译佛经很有名望的人；还有一个名叫竺法护的人，他也译了一百七十五部佛经。佛经的翻译引发了中国古代佛经翻译理论的争议。支谦在《法句经序》中提出："诸佛典皆在天竺。天竺言语，与汉有异……名物不同，传实不易……仆初嫌其辞不雅。维祗难曰：'佛言，依其义不用饰，取其法不以严。其传经者，当令易晓，勿失厥义，是则为善。'座中咸曰：'老氏称美言不信，信者不美。……今传胡义，实宜径达。'是以自偈受译人口，因循本旨，不加文饰。"从这段话可以看出当时争议的焦点在于佛经翻译是依从梵文的质朴，还是讲求汉语通达的文辞。

汉代文字学学者许慎有一节关于翻译的训诂，义蕴颇为丰富。《说文解字》卷六《口》部第二十六字："囮（音讹，笔者），译也。从'口'，'化'声。率鸟者系生鸟以来之，名曰'囮'，读若'伪'（音讹，笔者）。"南唐以来，"小学"家都申说"译"就是传四夷及鸟兽之语，好比"鸟媒"对"禽兽"的引"诱"。"伪"、"讹"、"化"和"囮"是同一个字。"译"、"诱"、"媒"、"讹"、"化"这些一脉通连、彼此呼应的词，把翻译能起的作用（"诱"）、难以避免的毛病（"讹"）、所向往的最高境界（"化"）都透视出来了。"诱"在说明翻译在文化交流中起着"沟通"、"联络"作用。

隋唐是我国翻译事业很发达的一个阶段。隋代的释彦琮梵文造诣深，他评论历代译者的得失，提出佛经翻译人员需"八备"等一些翻译理论来指导实践。尤其是由于玄奘的贡献，佛经的翻译达到登峰造极的地步，对翻译的讨论也更丰富。玄奘从印度带回佛经六百多部，译出七十多部；并将老子著作的一部分译成梵文，成为第一个把汉语著作向国外介绍的中国人。在翻译理论方面，他提出了"既须求真，又须喻俗"的翻译标准，还提出"若玄奘者，则意译直译，圆满调和，斯道之极轨也"，兼顾意译直译，确切地表达了佛经的原意，是中国翻译研究早期的论说。

北宋时，宋太祖派人西去求经，印度也派名僧来传法。宋太宗还在开封的太平兴国寺内兴修了译经院，开展佛经翻译，但盛况已不如唐初的极盛时期，到南宋，则渐渐地走向衰落。但据考，宋朝有一个名叫法云的僧人是我国最早给翻译下定义的人。他在《翻译名义集》中说："夫翻译者，谓翻梵天之语转成汉地之言。音虽似别，义则不同。"《宋僧传》云："如翻锦绣，背面俱华，但左右不同耳。"

明代徐光启和意大利人利玛窦合作，译了欧几里得的《几何原本》、《测量法义》等，对我国自然科学的发展产生了促进作用。他们积极参加翻译活动，立志引进西学，贯通中学，以图超过西学。

清朝时，各地都专设了翻译出版机构，译界代表人物有李善兰、徐寿、华蘅芳等。

2.2.2 "五四"运动至新中国成立以前的中国译学

在清末和民国初期，中国翻译研究出现又一个兴盛时期。当时，西方对中国社会的影响，各国列强的入侵，资本主义贸易的开展，文化交流的开启，使得大清王朝最终消亡。20世纪早期，民国受到西方的影响主要来自两个方面：一方面是传统资本主义西方的影响；另一方面是同样来自西方的马克思主义的意识形态的影响。大量的西方作品在这一时期进入中国。翻译家对中国的社会变革起到了举足轻重的作用，也推动了中国翻译事业的发展。这个时期最主要的翻译家是严复。他翻译的一些社会科学著作启迪了一大批青年学生和学者。林纾也是那个时期在文学翻译上有突出贡献的人。翻译活动如雨后春笋，译作层出不穷，因此对翻译的讨论也相当热烈。马建忠、严复、梁启超、章士钊、傅斯年、郑振铎等一批文人都对翻译的技巧和方法作出过评论。严复在译完《天演论》后，用"信、达、雅"三个字概括了翻译活动要达到的标准。另外，鲁迅、梁实秋、瞿秋白、林语堂、成仿吾、郭沫若等人也都对翻译技巧与方法提出了自己的见解。鲁迅主张的是"宁信勿顺"。

"五四"运动以后，作为社会发展的产物和社会发展的一面镜子的翻译业，无论在内容上还是形式上都发生了巨大变化。从内容来说，我国开始了马列主义经典著作、文艺理论、各国的进步文艺作品的大量翻译。比如《共产党宣言》、《家族、私有财产及国家之起源》、《政治经济学批判》、《资本论》、《剩余价值学说史》这些马列经典著作就是这一时期的翻译作品。这些译作成为引导中国革命走向胜利的指南。文学方面，如俄国的普希金、莱蒙托夫、托尔斯泰、果戈理、屠格涅夫、契诃夫的作品，法国作家雨果、莫泊桑的作品，也陆续介绍进来。从形式来说，白话文代替了文言文，白话文在译本中占了统治地位。这一时期比较有成就的翻译家有成仿吾、郁达夫、曹靖云、韦素园、冯至、梁实秋、周作人、胡适、田汉、傅雷等；影响最大的有鲁迅和瞿秋白。鲁迅的译作约占其全集的一半以上，著名的有法捷耶夫的《毁灭》、果戈理的《死魂灵》、普列汉诺夫的《艺术论》等，他还进行了翻译理论的研究，组织翻译工作，如组织未名社，对翻译事业作出了重大贡献。瞿秋白的译作也占他本人文集的二分之一，他是马、恩等关于文学之经典理论最早的有系统的介绍者；还翻译了普希多、果戈理、托尔斯泰、高尔基等人的作品，他译的《海燕》至今读来脍炙人口。他对翻译理论的贡献也不可小觑。

2.2.3 新中国成立后至20世纪末的中国译学

新中国成立后，虽然由于当时政治形势的需要，俄汉之间的翻译活动成了中国翻译实践中的主要部分，但翻译研究仍然在继续。

20世纪50年代，最著名的译论应首推傅雷所提出的"神似"论。他在《高老头·重译本序》中，提出"以效果而论，翻译应当像临画一样，所求的不在形似而在神似"，认为"理想的译文仿佛是原作者的中文写作"。文字上要求"译文必须为纯粹之中文，无生硬拗口之病"，并期以"行文流畅，用字丰富，色彩变化"。显然他非常强调中文的流畅，主张用地道的中文，这点也毫无疑问地都体现在他的译作中。

进入20世纪60年代，中国翻译研究的又一重要论说是由钱钟书提出的"化境"说。这位学贯中西的大学者在《林纾的翻译》一文中提出文学翻译的最高理想是"化"。把作品从一种文字变成另一种文字，既不因语文习惯的差异而露出生硬牵强的痕迹，又能完全保存原作的风味，那就是达到了"化境"。他认为译本对原作应该忠实得以至于读起来不像译本，因为作品在原文里不会读起来像翻译出来的东西。

20世纪70年代，中国翻译工作者在不署名的情况下，翻译了许多内部发行的书籍，也翻译了大量的外国作品，但这段时期没有新的翻译观点提出。

20世纪80年代，中国翻译研究的主调是和当时社会政治文化的主流一致的，即大量引进西方的理论和方法。《中国翻译》的前身《翻译通讯》在这段时期内将很多西方翻译理论家介绍给中国读者。奈达、卡特福德、纽马克、斯坦纳（Steiner）等西方译界名人开始为中国学者们熟知，有的甚至到了言必称奈达的地步。同时刊物上也发表了大量的翻译理论的佳作，为促进翻译研究作出了突出贡献。当时，国内也有不少介绍西方翻译理论的专著发行，也有一些运用这些西方理论的翻译研究作品。1987年，中国第一次翻译理论讨论会在青岛召开，会上一批青年学者立志要完成中国翻译学（Chinese translatology）这项宏大的工程。在这段时期里，翻译研究的内容色彩纷呈，翻译研究的作品也为数甚多，出现了一批优秀的翻译研究者，如译坛老将翁显良、许渊冲，翻译理论及教学研究学者刘宓庆，在引进奈达理论上功不可没的谭载喜，法国文学翻译研究学者许钧，诗歌翻译理论研究学者辜正坤，科技翻译理论研究的先驱方梦之，科幻小说翻译家郭建中，采用新思维研究翻译的范守义等，他们都在各自的领域里为中国译学的大树添枝加叶。其中值得一提的是刘宓庆的五本译学著作：《文体与翻译》、《当代翻译理论》、《翻译美学导论》、《英汉翻译训练手册》和《翻译与语言哲学》。刘宓庆的国学基础扎实，加上传承其师美学大师朱光潜的衣钵，他的理论博采众长，东西并蓄，为中国翻译研究奠定了坚实的基础。此外，20世纪80年代末期，北京大学教授辜正坤（1989）发表了《翻译标准多元互补论》。他主张由于翻译的功能多种多样，人类审美趣味也多种多样，加上译者和读者的层次也大不相同，所以为了不同的翻译目的，满足不同的审美兴趣，满足不同读者的需求，一个作品完全可以有多个译本，翻译的方法也完全可能多种多样。辜正坤提出翻译标准多元化这一很有见地的看法，给翻译标准的讨论以彻底和全面的概括。在1998年，他出版了《中西诗鉴赏与翻译》，提出既不机械地套用西方翻译理论，也不拜倒在国粹脚下，而是中西并蓄，独创了自己的一套诗歌翻译理论体系，是中国内地翻译研究方面少有的佳作。

进入20世纪90年代后，中国的政治经济形势与80年代有所不同了，西化浪潮开始转为较为冷静的思考，间或出现一些较强的民族情绪。这种转变也反映在学术界的研究思维和倾向上。在20世纪80年代引进的最主要的翻译理论家奈达等都成为被批评的对象。这些批评为中国译界提供了新的观察角度，应该说是健康有益的。

总之，在这二十多年中，中国翻译学的建设逐渐展开，认识日趋深入。中国译界产生了大量关于翻译学的专著和论文。同时，翻译学的体系和学科性质的问题也是众多研究者关注的对象。此外，翻译学的独立性以及学科建设的成就问题也成为翻译学建设的焦点问题，有助于把握翻译学建设的方向。

2.2.4 新世纪的中国译学展望

从1987年在青岛举行"第一次全国翻译理论研讨会"至2001年第二次青岛会议，经过了14年的发展，翻译学的讨论已经从"翻译学是否存在"深入到"翻译学作为一门独立的学科应该怎样发展"，译学研究的队伍不断发展壮大并日益成熟起来。关键是中国翻译界的观念转变，即理论意识的觉醒，许多学者认识到要推动中国翻译事业的发展，必须重视译学理论建设。理论研究的深度和广度进一步发展，从翻译理论研讨会所附的重要会议论文选录可见一斑。

（1）译学宏观建设论点

各学术刊物上有关译学建设的讨论也异彩纷呈。《中国翻译》在第一期第一篇就刊登了许钧（2001）有关切实加强译学研究和翻译学科建设的文章，他谈到，译学研究和翻译学科的建设，是翻译研究与教学界越来越关心的两个重大关键问题。翻译学科的建设要以翻译理论研究为基础，以培养高质量的翻译人才为目的。他再次强调，中国的译学已经从20世纪七八十年代的觉醒新兴期，90年代的综合梳理与借鉴交流期，开始进入一个全面建设期，正逐渐走向成熟。翻译学的建立，是一个客观的存在，翻译学之路，是一条必由之路，翻译学有日益频繁的国际交流和丰富的翻译实践为其基础，它的前景是广阔的。谭载喜

（2001）从"翻译学作为研究翻译的人文科学，应该享有独立学科地位"的基本理念出发，针对近年来国内翻译理论界少数人先后两次所提翻译学的论点进行了反驳，然后阐述了与翻译学"名"、"实"相关的种种译学理论问题。杨自俭（2001）重点论述了学术讨论中的科学精神与科学方法，翻译科学的性质及其在科学体系中的位置，译学建设中的五项任务，包括用现代科学的精神与观念系统地研究中国传统译论，认真广泛地研究外国译论，深入细致地研究当代的翻译实践经验，吸取相关学科的营养，加强译学自身理论建设。王大伟（2001）认为，当前中国译学研究有几个误区：理论与实践脱节；对"科学"的定义强调系统性，而对规律性重视不够，对中国传统翻译标准估价过高；运用西方理论时搞术语堆砌，对规律性较强的微技巧研究不够重视；"特色派"与"共性派"可能会殊途同归。李德凤（转引自穆雷、仲伟合，2002）指出，粗理一下中国翻译理论传统，发现知识论的哲学探索少，具体技巧研究多，导致中外翻译理论传统不同的原因，应从哲学发展传统的角度进行解释（名与实的关系），而不能仅从思维方式和语言本身找原因。要提翻译理论，要建立译学，就必须有哲学的思考，宏观的框架。对翻译学的认识基本上达成了共识，如金旭东（2001）谈到，不依赖于其他已有学科建立元翻译学，这使翻译理论从其他已有学科的交叉分支中解放出来，融合并自成一个系统，这是翻译学成为一门独立学科的唯一可行之路，翻译学作为一门现代学科的建立只是时间问题。廖七一（2001）在回顾西方翻译研究发展轨迹的基础上，分析了中国传统译学的局限，提出中国译学研究迫切需要研究范式的转型，即要扩大理论视域，引进多样化的研究模式，探寻客观科学的研究方法和手段。吴义诚（2001）也提出要建立科学的研究范式，这可能是将翻译研究发展为一门科学学科的途径。王宁（2001）认为，翻译研究现在正经历着一个转折，即从居于语言学层面上的字面移译逐步转向文化层面的阐释和再现。吕俊（2001:8）分析了解构主义对翻译研究的积极影响与消极影响，指出要克服结构主义与解构主义给翻译研究带来的困难，应该学习哈贝马斯的普遍语用学理论。他还分析了普遍语用学理论的基本思想，指出其对翻译学建设的指导意义。他认为，我国近年来的翻译研究已经经过了语文学式的翻译研究阶段和结构主义语言学的翻译研究阶段，现在正处于解构主义的研究阶段。但解构并不是目的，也不能导致翻译学的建立，要建立翻译学应该借鉴哈贝马斯的普遍语用学理论为哲学基础并走建构的道路。正如张后尘（2001）所说，翻译学学科建设在不断成熟，翻译学在大论辩中健康成长。

（2）传统译论研究

对中国传统译论进行系统的梳理总结也是热点之一。朱志瑜（2001）回顾

"神似"、"化境"说在中国翻译理论发展史上的演进过程，重点描述早期茅盾、郭沫若、陈西滢、曾虚有关翻译的论述，分析他们使用的语言，并从现代翻译理论的角度评价各家的得失。他说，所谓"中国传统翻译思想"既包括从汉末到20世纪六七十年代翻译家和学者提出的有关翻译理论与方法的论述，还指近年来发表的一些在理论上沿袭和发展古代、近代翻译思想的文章和专著。"案本"与"求信"就是中国传统翻译理论的核心。从历史的角度来看，"案本、求信、神似、化境"四个概念实际反映了中国翻译理论发展的三个阶段，代表了三种既相互联系又相对独立的学说，即古代的"文质说"、近代的"信达雅说"和现代的"神话说"。中国翻译理论大致是沿着这样一条轨迹发展的：从最初一丝不苟模仿原文句法的"质"（直译）发展成允许在句法上有一定自由的"信"（意译），最后在"信"的基础上，演变成充满创造精神的"化"。这三种翻译思想在西方翻译史上都能找到类似的说法，所以很难说是"中国自成的体系"。吕俊（2001: 48）则揭示了我国传统翻译研究中的一些盲点与误区，指出这些盲点与误区应归因于结构主义语言学理论以及相继形成的结构主义文艺思潮。他还引用结构主义的一些理论，如现象学、哲学解释学及结构主义等理论对它进行剖析，并指出翻译活动是一种双重权力话语的制约活动，它也与一个民族的文化地位有密切的关系。

（3）西方译论研究

对西方当代翻译理论的研究已经从单纯的译介深入到分析借鉴的层面，如谢天振（2001）谈到，当代西方翻译研究的一个最本质的进展是越来越注重从文化层面上对翻译进行整体性的思考，诸如共同的规则、读者的期待、时代的语码，探讨翻译与译入语社会的政治、文化、意识形态等的关系，运用新的文化理论对翻译进行新的阐述等，这是当前西方翻译研究中最重要、最突出的一个发展趋势。马会娟（2001）在评介美国译论家玛丽亚·铁木志科（Maria Tymoczko）的演讲内容后指出当代西方翻译研究有几个特点：当代西方翻译理论研究呈开放性，研究方法多样，不拘泥于一家之言；翻译研究范围扩大，不再局限于微观的语言转换的探讨，而是转向了影响翻译活动的政治、权力和意识形态等宏观因素的研究；翻译研究大量借助语言学和文学批评理论，拓宽了翻译研究的视角。梁爱林（2001）认为，20世纪国外翻译研究有三个趋向，即多元化倾向、验证式研究倾向和篇章语言学倾向。林克难（2001）从另一个角度分析了外国译论的重要性，他认为，国外每有新的翻译理论提出，必然有一些新的内容，有一些值得我们借鉴、深思的东西。这种新的内容集中体现在重要术语里面，正确地理解了一个术语就等于掌握了一种翻译理论。他认为中国翻译界陷入相对沉寂期的一个重要原因就是对外国译论的术语理解有误，要结束沉寂期，必须引进国外的翻译新论，特别是要正确理解与翻译国外译论中的重要术语，深刻领会国外译论的真谛。林克难指出，翻译研究正在从规范走向描写，描写学派可以为各种各样的翻译定位，拓宽翻译研究的领域并丰富翻译实践的手段，他还探讨了卡特福德理论中"意义是无法从一种语言转移到另一种语言中去"的重要观点。他认为，卡氏的这个观点对于翻译实践有直接的指导作用，却一直没有引起国内学界的足够重视，我们应该注意引进与传统观点不太一致的国外翻译理论，推动中国翻译研究向前发展。张美芳（2000）指出，霍姆斯的译学构想有两点很值得我们参考：一是重视描写翻译研究，二是译学构架的中心是翻译，不把其他学科包括在内。仲伟合和方开瑞（2001）从翻译学、哲学观分别对尼采"翻译就是征服"的观点作了评价。王东风和孙会军（2001）在评介《当代美国翻译理论》时也指出美国翻译理论研究的三个特点：第一，美国在历史上由于对翻译的重视程度不够，翻译理论史很短，所以只能研究与其传统密切相关的欧洲各国的译论史，也正因为如此，欧洲译学研究的理论成果在美国翻译研究中基本上都有所体现；第二，移民学者是美国翻译研究的一股重要力量；第三，美国作为翻译研究中心的一个显著特色是，它不局限于某一学派的理论，而是汇聚世界各地的流派，因此在一定程度上是当今翻译理论发展的一个缩影。赵宁（2001）在评介特拉维夫学派翻译理论研究时指出该派面临的主要障碍是，该学派的翻译研究著作主要研究希伯来文化，难以在国际学术界取得一定的地位，以色列在国际学术界处于边缘地位，也在一定程度上影响了该学派理论的传播；以多元系统论为基础的翻译理论和某些重要的西方翻译理论，如法国的结构主义理论间存在较大分歧，如何在保存自己理论完整的基础上和其他西方翻译理论沟通是其需要深入思考的问题。赵宁还探讨了图里（G. Toury）翻译规范论的基本问题，指出图里研究的目的不在于制定翻译规范，而是通过对译本的研究，寻找译者们遵循的规范。苗菊（2001）论述了代表图里翻译思想的三方面研究，提出翻译准则是对图里翻译思想的概括，关于翻译准则的研究将成为翻译研究的中心内容。图里的理论对翻译研究领域的贡献是：摈弃了翻译中一比一对应观念及文学、语言方面对等的可能性；提出任何译文的产生都涉及译语文化系统内的文学倾向；动摇了原文信息固定不变的观念；提出原文与译文在文化系统的交织结构中合为一体。肖辉和张柏然（2001）运用认知科学及心理学理论对奈达、霍姆斯、贝尔所提出的几个翻译模式的假设作了探讨。

奈达译学思想的变化给一些人造成了影响，如何看待这一现象？刘四龙（2001）认为，奈达最根本的变化还是在对待翻译学的态度上。这一转变的原因有，对翻译理论作用的认识偏差，屡次强调单一的翻译准则，过多强调和依赖语言学的作用。奈达从描写语言学研究转到交际理论，再到社会符号学研究这一过程充分表明他本人也是意识到了语言学角度研究翻译的局限性，所以变换了研究的角度。奈达的"翻译理论无用论"关键在于他并未能真正把翻译理论与指导翻译实践的应用理论分离开来，而是把翻译理论的作用等同于应用理论的作用。陈宏薇（2001）则通过对"奈达现象"的回顾和分析，看到中国的翻译研究正在走向成熟。

总之，中国译学在新世纪已进入全面发展与趋向成熟的新时期。广大的翻译理论研究者及翻译教学工作者正以前所未有的热情，以科学的态度与方法总结和继承我国传统译学理论结晶，以兼容并蓄的态度批判地借鉴和吸收国外先进翻译理论，构筑中国的翻译学"大厦"。

译论谐趣：后殖民翻译与权力话语

后殖民翻译研究是20世纪80年代末崛起的一种解构性的理论批评话语，源自于后殖民批评理论。它承袭了后殖民批评的文化政治批评话语，致力于从后殖民视角来考察不同历史条件下的翻译行为，关注隐藏在译文变形和置换背后的两种文化之间的权力争斗和权力运作，描写和解释权力差异所带来的译者的价值取向和翻译策略取向，反思宗主国与殖民地翻译活动中权力的不对称关系，揭示译本生成的政治条件、暴力因素和译本生成后对目标文化所产生的颠覆性作用，其中包括翻译的混杂性、翻译的身份认同、文化霸权、他者等内容。确切地说，后殖民翻译就是第三世界要借此来促使本土文化摆脱前宗主国的文化束缚，改变本土文化边缘地位，重塑文化身份，重新定位东西方文化间的关系，平等地参与文化交流和对话。

后殖民翻译理论的杰出代表特贾斯维莉·尼兰贾纳（Tejaswini Niranjana）、玛丽亚·铁木志科（Maria Fleming Tymoczko）和道格拉斯·罗宾逊（Douglas Robinson）分别从翻译的定位、爱尔兰殖民文学、翻译与殖民帝国等角度研究后殖民语境下翻译的政治文化问题。下面将较为详细地介绍这些翻译理论家及其后殖民翻译观。

（1）特贾斯维莉·尼兰贾纳：寻找殖民翻译的方位

翻译理论家尼兰贾纳认为，翻译行为就是政治行为。通过援引本雅明、福柯、德里达、保罗·德曼等人的理论，她试图证明，翻译是在不同民族、语言和国家之间延续不平等权力关系的一个场所。西方哲学及意识形态所支持的翻译观长期以来有利于殖民者建构域外的"他者"形象，以挪用和掌控一成不变的历史。尼兰贾纳考察了从18世纪以来的印度文学翻译史，注意到近两百年来印度殖民地的译者、学者、官员以及传教士翻译了大量的印度文学作品，其目的就是为了延伸大英帝国的疆界。她得出在后殖民语境下重新思考翻译的必要性，将其作为抵抗和变革的场所。

尼兰贾纳在其最有影响的翻译理论著作《寻找翻译的方位：历史、后结构及后殖民语境》（Sitting Translation: History, Poststructurism, and the Colonial Context）中，将赛义德及福柯的后殖民与权力观点介入翻译理论研究中，探讨了后殖民语境中语言翻译的问题，试图从文化和政治的表征角度，为翻译研究打开大门。她主要想表达的是，翻译是怎样被殖民权力用于构建被改写的东方意象，在翻译和改写中，殖民者是如何把意识形态的价值强加在他者身上的。译者、语言学家及种族学者是如何参与构建了殖民权力这张大网的。通过引用赛义德的理论，尼兰贾纳试图证明："翻译作为一种实践，在殖民体制下形成了一种不平等的权力关系。关键是被殖民者的再现，只能按照殖民控制的需要进行塑造。"由此，尼兰贾纳进一步批判了西方中心主义的翻译观，主要观点有三：第一，迄今为止，翻译研究没有考虑不同语言中权力不平等的问题；第二，西方翻译理论研究中的概念存在缺陷（文本、作者及意义的观念建立在语言再现论基础之上，这种语言理论从来没有受到质疑）；第三，在殖民语境下，因为翻译在西方哲学话语中建立起一套殖民统治的概念范畴和意象，因此，翻译作为一种"人文学科"也应该受到拷问。

尼兰贾纳把翻译看作同哲学、历史、教育相同的人文话语，它披露了殖民统治的霸权机制，殖民者用翻译来建构代表真理的东方意象，传播意识形态价值观。殖民者在殖民地开办学校，人种学者记录当地风俗文化，语言学者编撰语法书，译者翻译殖民地作品，都是为了参与殖民权力建构。在赛义德"东方主义"影响下，尼兰贾纳进一步指出西方的话语，尤其是翻译实践使"他者"边缘化，从而呼吁译者在翻译实践中采取"干预"策略，以抵制殖民话语的制约。对于尼兰贾纳来说，语言、种族之间的不平等体现了权力关系的不平等。殖民的主体历史是权力与知识实践的历史，翻译作为话语实践，是帝国权力控制和生产的场所。后殖民译者必须解构西方形而上学的在场，质疑殖民语境下的翻译实践和文化活动，干预意识形态的话语生产。

对于尼兰贾纳来说，翻译意味着一种干扰、置换和破坏，而不仅仅是一种解释性的阅读。因此在翻译实践中，她坚持异化翻译策略，在译文中保留原文词汇，让译文读起来有些生涩，这种生涩不仅可以影响目的语语言，而且还能破坏整体叙述的透明性和流畅性，让"自我"的形象更加丰富，反击霸权话语的"单一性和连续性的叙述"。在后殖民语境中，作为译者，应引入异质性，介入混杂性，揭示非单一性和纯粹性。因此，翻译也成为一种破坏性的和播撒的力量，是被压迫者颠覆或置换历史性的契机。

（2）玛丽亚·铁木志科：爱尔兰殖民文学的发现

铁木志科是一位在后殖民翻译理论研究方面享有国际声望的翻译理论家，她的翻译理论研究主要聚焦在文化翻译上。在她看来，翻译不仅是一种语言翻译，更是一种文化翻译。通过对早期爱尔兰文学作品英译的大量案例研究，铁木志科在《后殖民语境下的翻译：英译早期爱尔兰文学》（ *Translation in a Postcolonial Context—Early Irish Literature in English Translation* ）中构建了一个繁复而又新颖的主题。通过考察爱尔兰人在争取独立的斗争中所进行的翻译实践，她向人们展示了翻译家和文学家们在翻译爱尔兰民族文学遗产、重现爱尔兰爱国主义旋律时，通过各种途径表达了对英国殖民文化的反抗。也就是说，爱尔兰文学的翻译既是一种文化重建，也是一种去殖民化的过程。对殖民地文化轨迹的开创性分析是铁木志科对后殖民主义研究的重要贡献，也为其他有过类似殖民统治遭遇的文化研究提供了一个参照模式。同时，这些研究也成为质疑和颠覆传统翻译理论的典型案例。

铁木志科对翻译理论的贡献在于，她将换喻的转述过程与翻译改写创造性地结合在一起，并将之应用于翻译研究中。她认为，翻译不仅是一种有关词汇、语法和文化标记的暗喻（换喻）修辞，更重要的是，翻译还有一种"衔接"和"创造"的功能。翻译的过程就是一个换喻的过程。原文本的意义在换喻过程中不可避免地要丧失一部分，就像换喻中整体代替部分或部分代替整体的修辞手段一样。一个文本的意义是由多方面决定的，读者阅读一部作品或一篇文章时，文本的多重意义自然能够唤起读者对文本所在的整个文化领域（如风俗习惯、法律、物质条件和文学规范等）的联想，而翻译并不能或不一定要求再现这些信息。由于译者面对的是不同的时空、不同的地域、不同的意识形态和文化背景，面对多重意义的文本时，译者必须作出抉择。突出某一方面，淡化某一方面，甚至删改部分内容都是译者出于特殊目的的需要。译者的选择不仅体现了意识形态的影响和两种语言文化之间的差异，而且体现了译者的主体性。在后殖民翻译中，权力与知识是一对相生相伴的孪生兄弟。后殖民的翻译不是一种自由的信息交换，而是一个竞相角逐的场所：选择和替换行为不仅呈现为对文本的操纵，而且还表现为有目的地组装、虚构、捏造和过滤某些信息。作为知识建构的一种形式，换喻的翻译法不仅是一种文化力量，而且是一种权力。因此翻译的换喻法不是一种抽象的概念，而是塑造原文文化形象和施加意识形态影响的有效途径。

铁木志科还十分强调后殖民语境中翻译与权力的关系。在她看来，翻译研究涉及社会中权力运作的变迁，权力运作意味着文化生产，而翻译是文化生产的一部分。20世纪后半叶随着民族国家的独立，世界格局的重组，各种意识形态竞相参与权力与话语的制造。民权运动、东欧剧变、苏联解体、冷战结束、女性主义、后殖民运动、全球经济一体化等诸多政治、经济、文化浪潮汹涌而来，翻译实践和理论深切地感受到权力在这一领域的影响。她提出，"文化转向"中最核心的概念是权力，它涉及文化变迁、文化差异、文化他者、不同的世界观、文化宰制和抵抗，甚至可以说翻译中的"文化转向"就是一种"权力转向"。与权力相关的翻译实践在一定意义上是一种换喻过程和比喻过程。翻译过程中的政治因素体现在三个词：偏见性、派别性和参与性。偏见性指的是翻译的选择性：文本、词义、意识形态因素的选择。偏见是一种必要的行为条件，而不是缺陷；派别性指的是翻译显性地或隐形地参与政治话语和变革；参与性指的是在翻译过程中，围绕翻译的引言、评论、脚注等元文本体现了译者的观点。铁木志科提出，我们应当摆脱涉及权力的非此即彼的观点，即译者不是与眼前利益共谋，就是反对强权话语。后殖民翻译研究应当跳出这种绝对主义的二分法，因为权力与话语的关系也可能以竞争、沟通、谈判等形式出现。同时，译者本身可能代表体制中的权力，也可能代表权力的边缘团体。译者作为话语中的调停人扮演的是一种双面角色。因此，后殖民的翻译呈现的是异质性、多义性、混杂性和复杂性。权力给翻译活动带来的结果是：多元文化、多元价值、多种复调成为翻译的主流取向。

铁木志科作为后殖民翻译理论的代表人物，不仅揭示了翻译与文化的密切关系，而且通过对爱尔兰殖民翻译和创作的探讨，为后殖民翻译研究建立了一个典型的范式。在翻译与权力的论述上，她不仅将翻译看成是一种抵抗殖民的工具，更是一种建构的催化剂。她的观点不仅再现了翻译、权力的不同侧面，更重要的是，呈现了后殖民翻译的多样性、丰饶性和广博性。

（3）道格拉斯·罗宾逊：翻译与殖民帝国

道格拉斯·罗宾逊是当代西方著名翻译家、翻译理论家和文化理论家。他长期从事翻译实践与理论研究，其翻译思想富有创见，研究涉及面广泛，在译学问题上常有别出心裁的论述。他的《翻译与帝国：后殖民理论重释》(*Translation and Empire: Postcolonial Theories Explained*)是后殖民翻译理论研究和翻译研究中不可缺少的一部经典之作。

罗宾逊在其《翻译与帝国》中比较详细地探讨了翻译从古罗马殖民时代到20世纪非殖民化时代的发展历程，阐释了翻译与后殖民的基本概念、定义和二者的关系，着重分析了翻译在后殖民语境下所起的重要作用。将帝国的政治、文化、社会因素纳入其思考范围，同时突出了翻译在殖民化与非殖民化的发展历程中的功用。

罗宾逊对后殖民翻译理论研究的主要贡献在于：首先，他是最早将"翻译"与"帝国"这两个看似不相干的概念结合在一起研究的学者。在后殖民诞生之前，帝国翻译就与帝国霸业相生相伴。在帝国的统治当中，翻译扮演着文化交流、文化征服的重要角色。它是征服他国文化最直接的、最有力的媒介。不仅如此，罗宾逊还发现在帝国的翻译史上，翻译不仅是一种"投胎转世"或"再生"，更是一种互不可缺的共生关系。即"翻译为了帝国"和"帝国为了翻译"，"翻译知识与帝国共存"的关系。

其次，罗宾逊系统而详细地研究了艾里克·切菲兹（Eric Cheyfitz）的后殖民翻译理论，从中找出人种学、人类学与翻译的关系，总结出翻译在后殖民中的几种呈现方式：①翻译是殖民教化的主要工具；②心理投身：语言之间的翻译必定出现在特定的语言中，翻译和交际的问题必定以心理方式反映出来。③雄辩和对话：在后殖民语境中对话往往被扼杀，土著人寡言少语，思维概念也不发达，因为他们先天地被欧洲人认为是野蛮的。④财产：土著人的观念中没有土地"买卖"，因此，英文单词property也很难翻译成土著人的语言。这种缺省意味着欧洲人只需通过"翻译"，便把无主的土地变成自己的。⑤中心与边缘：通过"翻译知识与帝国"的共生关系，让宗主国永远处于帝国的中心，翻译的任务就是向周边殖民地传播帝国的知识。

再次，罗宾逊指出，后殖民翻译体现了"权力关系"。它同时可以扮演三种角色：①作为一种殖民化的渠道，它既起着与教育相同的作用，又与教育相关；它潜在地或明显地控制着市场和体制。②殖民统治垮台后，作为文化不平等的避雷针。③作为去殖民化的一种渠道。霸权文化总是通过翻译以一种主导文化的形式出现。这种文化上的不平等主要体现在：翻译数量上的不平衡、进出口译著的数量不平衡、强势文化与弱势文化的关系、翻译文本的模式化、霸权语言的优越性以及为翻译而写作等几个方面。

最后，罗宾逊认为，20世纪90年代后期，后殖民翻译研究出现了翻天覆地的变化，这种变化不仅体现在方法论上，更体现出翻译在殖民化和去殖民化过程中的重要性。在后殖民语境中，翻译被变成了一个"恶魔"。它不仅维持着语言上的不平等和翻译中的不等值，而且在文化上继续自我与他者、文明与野蛮等的二元对立。对于帝国来说，它是文化征服的工具。对于霸权来说，它是施加殖民影响的渠道。罗宾逊提出，尽管翻译中紧跟原文可以保持译文的差异性和文化的多样性，但是，归化与异化都可能在某种程度上持续殖民的思想。

原文

《浮生六记》卷一 闺房记乐

（节选）

余生乾隆癸未冬十一月二十有二日，正值太平盛世，且在衣冠之家，居苏州沧浪亭畔，天之厚我，可谓至矣。东坡云："事如春梦了无痕"，苟不记之笔墨，未免有辜彼苍之厚。

因思《关雎》冠三百篇之首，故列夫妇于首卷；余以次递及焉。所愧少年失学，稍识之无，不过记其实情实事而已。若必考订其文法，是责明于垢鉴矣。

余幼聘金沙于氏，八龄而夭；娶陈氏。陈名芸，字淑珍，舅氏心馀先生女也。生而颖慧，学语时，口授琵琶行，即能成诵。四龄失怙；母金氏，弟克昌，家徒壁立。芸既长，娴女红，三口仰其十指供给；克昌从师修脯无缺。一日，于书簏中得琵琶行，挨字而认，始识字；刺绣之暇，渐通吟咏，有"秋侵人影瘦，霜染菊花肥"之句。

余年十三，随母归宁，两小无嫌，得见所作，虽叹其才思隽秀，窃恐其福泽不深；然心注不能释，告母曰："若为儿择妇，非淑姊不娶。"母亦爱其柔和，即脱金约指缔姻焉；此乾隆乙未七月十六日也。

是年冬，值其堂姊出阁，余又随母往。

芸与余同齿而长余十月，自幼姊弟相呼，故仍呼之曰淑姊。

时但见满室鲜衣，芸独通体素淡，仅新其鞋而已。见其绣制精巧，询为己作，始知其慧心不仅在笔墨也。

其形削肩长项，瘦不露骨，眉弯目秀，顾盼神飞，唯两齿微露，似非佳相。一种缠绵之态，令人之意也消。

索观诗稿，有仅一联，或三四句，多未成篇者。询其故。笑曰："无师之作，愿得知己堪师者敲成之耳。"余戏题其签曰"锦囊佳句"，不知夭寿之机此已伏矣。

是夜送亲城外，返，已漏三下，腹饥索饵，婢妪以枣脯进，余嫌其甜。芸暗牵余袖，随至其室，见藏有暖粥并小菜焉。余欣然举箸，忽闻芸堂兄玉衡呼曰："淑妹速来！"芸急闭门曰："已疲乏，将卧矣。"玉衡挤身而入，见余将吃粥，乃笑睨芸曰："顷我索粥，汝曰'尽矣'，乃藏此专待汝婿耶？"芸大窘避去，上下哗笑之。余亦负气，挈老仆先归。

自吃粥被嘲，再往，芸即避匿，余知其恐贻人笑也。

至乾隆庚子正月二十二日花烛之夕，见瘦怯身材依然如昔，头巾已揭，相视嫣然。合卺后，并肩夜膳，余暗于案下握其腕，暖尖滑腻，胸中不觉怦怦作跳。让之食，适逢斋期，已数年矣。暗计吃斋之初，正余出痘之期，因笑谓曰："今我光鲜无恙，姊可从此开戒否？"芸笑之以目，点之以首。

译文

Six Chapters of a Floating Life
Chapter One: Wedded Bliss

(Excerpt)

I was born in 1763, under the reign of Ch'ienlung, on the twenty-second day of the eleventh moon. The country was then in the heyday of peace and, moreover, I was born in a scholar's family, living by the side of the Ts'anglang Pavilion in Soochow. So altogether I may say the gods have been unusually kind to me. Su Tungp'o said, "Life is like a spring dream which vanishes without a trace." I should be ungrateful to the gods if I did not try to put my life down on record.

Since the *Book of Poems* begins with a poem on wedded love, I thought I would begin this book by speaking of my marital relations and then let other matters follow. My only regret is that I was not properly educated in childhood; all I know is a simple language and I shall try only to record the real facts and real sentiments. I hope the reader will be kind enough not to scrutinize my grammar, which would be like looking for brilliance in a tarnished mirror.

I was engaged in my childhood to one Miss Yü, of Chinsha, who died in her eighth year, and eventually I married a girl of the Ch'en clan. Her name was Yün and her literary name Suchen. She was my cousin, being the daughter of my maternal uncle, Hsinyü. Even in her childhood, she was a very clever girl, for while she was learning to speak, she was taught Po Chüyi's poem, "The P'i P'a Player", and could at once repeat it. Her father died when she was four years old, and in the family there were only her mother (of the Chin clan) and her younger brother K'ehch'ang and herself, being then practically destitute. When Yün grew up and had learnt needlework, she was providing for the family of three, and contrived always to pay K'ehch'ang's tuition fees punctually. One day, she picked up a copy of the poem "The P'i P'a Player" from a wastebasket, and from that, with the help of her memory of the lines, she learnt to read word by word. Between her needlework, she gradually learnt to write poetry. One of her poems contained the two lines:

"Touched by autumn, one's figure grows slender,

Soaked in frost, the chrysanthemum blooms full."

When I was thirteen years old, I went with my mother to her maiden home and there we met. As we were two young innocent children, she allowed me to read her poems. I was quite struck by her talent, but feared that she was too clever to be happy. Still I could not help thinking of her all the time, and once I told my mother, "If you were to choose a girl for me, I won't marry any one except Cousin Su." My mother also liked her being so gentle, and gave her her gold ring as a token for the betrothal.

This was on the sixteenth of the seventh moon in the year 1775. In the winter of that year, one of my girl cousins (the daughter of another maternal uncle of mine.) was going to get married and I again accompanied my mother to her maiden home.

Yün was the same age as myself, but ten months older, and as we had been accustomed to calling each other "elder sister" and "younger brother" from childhood, I continued to call her "Sister Su."

At this time the guests in the house all wore bright dresses, but Yün alone was clad in a dress of quiet colour, and had on a new pair of shoes. I noticed that the embroidery on her shoes was very fine, and learnt that it was her own work, so that I began to realize that she was gifted at other things, too, besides reading and writing.

Of a slender figure, she had drooping shoulders and a rather long neck, slim but not to the point of being skinny. Her eyebrows were arched and in her eyes there was a look of quick intelligence and soft refinement. The only defect was that her two front teeth were slightly inclined forward, which was not a mark of good omen. There was an air of tenderness about her which completely fascinated me.

I asked for the manuscripts of her poems and found that they consisted mainly of couplets and three or four lines, being unfinished poems, and I asked her the reason why. She smiled and said, "I have had no one to teach me poetry, and wish to have a good teacher-friend who could help me to finish these poems." I wrote playfully on the label of this book of poems the words: "Beautiful Lines in an Embroidered Case," and did not realize that in this case lay the cause of her short life.

That night, when I came back from outside the city, whither I had accompanied my girl cousin the bride, it was already midnight, and I felt very hungry and asked for something to eat. A maid-servant gave me some dried dates, which were too sweet for me. Yün secretly pulled me by the sleeve into her room, and I saw that she had hidden away a bowl of warm congee and some dishes to go with it. I was beginning to take up the chopsticks and eat it with great gusto when Yün's boy cousin Yüheng called out, "Sister Su, come quick!" Yün quickly shut the door and said, "I am very tired and going to bed." Yüheng forced the door open and, seeing the situation, he said with a malicious smile at Yün, "So, that's it! A while ago I asked for congee and you said there was no more, but you really meant to keep it for your future husband." Yün was greatly embarrassed and everybody laughed at her, including the servants. On my part, I rushed away home with an old servant in a state of excitement.

Since the affair of the congee happened, she always avoided me when I went to her home, and I knew that she was only trying to avoid being made a subject of ridicule.

Our wedding took place on the twenty-second of the first moon in 1780. When she came to my home on that night, I found that she had the same slender figure as before. When her bridal veil was lifted, we looked at each other and smiled. After the drinking of the customary twin cups between bride and groom, we sat down together at dinner and I secretly held her hand under the table, which was warm and small, and my heart was palpitating. I asked her to eat and learnt that she was in her vegetarian fast, which she had been keeping for several years already. I found that the time when she began her fast coincided with my small-pox illness, and said to her laughingly, "Now that my face is clean and smooth without pock-marks, my dear sister, will you break your fast?" Yün looked at me with a smile and nodded her head.

——选自《浮生六记》/沈复著，林语堂译

背景介绍

　　《浮生六记》是清朝沈复写的一部题材较广的自传性质的小说。作者以简洁生动的文笔描写了他婚姻生活的方方面面及对人生的感悟，并谈及生活艺术、闲情记趣、山水景色、文艺评论等，体现了中国传统知识分子知足常乐、恬淡自适、与世无争的人生态度。原书有六卷，现只存四卷，实为四记：卷一，闺房记乐；卷二，闲情记趣；卷三，坎坷记愁；卷四，浪游记快。

译文分析

　　"杂合"原是生物学术语，指不同物种之间的杂交。在引入文化研究后，主要指"不同语言和文化相互交流、碰撞，最后形成的具有多种语言文化特点但又独具特色的混合体"。（韩子满，2002）由于翻译是文化间交流、碰撞的媒介，是不同文化差异性协调和商讨的过程。翻译的过程就是译者引领两种异质文化和语言进行对话、协商、理解、认同、互补，最后达到彼此交融与共同发展的过程。因此，杂合是翻译过程中不可避免的现象，杂合既是翻译的结果，亦是翻译的手段。杂合翻译策略是介于归化翻译与异化翻译的"中间道路"，是东西文化对话、互渗、共生的第三条道路。在后殖民语境下，杂合翻译策略能够在翻译中有效地输出中国文化特色，从而促进中国与各国文化真正意义上的相互交流，有利于抵制文化霸权主义，对凸显文化的差异与多元有重要意义。与此同时，适度而动态的杂合也可以促进译入语文化与文明的发展和繁荣。

下面将主要从语言和文化的层面分析林语堂先生在翻译《浮生六记》时如何用杂合翻译策略输出中国文化特色，为中华语言文化赢得了在世界文化中与强者异质并存的平等地位。具体说来，杂合的翻译策略在语言翻译方面的具体表现为词汇和句子的翻译；在文化翻译方面，杂合翻译策略的应用则具体体现为文化典故、意象和意识形态等因素的翻译。

（1）语言层面的文化输出

原文：余生乾隆癸未冬十一月有二日，……

林译：I was born **in 1763**, **under the reign of Ch'ienlung**, on the twenty-second day of **the eleventh moon**. …

"癸未"是中国古代干支纪年法。中国古代有十天干和十二地支，古人将天干地支相结合表示时间。乾隆是清朝皇帝爱新觉罗·弘历的年号。在翻译"乾隆癸未"时，由于干支纪年复杂难记，即使是当代中国读者也很容易混淆，更何况西方读者，因此林将"癸未"译为公元纪年的"1763"；而对"乾隆"则用增译加音译的方法译为under the reign of Ch'ienlung，使西方读者更易理解"乾隆"的意思。"十一月"则译为the eleventh moon而不是地道的英文November，这种杂合翻译策略将中国特有的文化词汇"乾隆"以及表示阴历时间单位的"月"植入西方语言文化，为西方文化注入了新鲜的语言文化元素。

原文："秋侵人影瘦，霜染菊花肥"。

林译："Touched by autumn, one's figure **grows slender**.

Soaked in frost, the chrysanthemum **blooms full**."

原文为一个对句，林译时，保持了原诗的形式，对仗工整，意象互为映衬，如autumn和frost。译诗每行十个音节，五个音步，富有节奏美。与此同时，林语堂依英语的行文心理，添加了grow和bloom两个动词，使译文符合英语的语法，因为"瘦"和"肥"是形容词，在汉语中可以作谓语而在英语中则不能。

这样杂合的译文不仅保留了中华民族诗歌的韵味与特色，而且有利于西方读者理解原文，感受中国诗歌的魅力。

（2）文化层面的文化输出

原文：因思《关雎》冠三百篇之首，故列夫妇于首卷；余以次递及焉。

林译：Since the *Book of Poems* begins with **a poem on wedded love**, I thought I would begin this book by speaking of my marital relations and then let other matters follow.

《诗经》共三百零五篇，分"风"、"雅"、"颂"三大类，《关雎》是《诗·周南》中的篇名，为全书首篇，也是《风》的第一篇。林语堂为了使原文含义明朗化，简洁地解释说明了"关雎"与"三百篇"的关系及其内容，点出了作品的文化渊源，向西方读者介绍了相关的中国传统文化知识，填补了译入语读者文化背景知识的空白，加强了翻译的跨文化交流效果，达到了向他们介绍及弘扬中国特有传统文化的目的。同时，林语堂将《关雎》译为 wedded love 而没有用拼音代替，也便于英语读者理解原文。林的杂合翻译既保留了原文之"异"也兼顾了译作之"同"。

原文：至乾隆庚子正月二十二日花烛之夕，见瘦怯身材依然如昔，头巾既揭，相视嫣然。

林译：Our **wedding** took place on the twenty-second of the first moon in 1780. When she came to my home on that night, I found that she had the same slender figure as before. When her **bridal evil** was lifted, we looked at each other and smiled.

"花烛"是中国传统文化中比较典型的文化意象，为什么要叫"花烛"？这种说法始见于北周庾信《和咏舞》诗："洞房花烛明，燕余双舞轻。""花烛"专指新婚的景象，林译为 wedding，虽略失了一种喜庆含蓄的韵味，但对于西方读者而言，却晓畅易懂，也反映出作为译者的林语堂处处为读者着想的意识。同时，他将"头巾"直译为 bridal evil，为西方读者引入了在中国古代新婚之夜新郎揭新娘盖头这一独特的文化意象，作为补偿。这种杂合，体现出林语堂力图在原作与读者之间寻求一个平衡点，使译作既能体现东方的韵味，又能符合西方的口味。

原文：其形削肩长项，瘦不露骨，眉弯目秀，顾盼神飞，唯两齿微露，似非佳相。

林译：Of a slender figure, she had drooping shoulders and a rather long neck, slim but not to the point of being skinny. **Her eyebrows were arched and in her eyes there was a look of quick intelligence and soft refinement. The only defect was that her two front teeth were slightly inclined forward, which was not a mark of good omen.**

原文描写了芸娘美的形象。这种形象与西方文化中流行的金发碧眼、五官匀称的美人形象相去甚远。但由于芸是林语堂赞赏备至的女子，所以林译时没有用目的语中典型的美人形象去替代原文中的美人形象，而是尽量用简练的文字来对她进行精致的描绘，从而把一位秀外慧中的东方女性展现在西方人面前。"眉弯目秀，顾盼神飞"的译文显示的是一种独特的东方丰韵，一抹东方的情致，涂上了一层东方文化特有的釉彩。而 The only defect was that her two front teeth were slightly inclined forward, which was not a mark of good omen. 在西方读者读来可能有些费解。因为一个人的牙齿排列如何与命运相关呢？林语堂对此也未作解释，而完全以东方文化的原貌示人，以保存原汁原味的东方审美文化。对西方读者来说，这无疑构成了中国文化的一种"异质性"。

总之，在该译文中，林语堂灵活运用了杂合翻译策略，在保证译文可读性的同时，充分传达了原作的"异国情调"。向西方英语读者介绍了一对可爱的中国夫妇恬淡的生活，传播和弘扬了中国的传统文化，消减了西方强势文化霸权，丰富了译入语的语言和文化。

参考文献

Hatim, B. & I. Mason. *Discourse and the Translator* [M]. London & New York: Longman, 1990.

Newmark, P. *A Textbook of Translation* [M]. Prentice Hall International Ltd., 1988.

Newmark, P. *Approaches to Translation* [M]. Oxford: Pergamon Press, 1981.

Nida, E. A. & C. R. Taber. *The Theory and Practice of Translation* [M]. Leiden: E. J. Brill, 1982.

Nida, E. A. *Language Structure & Translation* [M]. Standford: Standford University Press, 1975.

Nida, E. A. *The Sociolinguistics of Interlingual Communication* [M]. Les Presses Auspert a Bruxelles, 1996.

Nida, E. A. *Towards a Science of Translating* [M]. Leiden: E. J. Brill, 1964.

Niranjana, T. *Sitting Translation: History, Poststructurism, and the Colonial Context* [M]. Berkeley and Los Angeles: University of California Press, 1992.

Robinson, D. *Translation and Empire: Postcolonial Theories Explained* [M]. Manchester: St. Jerome Publishing Litd. 1997.

Tymoczko, M. & E. Gentzler. *Translation and Power* [M]. Amherst & Boston: University of Massachusetts Press, 2002.

Tymoczko, M. *Translation in a Postcolonial Context—Early Irish Literature in English Translation* [M]. Manchester: St. Jerome Publishing Litd. 1999.

陈宏薇. 从"奈达现象"看中国翻译研究走向成熟 [J]. 中国翻译, 2001（9）: 46-49.

耿强. 西方女性主义翻译理论述评 [J]. 西南科技大学学报（哲学社会科学版）, 2004, 21（3）: 8-13.

辜正坤. 翻译标准多元互补论 [J]. 中国翻译, 1989（1）: 16-20.

韩子满. 文学翻译与杂合 [J]. 中国翻译, 2002（3）: 4-7.

金旭东. 对新世纪现代翻译学的一些思考 [J]. 外语与外语教学, 2001（7）: 42-45.

梁爱林. 二十世纪国外翻译研究的三个趋向 [J]. 上海科技翻译, 2001（3）: 46-50.

廖七一. 研究范式与中国译学 [J]. 中国翻译, 2001（9）: 14-18.

林克难. 翻译研究: 从规范走向描写 [J]. 中国翻译, 2001（6）: 43-45.

刘军平. 西方翻译理论通史 [M]. 武汉: 武汉大学出版社, 2009.

刘宓庆. 当代翻译理论 [M]. 北京: 中国对外翻译出版公司, 1999.

刘四龙. 重新认识翻译理论的作用——对奈达翻译思想转变的反思 [J]. 中国翻译, 2001（2）: 9-11.

吕俊.结构·解构·建构——我国翻译研究的回顾与展望[J].中国翻译,2001(6):8-11.

吕俊.我国传统翻译研究中的盲点与误区[J].外国语,2001(5):48-54.

罗新璋.翻译论集[M].北京:商务印书馆,1984.

马会娟.当代西方翻译研究概况——兼谈MariaTymoczko的翻译观[J].中国翻译,2001(2):61-65.

苗菊.翻译准则——图里翻译理论的核心[J].外语与外语教学,2001(11):29-32.

穆雷,仲伟合.二00一年中国译坛综述[J].中国翻译,2002(2):71-74.

沈复.林语堂译.浮生六记[M].北京:外语教学与研究出版社,1999.

谭载喜.奈达论翻译[M].北京:中国对外翻译出版公司,1984.

谭载喜.翻译学:新世纪的思索——从译学否定论的"梦"字诀说起[J].外语与外语教学,2001(7):45-52.

王大伟.当前中国译学研究的几个误区[J].上海科技翻译,2001(1):50-55.

王东风,孙会军."一双透明的眼睛"——评郭建中编著的《当代美国翻译理论》[J].中国翻译,2001(1):61-64.

王宁.Translatology: Toward a Scientific Discipline[J].中国翻译,2001(6):2-7.

吴义诚.论翻译研究的科学范式[J].外国语,2001(5):55-60.

肖辉,张柏然.翻译过程模式论断想[J].外语与外语教学,2001(11):33-36.

谢天振.国内翻译界在翻译研究和翻译理论认识上的误区[J].中国翻译,2001(7):2-5.

许钧.切实加强译学研究和翻译学科建设[J].中国翻译,2001(1):2-8.

杨自俭.我对当前译学问题讨论的看法[J].外语与外语教学,2001(6):45-48.

张后尘.翻译学:在大论辩中成长[J].外语与外语教学,2001(11):21-24.

张美芳.翻译学的目标与结构——霍姆斯的译学构想介评[J].中国翻译,2000(2):66-69.

赵宁.Gideon Toury翻译规范论介绍[J].外语教学与研究,2001(5):216-219.

仲伟合,方开瑞.翻译就是征服——尼采的翻译哲学[J].中国翻译,2001(1):21-23.

朱志瑜.中国传统翻译思想:"神化说"(前期)[J].中国翻译,2001(3):3-8

第三章　文化与翻译

当今世界，科学技术飞速发展，信息广泛传播，国际政治、经济、教育和文化等领域的交流与合作正日益扩大，不同国家和民族间的交往也日益频繁。所有这些都推动着各民族文化之间的交流与融合。语言是文化的载体和交流的工具，文化间的交流必然会反映在语言上。而语言翻译作为跨文化交际的桥梁，在沟通、丰富人类文化的过程中起着不可或缺的作用。英汉两种语言文化由于"与之俱生，与之俱存"的民族性，在语言文化心理、思维方式、语言习惯、名物传统以及宗教信仰等方面都表现出一定的异质性，这就使得在英汉翻译过程中，译者需关注语言中的文化信息与文化行为，采取适当的翻译方法。由于翻译不是在真空状态下进行的，它必将受到权力、时间以及各种文化行为的影响，以适应文化的要求和文化中不同群体的需求。因此，作为文化调停的译者，在翻译活动中，要根据翻译的目的、目的语文本功用、读者期望和反应、委托者和赞助者要求、作品出版发行机构的审查等一系列与目的语或接受文化相关的因素，超越传统研究中只强调对语言字词的理解及两种语言的转换，而将目光转向更为宏观层次的文化交流与文化构建，适度协调，发挥译者的主观能动性，即译者的主体性。

3.1 文化的定义与内涵

长期以来，人们对文化已经进行过各种各样的讨论。英语中 culture 一词源于拉丁文 cultura，意思是"耕作，种植；作物"。我国《辞海》对"文化"的定义是：文化是人类社会历史实践过程中所创造的物质财富和精神财富的总和。人类学者认为文化是无处不在、无所不包的人类知识和行为的总体，文化学者则认为文化是人类社会"艺术、政治、经济、教育、修养、文学、语言、思维的总和"。中国还有学者提出："文化是人类社会所特有的现象，是以人的活动方式以及由人的活动所创造的物质产品和精神产品为其内容的系统。"美国1974年出版的 *The New World Encyclopedia* 给 culture 一词下的定义：It is the totality of the spiritual, intellectual, and artistic attitudes shared by a group, including its tradition, habits, social customs, morals, laws, and social relations. Sociologically, every society, on every level, has its culture; the term has no implications of high development. 这一定义显然排除了物质文明发展水平的高低，而是指人类的精神文明或精神成果的总和，包括艺术、传统、习惯、社会风俗、道德伦理、法的观念和社会关系等。目前具有学术权威的解释是19世纪英国文化学家爱德华·泰勒（Edward

Tylor）在《原始文化》（*Primitive Culture*）一书中对"文化"的定义："文化是一种复杂的，包括知识、信仰、艺术、道德、法律、风俗以及其他社会上习得的能力与习惯。"尽管人类对文化的定义众说纷纭，但是一般说来，有广义文化和狭义文化两种说法。广义论者认为：文化是个无所不包的大范围、大概念，既有属于物质领域的，也有属于意识形态领域的。据此广义定义，美国著名翻译理论家尤金·奈达将语言文化特性分为如下五类：

（1）Ecology 生态学；

（2）Material Culture 物质文化；

（3）Social Culture 社会文化；

（4）Religious Culture 宗教文化；

（5）Linguistic Culture 语言文化。

这五类显然包括物质和意识形态两个领域，亦即物质文明和精神文明两大方面。

但狭义论者却认为文化只指精神文明，这是中外大多数人比较一致的看法。我国提出的"要努力建设物质文明和精神文明"中的"精神文明"指的就是人们常常讨论的文化，即狭义的文化，这和国际上较为统一的看法是一致的。

3.2 文化、语言与翻译的关系

语言是文化的一部分，并对文化起着重要作用。有些社会学家认为，语言是文化的基石——没有语言，就没有文化；从另一个方面看，语言又受文化的影响，反映文化。可以说，语言反映一个民族的特征，它不仅包含该民族的历史和文化背景，而且蕴藏着该民族对人生的看法、生活方式和思维方式。语言与文化互相影响，互相作用；理解语言必须了解文化，理解文化必须了解语言。

文化是形形色色的，语言也是多种多样的。翻译通过一种语言传达另一种语言的文化信息，是跨文化交流与沟通的桥梁。

历史上，宗教文化的传播就离不开宗教术语的译介，新词术语与宗教文化密不可分。早在我国从东汉至唐宋的佛经翻译过程中，翻译家们就将许多反映佛教文化的词语大量引入中国。"浮屠"（古时对和尚的称呼）、"菩萨"（地位仅次于佛，修行达到一定程度的人）、"观世音菩萨"（慈悲的化身，救苦救难之神）、"弥勒佛"（佛寺中袒胸露腹、满面笑容的佛像）、"金刚"（佛的侍卫）等这些外来佛教词汇广为流传，成了家喻户晓的常用词汇，佛教文化也随之逐渐融入中国文化中。"五四运动"以后，我国许多有识之士通过向西方学习来寻求救国救民的真理，特别是以严复等为代表的翻译家开始介绍西欧各国科学、文学、哲学。大量反映西方文化的新词进入中国文化之中。如"民主（democracy）"、"科学（science）"、"社会主义（socialism）"、"资本主义（capitalism）"、"逻辑（logic）"、"电话（telephone）"、"麦克风（microphone）"、"电灯（electric lamp）"、"照相机（camera）"、"维他命（vitamin）"等词语已经成为汉语词汇的一部分。随着改革开放的深入，多方位、多渠道的对外交流给中国人的生活带来更多有"洋味"的语汇，如"因特网（Internet）"、"电子邮件（email）"、"悬浮火车（aerotrain）"、"可视电话（vision phone）"、"软着陆（soft landing）"、"迷你装（mini）"、"欧元（Euro）"、"欧盟（European Union）"、"世界贸易组织（WTO）"、"石油输出国组织（OPEC）"、"亚太经合组织（APEC）"等。这不仅丰富了汉语的语汇，而且影响了人们的思想观念和生活方式，有力地推动着社会文明的发展。

语言是思想的直接反映，尤其是词汇，最敏感地反映了社会生活和社会思想的变化，也是使用这些词汇的人或社会群体的文化标签。语言不能脱离文化而存在，文化是语言赖以生存和发展的基础。当代英国译学理论家苏珊·巴斯奈特（Susan Bassnett, 1991）曾说："如同在做心脏手术时人们不能忽略心脏以外的身体其他部分一样，我们在翻译时也不能冒险将翻译的言语内容和文化分开来处理。"

因此，可以说翻译将成为人类交流的核心，并保护我们各自的文化和语言特征。不同国家、民族之间的文化交流和沟通，都离不开翻译活动，任何翻译也都离不开文化。谭载喜（1986）认为："翻译中对原文意思的理解，远远不是单纯的语言理解问题。语言是文化的组成部分，它受着文化的影响和制约。……在翻译过程中，译者对某段文字理解的正确与否，在很大程度上取决于他对有关文化的了解。……对于译者来说，没有两种文化的对比知识，就无从谈起对语言文字的正确理解与表达。"

历来有经验的译者或翻译研究者都比较注意文化与翻译的关系。傅东华在翻译玛格丽特·米歇尔的《飘》时，将男女主人公 Red Butler 和 Scarlet 的名字分别译成了颇具中国色彩的"白瑞德"和"赫思佳"。傅东华有意将英语的姓氏文化隐形，为了让译文符合中国读者的文化意识，从而把读者引入他所营造的文学氛围中。

王佐良（1984）说："……翻译者必须是一个真正意义的文化人。他必须掌握两种语言，确实如此；但是，不了解语言当中的社会文化，谁也无法真正掌握语言。"不同的文化观念不可避免地会发生局部的交叉、碰撞甚至冲突，从而给语言的翻译带来种种障碍和困难。

3.3 英汉主要文化差异对翻译的影响

英汉两种语言文化由于"与之俱生,与之俱存"的民族性,使其在语言文化心理、思维方式、语言习惯、名物传统以及宗教信仰等方面都表现出一定的异质性,这些文化差异对翻译的影响主要表现在以下几个方面:

3.3.1 词义联想与意象对翻译的影响

词在特定的语境中具有不同的联想意义,不同民族的人们对事物属性的认识不同,心理反应不同,在词义联想与意象上必然存在一些差异。在翻译"关公面前耍大刀"、"龙王爷面前卖自来水"时,若直接照原文用汉语拼音表示,肯定会使不了解中国历史的西方读者不知所云。再如汉语中表示"多此一举"时常用"画蛇添足"这个短语,但在西方却用 paint the lily。因为在西方人的心目中,lily(百合花)是"清白"与"贞洁"的象征,因此给百合花再施粉抹彩当然被看作徒劳无益、多此一举了。而在汉文化中,蛇本无足,画蛇添足只能弄巧成拙,所以英语中 paint the lily 与汉语"画蛇添足"在表达"多此一举"这层意思上具有异曲同工之妙。又如英语中的 blue, shepherd, castle, nightingale 等词在英美人中引起的联想和情趣又是中国人难以完全理解的;反之汉语中"松"、"竹"、"梅"、"兰"的象征意义在英语中则没有。又如,在东方文化中,蝙蝠被认为是幸福的象征,因为"蝠"与"福"同音,而红蝙蝠更是大吉大利的先兆,因为"红蝠"与"洪福"谐音。在西方文化中,bat 则是一种丑陋、邪恶的动物,人们总是把它与罪恶或黑暗势力相联系,特别是 vampire bat(吸血蝠)更是令人感到恐惧。词义联想失误或缺乏适宜的文化意象会造成翻译过程中错译或误译的现象。例如:

Mr. Smith is a very white man. He was looking rather green the other day.

这两句话中出现了两个表颜色的词,分别为 white 和 green。如果直译或按照汉语的联想意义译为:"史密斯先生是一个很白的人。前几天他看起来朝气蓬勃。"在汉语中,这样的译文是通顺、合乎逻辑的,但却没有传达原文的真正意思,出现了词义联想不当,造成了误译。因为 white 在英文中有"可靠的"的联想意义,而 green 则有"疾病的"的联想意义,所以正确的译文应是:"史密斯先生是个非常可靠的人。前几天他脸上颇有病容。"又如:

He has athlete's foot.

这句话的核心是 athlete's foot,如果想当然地认为该词指的是"运动员的脚"而将其译为"跑得快"就大错特错了。在英语中,athlete's foot 不是夸别人有运动员的脚,而是指真菌感染的足癣,俗称"脚气"。因此,正确的译文是:"他有脚气。"

3.3.2 理解与思维差异对翻译的影响

世界上几乎每一个民族都有自己独特的语言理解和思维方式，人们在观察、理解与思维方式上都存在着一定的差异。对同一事物，不同民族文化背景的人往往因理解不同而产生语言表达方式的差异。对颜色词的理解和使用，便是一个典型的例子。尽管英汉两种语言文化背景的人对自然本色的认识和感受是大体一致的，但由于理解的差异，同一颜色的文化含义却不尽相同。请看下列一组词的英汉对比。

英语	汉语
see red	大发脾气，火冒三丈
in the red	亏损，赤字
be as green as grass	幼稚，无经验
be green with envy	眼红，充满妒忌
blue software	黄色软件
in a blue mood	闷闷不乐，忧愁苦闷
brown sugar	红糖
white coffee	牛奶咖啡
a white lie	善意的谎言
a white elephant	贵而无用的东西
black coffee	浓咖啡（不加糖或牛奶）
The Black Friday	凶险不祥的日子

此外，英汉两种语言文化背景的人在逻辑思维上也存在着差异。例如：

You cannot give him too much money.

这句话看似简单，其实不然。若直译为"你不能给他太多钱"就是大错特错了。因为英语中的双重否定结构体现为一种逆向思维方式。not... too... 表示"再……也不为过"。因此，正确的译文应为："你给他再多的钱也不算多。"再如：

It is impossible to overestimate the value of the invention.

这也是一个体现逆向思维的双重否定结构。如果直译为："过高估计这项发明的价值是不可能的"，则与原文的意思大相径庭。正确的译文应为："这项发明的价值无论怎样估计也不会太高。"

3.3.3 比喻和习惯表达对翻译的影响

比喻和习惯表达都是具有浓郁民族文化色彩的语言成分，也是翻译过程中导致理解障碍的原因之一。只有深入研究、对比、理解两种语言在比喻和习惯表达上的差异，才能摆脱理解障碍造成的困境。由于文化差异，不同的民族对同一世界的认识可以有不同的视角，因而就会产生喻体不同、比喻相似的现象，即比喻的差异。请看下列一组词的英汉对比：

英语	汉语
as happy as a cow	快乐得像只百灵鸟
as close as an oyster	守口如瓶
as scarce as hen's teeth	凤毛麟角
as clear as the sun at midday	昭然若揭
like a drowned rat	落汤鸡
like a rat in a hole	瓮中之鳖
a flash in a pan	昙花一现
eat like a horse	狼吞虎咽
set the cat among the pigeons	引狼入室
drink like a fish	牛饮
lead a dog's life	过着牛马不如的生活
diamond cuts diamond	棋逢对手

此外，两种语言在习惯表达上也有差异，例如：

It is a small, old-fashioned but important port.

这句话如果按照英语的表达习惯逐字翻译为："它是一个小的、老式的但很重要的港口。"这么译字、句都没有错，也符合中文语法，但不太顺口、不自然。究其原因，是因为英语在表示时间、地点等概念时，修饰词的词序常常与汉语的不同。考虑到汉语修饰语的排序特点，将其译为："它是一个老式的小港，但很重要。"这样的译文就更加符合汉语的表达习惯了。又如：

When I say Chinese food, I mean Chinese food.

这句话照字面直译为："当我说中国菜时，我是指中国菜"。这不仅丢失了原句的意思，也没有将句中特定的表达法体现出来。改译为"我说的是正宗的中国菜"。

3.3.4 宗教信仰与典故对翻译的影响

在英汉两种语言的发展过程中，各自不同的文化背景导致两者在观察事物和反映客观世界的角度和方法上差别很大。甚至指同一事物或现象的词在两种文化中所引起的联想和在情感上所引起的反应也是不相同的。比如宗教信仰不同，自然也会体现在语言方面。英语中的文化主要是基督教文化，它在整个西方文明的形成和发展中起了不可估量的作用。在我国影响极为深远的是佛教文化。两种文化在思维习惯、语言表达形式、词汇意象和含义上，都有着自己的特色，故翻译时特别要引起注意。例如霍克斯把《红楼梦》中的"阿弥陀佛"译成God bless my soul，这很可能让西方人误以为中国人都信奉"上帝"。这样的译文大大地削减了中国文化的内涵。东西方文化在宗教信仰与历史典故方面存在着极大的差异。西方人多信奉基督教，认为"上帝"创造一切，宗教多有"洗礼"、"祷告"、"信徒"、"赎罪"、"教堂"等词汇。中国不少人信奉佛教、道教，多有"菩萨"、"轮回"、"解脱"、"真人"、"阴阳"、"无极"等宗教词汇。在中国文化中，历史典故丰富多彩，如"盘古开天"、"高山流水"、"四面楚歌"、"三顾茅庐"、"项庄舞剑"等。在西方文化中，许多历史典故来源于古希腊和古罗马神话及《圣经》故事。例如：

You are just a **doubting Thomas**. You won't believe what I tell you.

这句话中的 doubting Thomas 源于《圣经》故事，Thomas 是耶稣的12门徒之一，此人生性多疑。后来，英语中用doubting Thomas表示多疑之人。理解了其中的文化内涵，我们便可以将其译为："你这个人真多疑，我说什么你都不信。"再如：

Money brings us happiness but sometimes it is a **Pandora's Box**.

金钱给我们带来了快乐，但有时候它也是灾祸之源。

这句话中的Pandora's Box源自于希腊神话故事。普罗米修斯盗天火给人间后，主神宙斯为惩罚人类，命令神用黏土塑成一个年轻美貌、虚伪狡诈的姑娘，取名Pandora，意为"具有一切天赋的女人"，并给了她一个礼盒，然后将她许配给普罗米修斯的弟弟埃庇米修斯。埃庇米修斯不顾禁忌地接过礼盒，Pandora趁机打开它，于是各种恶习、灾难、疾病和战争等立即从里面飞出来了。故此，Pandora's Box常被用来比喻造成灾害的根源。

东西方文化中不同的宗教信仰和历史典故浸透在各自的语言之中，只有深刻了解东西方文化的差异，理解语言中的文化内涵，才能避免错译、误译，使翻译真正起到文化交流的作用。

3.4 英汉主要文化差异及其翻译对策

英汉翻译应从文化的角度准确地再现英汉文化所要传达的意义、形式及风格。巧妙地将异国文化的韵味透过翻译呈现在读者面前的无疑是佳译。从成功的翻译实践中，我们总结发现，面对文化差异，可以有如下翻译对策：

3.4.1 音译

在文化意义上，英汉两种语言很多时候都没有相对应的表达方式，出现了意义上的完全缺失。为了保留源语的文化特色，可采用音译法将具有特殊文化内涵的词语"移植"到目的语文化当中去。例如：

从英语音译到汉语中的词汇有：Nike（耐克）、Dove（德芙）、mosaic（马赛克）、copy（拷贝）、cool酷、Pepsi-Cola（百事可乐）、pudding（布丁）、salad（色拉）、sauce（沙司）、soda（苏打）、toast（吐司）、whisky（威士忌）、T-shirt（T恤衫）、hysteria（歇斯底里）、hormone（荷尔蒙）、cha-cha（恰恰）、samba（桑巴）、waltz（华尔兹）、carnation（康乃馨）、koala（考拉）、marathon（马拉松）、yoga（瑜伽）、party（派对）、show（秀）、hippie（嬉皮士）、yuppie（雅皮士）等。

从汉语音译到英语中的词汇有：长衫（旗袍）（cheongsam）、苦力（coolie）、人参（ginseng）、戈壁（Gobi）、磕头（kowtow）、功夫（kung fu）、喇嘛（lama）、荔枝（litchi）、龙眼（longan）、麻将（mahjong）、乌龙茶（oolong）、乒乓球（ping-pong）、舢板（sampan）、太极拳（t'ai chi）、台风（typhoon）、馄饨（wonton）、风水（feng-shui）等。

3.4.2 直译

在不影响理解的前提下，尽可能采取直译。直译的好处是可以保持源语的文化特征，促进语言的多样性，丰富语汇，有利于跨文化沟通与交流。同时，直译是尽可能忠实履行翻译职责，避免越权，把解读权留给读者。

英语中有很多词汇是直译成汉语语汇的。因"洋为中用"而保存下来的也不少见。例如：

① An eye for eye, a tooth for tooth.　　以眼还眼，以牙还牙。

② Armed to teeth.　　武装到牙齿。

③ Kill two birds with one stone.　　一石双鸟。

④ Silence is gold.　　沉默是金。

同理，⑤as timid as a **hare** 可以直译成"羞怯如兔"。它不宜简单猎取现成的中文成语加以对应，译成"胆小如鼠"。因为它与"胆小如鼠"的意思是不完全吻合的。"胆小如鼠"在中文里是个贬义词，带有蔑视的含义，比较接近英文里的 coward。英文里的 timid 和 hare 都没有那么强的贬义色彩；timid 只是一种带有羞怯或腼腆含义的"胆小"，hare 并不像老鼠那么令人讨厌。即使译成"胆小如兔"，还是容易让中国人联想到"胆小如鼠"。鉴于此，还不如"羞怯如兔"更加忠实，究竟如何理解，读者自会根据上下文语境去领悟，译者不必预设解读立场。再如，⑥They were only **crying crocodile tears** at the old man's funeral because nobody had really liked him. 可以直译为："在老头子的葬礼上，他们只不过挤了几滴鳄鱼的眼泪，因为他生前没人真正喜欢他。"这里的"他们只不过挤了几滴鳄鱼的眼泪"不宜译为"他们只是假仁假义地哭了哭"。因为直译的译文不仅保留了原有的形象特征、源语的民族文化特色，而且还能丰富汉语语言的表达能力。与此同时，翻译在避免越权方面也算尽了职，而译文也并不影响理解。时间长了就会像"一石双鸟"、"沉默是金"等一样成为洋为中用的词汇。

汉语中也有因直译而为世界所知的词句：

⑦ The soldier who retreated fifty paces laughed at the one who had fallen back a hundred paces.

五十步笑一百步。

⑧ No feast lasts forever.

天下没有不散的筵席。

以上两例，英文中也有类似的表达方式，如例⑦在英文中的相似表达有 The pot calls the kettle black. 例⑧的相似英文表达有 All good things will come to an end. 和 The best of friends must part. 但在不影响理解的前提下，直译有利于不同文化元素的植入，对文化的多样性，文化间的相互了解和交流具有积极的作用。

3.4.3 意译

与意译相类似的说法还有归化与释义等。由于文化上的差异，直译有时会使译入语读者感到费解，甚至误解。这时，就有必要舍弃原文中的具体形象，借用意思相同或相近且具有自己鲜明文化色彩的表达法来翻译。释义是指直接解释出原文的意思。在翻译一些具有鲜明民族色彩的词语（如成语、典故）时，如果直译不能使译入语读者明白意思，而加注又使译文太啰唆，并且原文重意不重形、重意不重典时，可进行释义。它既可使译文简洁明了，又不损害对原文信息的传达。这类翻译法常用于处理某些成语、典故、形象词语等一类文化色彩较浓的表达方式。在直译很难达意时，恰到好处地采用意译的方法可以使译文地道简洁、生动活泼，便于译入语读者理解和接受。

例如：①the heel of Achilles 或 Achilles' heel 译为"唯一弱点；薄弱环节；要害"（它源自荷马史诗《伊利亚特》中的故事。阿基里斯是希腊联军里最英勇善战的骁将，传说自从他呱呱坠地以后，其母亲想使儿子健壮永生，捏着他的脚踵倒浸在冥河（Styx）圣水里浸泡。因此阿基里斯浑身像钢筋铁骨，刀枪不入，只有脚踵部位被母亲的手捏住，没有沾到冥河圣水，成为他的唯一要害。后人用此典故，常常重义不重典，因此不必直译为"阿基里斯的脚踵"，采用释义法即可。）②cut the Gordian Knot 译为"快刀斩乱麻"或"大刀阔斧，果断处置"。佛律基亚（Phrygia）的国王戈耳迪，用乱结把轭系在他当贫民时使用过的马车的辕上，其结牢固难解，神谕凡能解开此结者，便是亚洲之君主。公元前334年，马其顿国王亚历山大大帝经过佛律基亚时，看到这辆马车。有人把往年的神谕告诉他，他也无法解开这个结。但为了鼓舞士气，亚历山大拔出利剑一挥，斩断了这个复杂的乱结。如果直译为"斩断戈耳迪之结"，读者就会颇感费解，倒不如借用汉语中意义相似的"快刀斩乱麻"，让读者一目了然。③bullshit barbecue 在当前译为"地沟油，瘦肉精"比直译为"肮脏的土耳其烤肉"给读者的印象更为深刻，也更易于读者理解。

又如英文妙语④When the going gets tough, the tough gets going. 两处所用going 和 tough 不仅词性不同，意思也不尽相同。英语中像这样的妙语不少。这句直译难以达意。将它译成："狭路相逢勇者胜"或"沧海横流方显英雄本色"就很贴切生动。

相似的例子如下：⑤What goes around comes around. 这句谚语的意思是 the consequences of one's actions will have to be dealt with eventually，朗文词典的释义为：used to say that if someone does bad things now, bad things will happen to them in the future，译为："善有善报，恶有恶报。不愁不报，时间未到。"忠实通顺，也不影响原句的意思传达。

再如：

⑥ When shepherds quarrel, the wolf has a winning game.

螳螂捕蝉，黄雀在后。（鹬蚌相争，渔翁得利。）

⑦ You can fool all the people some of the time and some of the people all the time, but you cannot fool all the people all the time.

骗人一夕一事易，欺众一生一世难。

再如汉语的俗语⑧"此地无银三百两"，如果直译，需要很大篇幅的注解去帮助理解，或者需要把整个故事讲一遍。不妨意译成 The more is concealed, the more is revealed，既简单又明了。

3.4.4 加注解

由于英汉文化存在许多差异，因此英语中某些文化词语在汉语中根本就没有对等词，反之，汉语中某些文化词语在英语中也找不到对等词，就形成了词义上的空缺。在这种情况下，英译汉或汉译英时常常要采用加注法来弥补空缺。加注通常可以用来补充诸如背景材料、词语起源等相关信息，便于读者理解。加注法可分为音译加注和直译加注两种。

（1）音译加注

音译加注指音译后附加解释性注释。注释可长可短，可采用文中注释，也可采用脚注，还可二者结合使用。例如：

① MOOC 慕课（大型网络公开课）

② cookies 曲奇饼干

③ sundae 圣代（冰淇淋）

④ tango 探戈舞

⑤ toffee 太妃糖

⑥ blog 博客（网站上记有活动、意见等的个人记录）

⑦ clone 克隆（一种无性繁殖方法）

⑧ hacker 黑客（在信息空间中主动出击，对他人的电脑或网络系统进行诸如窥探、篡改或盗窃保密的数据及程序的过程，并可能由此造成混乱和破坏的电脑迷）

⑨ 孔夫子 Confucius (Chinese philosopher whose ideas and sayings were collected after his death and became the basis of a philosophical doctrine known as Confucianism.)

⑩ 阴阳 Yin-yang (the two opposing principles in nature, the former feminine and negative while the latter masculine and positive)

⑪ 土豪 Tuhao (Tuhao relates to individuals who lavish and flash money about. In other words, they are wealthy but tasteless.)

（2）直译加注

直译加注指直译原文，并附加解释性注释。注释可长可短，既可采用文中注释，也可采用脚注，还可二者结合使用。例如：①Remote Dance（遥控舞，为了让电视机对手中的遥控器有反应而做出的各种动作），②Echo Chamber（回声筒，指某人为了献媚而完全同意另一个人所说的一切，就像录音时用来制造回声效果的回声筒一样），③跳城(City Hopping, describing the situation that some young Chinese are forced to give up jobs in large cities like Shanghai and Beijing and try to settle down in second-or-third-tier cities because of harsh competition at work and increasing living costs)。

请看以下例句：

④ "三个臭皮匠，合成一个诸葛亮"，这就是说，群众有伟大的创造力。

The old saying, "Three cobblers with their wits combined would equal **Zhuge Liang (the master mind)**," simply means the masses have great creative power.

⑤ The man who waters his grass after a good rain is carrying coals to **Newcastle**.

刚下一场及时雨，那人却又为草坪浇水，真是把煤运到纽卡斯尔，多此一举。（纽卡斯尔：英国煤都。）

⑥ The question she flunked on was: "What is **the Constitution** of the United States?" The answer she gave was: "A boat."

她答错的一道题是："美国宪法是什么？"她的回答却是"一条船。"（the Constitution of the United States 指美国宪法，但它也是美国历史上著名战舰"宪法号"的英文名字。）

⑦ There were **subway salmon** when I was late for work and I was trying to get out of the subway in a hurry… Dude, couldn't they tell the train already left?

上班迟到想赶紧从地铁里出去时总有地铁三文鱼逆行挤来……老兄，难道你看不出地铁已经开走了吗？（地铁三文鱼指的是地铁站里，经常是地铁到站后人大量涌出时，坚持逆着人流上下楼梯的一两个人。如不解释，译入语读者就会不知所云。）

⑧ When I told Sam I needed the money he owed me for six months he said he couldn't pay; instead, he asked to borrow an additional ten dollars. That was **the last straw**.

当我告诉山姆我需要用他6个月前从我处借走的钱时，他说他没有钱还。反而又要向我借10美元，这是压垮骆驼的最后一根稻草，我忍无可忍了。（骆驼负载过重时，最后一根稻草也会压断其脊梁。这则谚语最早出现在英国作家狄更斯的《董贝父子》中，他写过as the last straw breaks the laden camel's back这样的语句。人们后来往往用短语the last straw表示"使人无法承受的最后一击"或是"最终导致失败的因素"等含义。）

⑨ I thought Susan was a cool person until I moved in with her and turns out she's a major **closet psycho**.

我开始还以为苏珊这个人很酷，但接触得多了，才发现她真是个壁橱里的神经质，不易察觉。（closet 在英文中有"秘密的，隐蔽的"的联想意义。）

⑩ "I consider this whole affair **a tempest in a teapot**," said Scarlett coldly, rattling her papers to indicate that as far as she was concerned the discussion was finished.

"我看整个这件事情就是茶壶里的风暴，小题大做，"斯嘉丽冷冰冰地说，同时把手里的账本翻得哗哗响，意思是对她来说这场讨论已经结束了。（a tempest in a teapot在英文中指"小题大做，大惊小怪"。）

⑪ I am a promising and innovation-driven staff in the company but fail to be promoted due to the ridiculous **Catch-22**（promotion by seniority instead of performance）of the company.

我是公司里有前途和创新精神的员工，但由于公司荒谬的第二十二条军规——不合理的规定（提升按资历而不是表现），未能得到晋升。（Catch-22用来形容任何自相矛盾、不合逻辑的规定或条件所造成的无法摆脱的困境、难以逾越的障碍，表示人们处于左右为难的境地，或者是一件事陷入了死循环，或者跌进逻辑陷阱等。）

成语、习语、典故等特殊语言现象所负载的文化信息通常反映了一个民族的文化传统和长期积淀的民族心理，采用直译加注法，既保留了原文的形象特征，又完整地表达了原文的意义，不仅有利于译文读者的理解，而且有利于两种文化的交流和融合。

总之，翻译是文化交流的工具。这就要求译者既要对原语能尽窥其妙，又要对译语能运用自如，做一个真正意义的文化人。尤金·奈达（1993）曾在《语言、文化与翻译》（*Language, Culture and Translating*）一书中指出："就真正成功的翻译而言，译者的双文化功底甚至比双语言功底更重要，因为词语只有在其起作用的文化语境中才富有意义。"

译论谐趣：翻译的文化转向及译者主体性

（1）翻译的文化转向

长期以来，翻译研究奉行语言学研究模式，侧重从语言的结构，尤其是从语音、词素、词汇、句法、篇章/话语等各个语言层次来探索源语与目的语之间的语际转换规律，主要是一种静态、微观、规约的形式主义研究模式，忽视了翻译活动在社会历史发展过程中所拥有的特殊功能。此外，在解构主义者看来，语言符号所表达的意义不在符号本身，而在于该语言符号与他者的差异关系之中。由于构成该语言符号的他者是无限多样的，无法确立的，而且这种差异关系不是静止、封闭的，而是运动、开放的，处于无限撒播和延衍状态，因此语言符号的意义也总是流变不居，难以把握。于是，意义的确定性便被消解了。就一个具体的文本而言，按照德里达（Derrida）的思想，文本的生命力或文本意义的生成取决于各个文本之间的相互作用及相互渗透，一个文本要参考其他文本，意义才能被认识，而且是动态的，不断发展的。意义在不断出现，不断"擦抹"而又不断留下踪迹，始终处在发展的动态过程。因此，翻译研究的重点不应该在语言符号本身，而应在与其构成差异关系的他者上。以上内外原因使翻译的文化转向成为大势所趋。

早在20世纪70年代肇始之时翻译学派就表现出了鲜明的文化意识，但翻译学正式发生文化转向却是从20世纪80年代末至90年代初，酝酿并倡导翻译学文化转向的主要翻译理论家有斯内尔－霍恩比（Snell-Hornby）、巴斯奈特和勒弗维尔。1990年，巴斯奈特和勒弗维尔主编的《翻译、历史与文化》（*Translation, History and Culture*）论文集收录了勒弗菲尔、斯内尔－霍恩比、铁木志科、戈达尔德（Barbara Godard）、西蒙（Sherry Simon）等学者的论文12篇，内容涉及翻译与历史、权力、功能、诗学观、意识形态等因素的关系问题，以及从女性主义研究、后殖民主义研究和大众传媒等角度对翻译的考察。在本书的序言中，巴斯奈特和勒弗维尔写道：尽管以经验为依据的历史研究可以证明翻译方式的变化，但是要解释这些变化，翻译学者必须深入探讨"社会权力行使的任意性和变动性，以及对于文化产品（翻译产品是文化产品的一部分）来说，该种权力行使究竟意味着什么"。该书可视为翻译研究学派倡导翻译学"文化转向"的宣言书。至此，西方的翻译理论研究才真正从文本转移到文本以外的文化、社会、历史、意识形态、诗学规范、政治权力的相关研究。翻译的文化研究在借鉴当代各种文化理论的基础上，对翻译概念、翻译定义、翻译过程，进行全方位的重新阐释，探讨目的语文化语境中制约翻译过程和翻译涉及的各种文化社会因素，关注翻译对目的语文学和文化的影响和作用等，成为当代西方翻译研究的一个主要发展趋势。

为了详细论述翻译学的这种"文化转向"，翻译理论家们引介了"一些新的概念"来对其逐层加以诠释。这些概念主要包括"历史（history）"、"功能（function）"以及"重写（rewriting）"等。所谓"历史"即"时间"，勒弗维尔和巴斯奈特借用文集作者之一约尔特（Mette Hjort）的观点来解释这一概念："作为某些文本的译本，它们能够也的确需要符合相应的环境、符合协调不同主体之间关系的法则和规范，而主导着翻译领域的这些境况、法则和规范是隶属于特定文化中的特定时间的"。"功能"是与"历史"概念密切相关的，勒弗维尔和巴斯奈特引入这一概念是想说明：翻译绝不是在真空状态下进行的，译文和原文不可能以一种纯净中立的对等物为参照，翻译活动不可能不受权力、时间和各种文化行为的影响，相反，"翻译要适应文化的要求，适应该文化中不同群体的要求"。"重写"的概念是建立在将文化作为翻译操作的基础之上的。勒弗维尔和巴斯奈特将翻译划分为"文化内部（intracultural）"的翻译和"文化之间（intercultural）"的翻译两种，而"重写"是对前者的另一种称谓。称某些文本为"重写"必须满足这样一个条件，那就是这些从另外一种文化翻译而来的文本（如莎士比亚的作品）在一种文化中得到了充分的本土化（naturalized），从而获得了与在这种文化中自然产生的文本一样的待遇。

文化翻译论者特别强调文化在翻译中的地位以及翻译对文化的意义，认为翻译的基本单位不是单词、句子、篇章，而是文化；基于词语或篇章的对等的"忠实"根本不存在，翻译的目的是使译文在目的语文化中起原文在源语文化中同样的功能。（Bassnett & Lefevere, 1990）他们认为，文本不是一个语言静止不变的标本，而是译者理解作者意图并将这些意图创造性地再现于另一文化的语言表现，因而翻译绝不仅仅是复制和模仿，而是文化协调和操控（culture mediation and manipulation）。

在文化翻译研究中，安德烈·勒弗维尔作为主要倡导者和推进者，他强调翻译是一种创造性改写。翻译研究的目标远远不止于探究两种文本在语言形式上对不对等或怎么对等的问题，而是要同时研究与翻译活动直接或间接相关的种种文化问题。下面将较为详细介绍这位翻译理论家及其翻译观。

勒弗维尔借用"权力"概念，并将它用于自己的改写理论中。这里的权力是指影响篇章的形成和译作接受情况的各种控制因素。翻译研究重点由文本解构转向各种语境因素是其理论的重要观点。译者不再像传统中那样将自己对文本的理解局限于原作者所表达的各种可能意图之内。他们应当更加关注接受语境中的各种因素，例如，是什么决定篇章话语的本质，是谁有行使组织话语篇章的权力等。这些成为勒弗维尔改写理论的组成部分。

勒弗维尔的改写理论强调文化而非语言层面的翻译，从诗学、意识形态及赞助人的角度讨论翻译及话语篇章。他认为：翻译是一种改写，改写即操纵，翻译的改写是为特定的意识形态服务的手段。改写或翻译必定受到目的语文化诗学、文学观念和意识形态规范的制约，译者在此规范内进行操作。也就是说，改写的动机要么是为了同主流意识形态和诗学保持一致，要么是反抗流行的意识形态和诗学。因此，翻译不仅是塑造文学的力量，而且是一种原则性的文本操纵手段。作为翻译操纵者的译者，在翻译过程中，必然会受到各种社会文化因素的作用和制约，除了必须考虑原作者的意图、原文语境等与原文文本相关的特征外，更主要的是必须考虑翻译的目的、目的语文本功用、读者期望和反应、委托者和赞助者要求、作品出版发行机构的审查等一系列与目的语或接受文化相关的因素。这就意味着：1）原作的非重要性；2）读者理解的不确定性（首先是改写者或译者作为读者的解读）；3）理解或翻译中取得对等的不可能性。（Lefevere, 2004）这些规则进一步暗示解读过程中的操纵是内在的，因为对同一文本的不同理解能够反映读者或改写者的意识形态和社会背景。与特定语言环境不可分离的"意义"，也不可能与其所处的政治或意识形态环境相分离。

在某种意义上讲，勒弗维尔的改写理论对提高译者的地位有积极意义。传统翻译批评理论把能否取得对等作为评判译作好坏的标准，勒弗维尔的翻译观则打破了这一传统。"原文—译作"模式赋予原作至高无上的权力，而译者则被贬低为仆人。与传统孤立的翻译研究方法相反，改写理论探究翻译和其他文本，以及参与这一过程中的所有人：支持者、反对派、宣传者、赞助人等，致力于寻找现实中翻译的制约因素，探讨翻译与其他形式的改写如何帮助构建目的语文化；而不是将重点放在翻译是否忠实，怎样取得忠实等问题上。作为文化调停的译者，通过文化改写与操纵，使得原作被目的语读者理解，并通过调整将其适合于主流意识形态，诗学和目的及读者的期望而使得原作在目的语中广为接受和流传。因此，译者的地位得到了极大的提高，译者的主体性也得到了彰显。

（2）译者的主体性

在传统翻译理论中，翻译只是语际之间的转换，翻译理论研究就是讨论如何翻译和如何做好翻译的问题。因此，翻译只具有语言目的，翻译的价值自然沦为文学原著的附庸，评判翻译的标准也只能局限于与原著相比较之下的"似"与"不似"。基于这种翻译观，译者趋向于从语言层面，而非文学和文化层面考察译作的好坏。译者一直处于"忠实"与"背叛"的两难境地，译者被冠以"舌人"、"传声筒"、"职业媒婆"、"透明的玻璃"、"带着镣铐的舞者"等称谓，译者的地位低下，其主体性被长期遮蔽与边缘化。20世纪80年代以后，翻译研究出现了"文化转向"，以苏珊·巴斯奈特和安德烈·勒弗维尔为代表的"翻译文化派"提出了"翻译就是文化改写、操纵"，作为文化载体的、"操纵"文本的译者作用受到了极大的关注，译者的主体性问题也提升到了一个前所未有的高度。

作为文化的调停者，译者的独特角色被定义为："文化的斡旋者是一个能促进沟通的人，促进在文化和语言上不同的个人和群体之间的相互理解。这个角色通过阐释表达方式，缓解紧张的局面，阐释不同认知以及明确一文化群体对其他群体的期望而发挥作用，换言之，通过建立和平衡彼此间的交流来发挥译者的作用。"因此，译者必须将自己置于特定时代和文化之中，超越传统研究中强调对语言字词的理解及两种语言的转换，将目光转向更为宏观层次的文化交流和文化构建，发挥作为一个受到各种文化因素影响和作用的、有思想的、有判断力的、主观能动的社会文化个体的作用。如此一来，译者的主体性就可以定义为："作为翻译主体的译者在尊重翻译对象的前提下，为实现翻译目的而在翻译活动中表现出的主观能动性，其基本特征是翻译主体自觉的文化意识、人文品格和文化、审美创造性。它不仅体现在译者对作品的理解、阐释和语言层面上的艺术再创作，也体现在对翻译文本的选择、翻译文化目的、翻译策略和在译本序跋中对译作预期文化效应的操纵等方面。"（查明建 & 田雨，2003：22）

近年来，随着文化研究与翻译研究的互相结合、解构主义对于作者地位的消解、多元系统论在翻译理论界的提出，以及女性主义、后殖民主义等后现代翻译理论的蓬勃发展，译者主体性得到了极度的彰显与张扬。女性主义翻译观强调了原作和译作的平等地位，重新界定了"忠实"，即"忠实既不是对作者也不是对读者，而是对写作方案——一项作者与译者都参与的方案而言的。"（Simon, 1996: 2）质疑了原文意义的绝对性和单一性，指出翻译意味着揭示文本意义的丰富性和差异性。在翻译实践中，女性主义译者往往选择那些被压抑已久的女性作品以及重译那些被男性译者扭曲的女性作品，极力提倡干预性的翻译方式，如增补、加写前言和脚注、劫持以及在译本上署名等来体现译者的主体性。后殖民翻译理论则主要关注政治与权力差异对翻译活动的影响，视"翻译为殖民文化的产物，是帝国主义强权政治及文化帝国主义思想观念对外进行霸权扩张的工具，是强势文化和弱势文化在权力差异语境中不平等对话的产物。"（王东风，2003：4）该理论将译者推向了权力网络的中心，凸显了译者的主体性作用。译者及其翻译实践成为重塑身份、彰显差异的最为重要的一环，译者本身就是话语，翻译成为译者表达身份及其所属群体文化诉求、重塑文化身份的载体和工具。

译例赏析

原文

Ode to the West Wind
Percy Bysshe Shelley

I

O wild West Wind, thou breath of Autumn's being,

Thou, from whose unseen presence the leaves dead

Are driven, like ghosts from an enchanter fleeing,

Yellow, and black, and pale, and hectic red,

Pestilence-stricken multitudes: O Thou,

Who chariotest to their dark wintry bed

The winged seeds, where they lie cold and low,

Each like a corpse within its grave, until

Thine azure sister of the Spring shall blow

Her clarion o'er the dreaming earth, and fill

(Driving sweet buds like flocks to feed in air)

With living hues and odours plain and hill:

Wild Spirit, which art moving everywhere;

Destroyer and preserver; hear, oh, hear!

II

Thou on whose stream, 'mid the steep sky's commotion,

Loose clouds like Earth's decaying leaves are shed,

Shook from the tangled boughs of Heaven and Ocean,

Angels of rain and lightning: there are spread

On the blue surface of thine aery surge,

Like the bright hair uplifted from the head

Of some fierce Maenad, even from the dim verge

Of the horizon to the Zenith's height,

The locks of the approaching storm. Thou Dirge

Of the dying year, to which this closing night

Will be the dome of a vast sepulchre,

Vaulted with all thy congregated might

Of vapours, from whose solid atmosphere

Black rain, and fire, and hail will burst: O hear!

III

Thou who didst waken from his summer dreams

The blue Mediterranean, where he lay,

Lulled by the coil of his crystalline streams,

Beside a pumice isle in Baiae's bay,

And saw in sleep old palaces and towers

Quivering within the wave's intenser day,

All overgrown with azure moss and flowers

So sweet, the sense faints picturing them! Thou

For whose path the Atlantic's level powers

Cleave themselves into chasms, while far below

The sea-blooms and the oozy woods which wear

The sapless foliage of the ocean, know

Thy voice, and suddenly grow gray with fear,

And tremble and despoil themselves: O hear!

IV

If I were a dead leaf thou mightest bear;

If I were a swift cloud to fly with thee:

A wave to pant beneath thy power, and share

The impulse of thy strength, only less free

Than thou, O Uncontrollable! If even

I were as in my boyhood, and could be

The comrade of thy wanderings over Heaven,

As then, when to outstrip thy skiey speed

Scarce seemed a vision; I would ne'er have striven

As thus with thee in prayer in my sore need.

Oh! lift me as a wave, a leaf, a cloud!

I fall upon the thorns of life! I bleed!

A heavy weight of hours has chained and bowed

One too like thee: tameless, and swift, and proud.

V

Make me thy lyre, even as the forest is:

What if my leaves are falling like its own!

The tumult of thy mighty harmonies

Will take from both a deep, autumnal tone,

Sweet though in sadness. Be thou, Spirit fierce,

My spirit! Be thou me, impetuous one!

Drive my dead thoughts over the universe

Like withered leaves to quicken a new birth!

And, by the incantation of this verse,

Scatter, is from an unextinguished hearth

Ashes and sparks, my words among mankind!

Be through my lips to unawakened Earth

The trumpet of a prophecy! O, Wind,

If Winter comes, can Spring be far behind?

译文

西风歌

（一）

哦，不羁的西风！你秋之呼吸，你虽不可见，败叶为你吹飞，好像魍魉之群在诅咒之前逃退；黄者、黑者、苍白者、惨红者，无数病残者之大群。哦，你，你又催送一切的翅果速去安眠，冷冷沉沉地睡在他们黑暗的冬床，如像死尸睡在墓中一样；直等到你阳春的青妹来时，一片笙歌吹遍梦中的大地，吹放叶蕾花蕊如像就草的绵羊，在山野之中弥漫着活色生香。不羁的精灵哟，你是周流八垠，你破坏者兼保护者；你听哟，你听！

（二）

太空中动乱嶙崎，松散的流云被你吹起，有如地上的落叶辞去天海的交枝；那是雨和电光的安琪。在你那青色的云涛之巅，从暗淡的地平以至太空的中点，布满了欲来的暴风雨之鬈丝，如像猛烈的预言者之怒发上指！夜幕将闭，将为这残年之大坟，以你所聚集的浩莽云波为其圆顶，从那坚稠的浩气之中将有黑雨电光冰雹飞迸；你是这苒苒将死的残年的挽歌——你不羁的西风哟，你听，你听！

（三）

青青的地中海水睡在那巴延湾中的浮岛之边，夏日的灿烂晶波摇漾他梦着古风的城楼宫殿，楼殿在波中的烈昼闪飐，带着一身苔绿花香。画里韶光，熏风沉醉，海水的夏梦被你吹回；你又吹破了大西洋的平衡，掀起了一海的狂涛巨浪！深处的苔花藻叶本不青葱，听着了你的声音，立地怆惶沮丧，苔藻在战栗而相凭陵：不羁的西风哟，你听，你听！

（四）

假使我是一片败叶你能飘飐，假使我是一片流云随你飞举，假使我是在你威力之下喘息的波涛，分受你力波的灵动，几与你一样的不羁；假使我尚在童年，能为你飘泊太空的风云的伴侣，那时我的幻想即使超过你的神速，也觉不算稀奇。我决不会如此苦苦哀求你！啊，你吹舞我如波如叶如云吧！我生生是巨创深痛，我是血流遍体；时间的威权严锁了我，重压了我，我个太浮，太傲，太和你一样不羁的！

（五）

请把我作为你的瑶琴如像树林一般，我纵使如败叶飘飞也将无妨！你雄浑的和谐的交流会从两者得一深湛的秋声，虽凄切而甘芳。严烈的精灵哟，请你化成我的精灵，请你化成我——你个猛烈者哟！请你把我沉闷的思想如像败叶一般，吹越乎宇宙之外促起一番新生；请你用我的诗句作为咒文，把我的言辞散布人间，如像从未灭的炉头吹起热灰火烬！请你从我的唇间吹出醒世的警号——严冬如来时，哦，西风哟，阳春宁尚迢遥？

——郭沫若　译

背景介绍

《西风歌》是英国著名诗人雪莱的代表作，也是欧洲诗歌史上的珍品。整首诗以浪漫主义情感和象征性的现实刻画，高超地展示了西风的威力。即，西风作为"破坏者"摧残着旧事物并催生了新事物。雪莱塑造"西风"这一意象，不仅深刻批判了当时丑陋的社会现实，而且表达了自己对黑暗的社会终将过去、美好的未来终将到来的坚定信念。《西风歌》是雪莱战斗的宣言书、思想的播种机。

译文分析

美国翻译理论家安德烈·勒弗维尔在其《翻译、改写以及对文学名声的控制》（ *Translation Rewriting and Manipulation of Literary Fame* ）中指出，翻译不仅仅是语言层面上的转换，更是译者对原作所进行的文化层面上的改写。翻译的改写服务于特定的意识形态。因此，改写或翻译必定受到目的语特定历史时期的文化诗学、文学观念和意识形态规范的制约，译者在此规范内进行操作，以此让改写或翻译的作品被尽可能多的读者所接受。

意识形态是一定社会和文化的产物，翻译作为一种涉及两种语言的跨文化社会实践活动必定受到意识形态的操控。下面将详细分析意识形态是如何影响郭沫若选择译介《西风歌》以及在翻译过程中如何影响他处理译诗的形式和措词。

（1）意识形态对翻译选材的影响

郭沫若译介这首诗的年代正值"五四"之后、中国新文学出现之时。当时，文学大师都大力提倡翻译和介绍研究外国文学作品以促进我国新文学的发展。这一时期的译者也大多是爱国志士和思想进步的文人，他们翻译外国文学作品的出发点不是基于文学因素的考虑，而是为了鼓舞民气，呼唤国魂，使广大青年能反抗腐朽政治的统治，投身于革命，追求新生活。正是基于这样的主流意识形态，翻译家们往往选择带有革命思想的作品，希望读者能够听到原作者或译者心底的革命召唤，唤醒民众的革命意识，继而引起他们实际的反帝反封建的革命斗争。而《西风歌》正是一首政治抒情诗，它始终围绕作为革命力量象征的西风来加以咏唱。全诗表达了诗人对反动腐朽势力的憎恨，对革命终将胜利和光明未来的热切希望和坚定信念。此诗正好吻合了中国社会当时的主流意识形态，选择此诗进行译介再合适不过了。

郭沫若本人自少年时代就对旧制度的种种不公平现象极为不满，早年的经历使他形成了忧国忧民的世界观；在日本留学期间，他广泛接触到了西方文学，受到了欧洲启蒙主义、浪漫主义以及"新浪漫主义"文学思潮的影响。雪莱是英国19世纪初一位积极的浪漫主义诗人，他厌恶社会上的一切不公平现象，是一个彻底的"自由主义者"。在其《西风歌》中，诗人以西风自喻，表达了对自由生活的向往和向旧世界宣战的决心。郭沫若愤世忧国，想用文艺来唤起民族觉悟，振兴中华，其性格和志趣都与雪莱有契合之处。在中国社会当时的主流意识形态和郭沫若本人的个人意识形态的双重影响下，他自然而然地选择了雪莱和雪莱的《西风歌》进行译介。

（2）意识形态对译诗形式的影响

雪莱的《西风歌》韵律整齐，全诗分五部分，每部分五节14行，前四节每节3行，最后一节是双行排偶句，每节均采用aba、bcb、cdc、ded、ee的押韵方式。而郭沫若却将其译为无韵自由诗，并且将每部分十四行合译为一体，对原诗跨行调整比较多，究其原因在于他的翻译过程受到其本人诗学及当时社会意识形态的影响。

郭沫若一直坚信以诗译诗，把译诗看作是一种艺术的创造。在《理想的翻译之我见》中，他提出："我们相信理想的翻译对于原文的字句，对于原文的意义，自然不许走转，而对于原文的气韵尤其不许走转。原文中的字句应该应有尽有，然不必逐字逐句地呆译，或先或后，或综或析，在不损及意义的范围以内，为气韵起见可以自由移易。"（转引陈福康，2000：6）郭沫若还谈到"译雪莱的诗，是我要成为雪莱，是要雪莱成为我自己。译诗不是鹦鹉学舌，不是沐猴而冠。我爱雪莱，我能感听到他的心声，我能和他共鸣……他的诗便如像自己的诗。我译他的诗便如像我自己在创作一样。"（转引陈福康，2000：6）因此，在翻译《西风歌》时，郭沫若刻意地追求以诗译诗，为了抓住原诗的气韵，追求"内在韵律"而毫不犹豫地舍弃了韵脚，译为无韵自由诗。在译诗的形式方面，考虑到当时正值"五四运动"时期，白话文运动刚刚开始，为了使更多的人能够理解接受原诗的内在精神，郭沫若坚决地舍弃了文言文，选择了白话文。他用铺陈写法，对原诗跨行调整语序，重新建句立章，运用长短不同的句子一气呵成，使译文气势磅礴，连贯自然。例如：

原文（第二节）：

<blockquote>
Thou on whose stream, 'mid the steep sky's commotion,

Loose clouds like Earth's decaying leaves are shed,

Shook from the tangled boughs of Heaven and Ocean,

Angels of rain and lightning: there are spread

On the blue surface of thine aery surge,

Like the bright hair uplifted from the head

Of some fierce Maenad, even from the dim verge

Of the horizon to the Zenith's height,

The locks of the approaching storm. Thou Dirge

Of the dying year, to which this closing night

Will be the dome of a vast sepulchre,

Vaulted with all thy congregated might

Of vapours, from whose solid atmosphere

Black rain, and fire, and hail will burst: O hear!
</blockquote>

郭译：

太空中动乱嵚崎，松散的流云被你吹起，有如地上的落叶辞去天海的交枝；那是雨和电光的安琪。在你那青色的云涛之巅，从暗淡的地平以至太空的中点，布满了欲来的暴风雨之鬈丝，如像猛烈的预言者之怒发上指！夜幕将闭，将为这残年之大坟，以你所聚集的浩莽云波为其圆顶，从那坚稠的浩气之中将有黑雨电光冰雹飞逬；你是这苒苒将死的残年的挽歌——你不羁的西风哟，你听，你听！

总之，郭沫若放弃韵脚，大胆运用白话文，采用"移植"、"改创"等方法与当时的主流意识形态在救国救民，当时的白话文得到大力推广以及新诗的发展都有密不可分的关系。他崇尚思想自由，追求个性解放的个人意识形态也迎合了当时的主流意识形态，正是在这两种意识形态的共同作用下，他创造性地改译了《西风歌》。

（3）意识形态对翻译措词的影响

语言和词汇是文学与翻译作品时代色彩的反射器。作为一名译者，郭沫若会受到当时社会意识形态的操控。就译本的历史性和读者的效应而言，他在译介《西风歌》时，语言措词会不由自主地带上意识形态和时代色彩。如《西风歌》第五节最后一对句：

原文：The trumpet of a prophecy! O, Wind,

If Winter comes, can Spring be far behind?

郭译：你请从我的唇间吹出醒世的警号！

严冬如来时，哦，西风哟，阳春宁尚迢遥？

他将The trumpet of a prophecy译为"醒世的警号"，"醒"即"觉醒、醒悟"。"醒世"体现了译文的历史性。在当时的主流意识形态下，考虑到译入语读者深受帝国主义和封建主义压迫，译者创造性地翻译，其意在要使广大民众觉醒过来，参与到反帝反封建的革命斗争中来，取得革命的最后胜利。他将winter译为"严冬"，一个"严"字暗含了当时"严峻、窘迫的形势"。将spring译为"阳春"象征着革命的胜利。译者在翻译过程中有意选择这样的措词，既反映了当时的社会环境，又意在向广大民众表明，现在虽处于严峻形势下，只要大家实践革命的行动，就会胜利在望。

以上分析充分说明，译者对文本的选择以及在翻译过程中所做的种种调整、移植与改写，都是受到一只无形的手——意识形态的操控。分析意识形态如何影响译者的翻译，有助于我们对译者和译作进行客观、公正的评价，而不只是从语言层面上进行价值判断，从而加深我们对翻译行为及翻译活动复杂性的认识。

练习

一、翻译下列句子，注意加粗部分使用加注法。

1. **Hygeia** herself would have fallen sick under such a regimen; and how much more this poor old nervous victim?

2. **Big Ben** is ringing the hour.

3. "It is true that the enemy won the battle, but theirs is but a **Pyrrhic** victory," said the General.

4. It is always inspiring to see a brave man fighting for a lost cause, and I never cease to admire the **Jacobitish** zeal with which year after year Mr. John Ervine carries on a guerrilla war-fare against the ever-increasing power of tobacco.

5. As with Black Power the burgeoning **Red Power** movement has two components, one cultural, the other political.

6. Words are not themselves a reality but only representation of it, and the **King's English**, like the Anglo-French of the Normans, is a class representation of reality.

7. It's not easy to become a member of that club—they want people who have plenty of money to spend, not just every **Tom, Dick, and Harry**.

8. When I go around on speaking engagements, they all expect me to assume a **Quaker-Oats** look.

9. Clearly a **tug of war** over key policies continues between the pragmatic and ideological camps.

10. Up Broadway he turned, and halted at a glittering café, where are gathered together nightly the choicest products of **the grapes, the silkworm and the protoplasm**.

11. The teenagers don't invite Bob to their parties because he is **a wet blanket**.

12. With the remote control PC, browsing the Internet is a **couch potato**'s delight. Forget pointing out clicking as with mouse. The touch of a button sends you straight to the web.

13. Like a son of **Bachus**, he can drink up two bottles of whisky at a breath.

14. 你可不要砸自己的饭碗。

15. 天助自助者。

16. 恰同学少年，风华正茂。

17. 你好大的命！

18. 阴阳者，天地之道也。

19. 有天早上我们去逛类似跳蚤市场的一个市场。

20. 静中观心，真妄毕见。

21. 桂林山水甲天下。

22. 但得夕阳无限好，何必惆怅近黄昏？

23. 劝君更尽一杯酒，与尔同销万古愁。

24. 欲穷千里目，更上一层楼。

25. 傻人有傻福。

二、翻译下列句子，注意句中文化意象的翻译。

1. 龙舟节在每年的农历五月初五，也叫端午节，这一天常常赛龙舟，吃粽子（用竹叶或芦苇叶把黏米包成像金字塔形状的一种食品）。

2. 清代皇帝的服装极为繁复，根据穿着用途，有礼服、吉服、常服、行服和雨服等之分。根据季节，有冬夏之分。

3. 太极，汉语直译过来就是"最高极限"。一些人将这种慢动作看成一种锻炼方式，但是另一些人将其当作武术来练。

4. 红色旅游、绿色山水旅游、历史文化旅游三大板块构筑了该市旅游产品的大框架，特别是红色旅游在全国首屈一指。

5. 这位巨星向世人展示了一个秘密，原来他一直在接收古老中国的传统"拔火罐"治疗（即用杯子吸附住皮肤能够活血益气），因而在他布满文身的身体上留下了不少又大又圆的黄色淤痕。

6. 磕头，字面意思就是扣头。在中国，鞠躬的同时，前额触底，以示尊重。在英语中的意思是"奴化"：为了取悦有权威的人，表现得非常顺从。

三、短文翻译。

1

The top favorite types of coffee include espresso, cappuccino, Americano, café latte and café mocha.

"Espresso" is loved by many coffee connoisseurs (行家) and is known as "the essence of the coffee drinking world". Espresso is made by forcing very hot water under high pressure through finely ground (细磨的) coffee. Crema, a heavy red-brown foam layer, defines well-crafted espresso. It tastes strong and bitter for those who are new to the coffee world. But a sip of it will leave a faint fragrance lingering on the palate (味觉).

Americano is an espresso shot that is diluted to taste with hot water. It's said the name was given to insult Americans whom the Europeans believed were not up to drinking straight espressos. Americano is recommended to new coffee enthusiasts who may find the espresso taste is too strong. In China, many coffee shops add cream and sugar to Americano to suit the taste of regular customers.

Cappuccino and latte are the favorites among girls, both consisting of espresso, steamed milk, and frothed milk. All this makes the coffee taste more diluted and weaker. Cappuccino has a thicker layer of frothed milk than latte. When enjoying a quality cup of Cappuccino, with rich aroma and a foam mustache, you are actually enjoying a moment of innocence and romance.

Café mocha is a popular after-dinner coffee in the West. It is one part espresso with one part chocolate syrup and two or three parts of frothed milk. Whipped cream (鲜奶油) on top is an option. For a friend who rarely drinks coffee but likes chocolate, mocha is the best choice.

2

Versace is the very name that conjures up images of outrageous glamour and bold sexuality. Gianni had achieved his breakthrough by marrying the raw energy of the street to the finely cut elegance of couture. He chose as his muse the prostitute, and he raised vulgarity to an art form. His clothes never evoked indifference. By the late 1990s, he had changed the vocabulary of fashion. His designs, for all their sexual sport, their antic sampling of history and art, and their brass, appealed to a human need for freedom that ran deeper than fashion—an urge bursting to the surface of society in the sexualized, globalized, post-religious late 20th century.

参考文献

Bassnett, S. & Lefevere, A. *Translation, History and Culture* [C]. London: Printer Publisher, 1990.

Bassnett, S. *Translation Studies* [M]. London & New York: Routledge, 1991.

Lefevere, A. *Translation, Rewriting and Manipulation of Literary Fame* [M]. Shanghai: Shanghai Foreign Language Education Press, 2004.

Nida, E. A. *Language, Culture and Translating* [M]. Shanghai: Shanghai Foreign Language Education Press, 1993.

Simon, S. *Gender in Translation: Cultural Identity and the Politics of Transmission* [M]. London: Routledge, 1996.

Snell-Hornby, M. *Translation Studies: An Integrated Approach* [M]. Amsterdam & Philadelphia: John Benjamins Publishing Company, 1995.

包惠南. 文化语境与语言翻译 [M]. 北京：中国对外翻译出版公司，2001.

陈福康. 中国译学理论史稿（修订本）[M]. 上海：上海外语教育出版社，2000.

刘军平. 西方翻译理论通史 [M]. 武汉：武汉大学出版社，2009.

谭载喜. 文化对比与翻译 [J]. 中国翻译，1986(5)：7-9.

王东风. 翻译研究的后殖民视角 [J]. 中国翻译，2003(4)：3-8.

王佐良. 翻译中的文化比较 [J]. 翻译通讯（中国翻译），1984(1)：2-6.

许钧. 翻译论 [M]. 武汉：湖北教育出版社，2003.

查明建，田雨. 论译者主体性——从译者文化地位的边缘化谈起 [J]. 中国翻译，
  2003 (1)：19-24.

第四章　词的翻译

英国翻译家彼得·纽马克（Newmark，1981）曾指出，在翻译实践中，篇章是最终的质量考核单位，句子是基本的操作单位，而大部分的难题都集中在词汇单位。词语虽是最小的语言单位，但却是传递文本信息的基本元素，词义的正确理解和传递是句子及篇章翻译的基础。

4.1 英汉词汇对比

4.1.1 词类与构词

英语和汉语分属不同的语系，英语属于印欧语系（Indo-European Family），汉语属于汉藏语系（Sino-Tibetan Family）。英语是以抽象字母为基础的拼音文字（alphabetic-script），字母组合成音节就生成词，而汉语则是以象形文字为基础的表意文字（ideographic-oriented syllabic script），主要通过单音节语素的自由组合而生成词。

英语和汉语有着大致相同的词类：名词、动词、形容词、副词、代词、介词、连词、感叹词等。但英语没有量词，如"个"、"条"、"只"、"根"等，也没有语气词，如"吗"、"呢"、"哩"、"吧"、"了"、"的"等。汉语则没有冠词，如a，an，the，也没有who，which，when，where等英语中常用的关系代词和关系副词。

英语和汉语都可以通过派生（affixation）、转化（conversion）、合成（compounding）以及缩略（abbreviation）等方法构成新词，但汉语也可以通过重叠部分或全部语素的方法构词，如"规规矩矩"、"脉脉含情"、"糊里糊涂"、"可怜巴巴"等，而英语则无重叠法。

就整体而言，英语是名词性的语言，因为英语句子中名词与介词占优势，而汉语是动词性的语言，句子中大量使用动词。试比较以下例句及翻译：

① Inadequate training for farmers and the low productivity of many farms **place** the majority of country dwellers in a disadvantageous position in their own countries.

农民缺乏训练，许多农场生产率很低，这就使得大多数农民处于贫穷的境地。

此句只有一个动词谓语，但却有八个名词，六个介词和一个连词。译成中文时，却用了四个谓语动词。

② The sight of those fields of stubble and turnips, now his own, **gave** him many
secret joys.

看着四周的田野，有的种着萝卜，有的留着残余的麦秆，如今都成了自己的财产，他心里暗暗得意。

原文中只有一个动词gave，但在译文中出现了"看"、"种"、"留"、"成"、"得意"五个动词。

4.1.2 英汉词义关系

英语重形合，句子结构严密，主要靠关联词丝丝入扣地将其连成整体，而汉语重意合，句子结构较松散，各部分的连接靠的是语意和逻辑。但就词义来说，英语词义灵活，词的含义较多，词义对上下文的依赖性较大；而汉语词义严谨、凝滞，词的含义比较固定、具体，对上下文的依赖性较小。

英语词义灵活，主要因为英语一词多义现象突出，如handsome, delicate, kill, story等词出现在不同的语境中意思明显不同，而汉语词义之所以严谨和具体，是因为汉语主要是双音词，词义结合很紧密，如"解"和不同的语素结合后，形成"解除"、"解放"、"解决"、"解手"等，基本都是单义词，词义明确而固定。

英语和汉语的词义关系比较复杂，这是语言和文化的差异造成的。英汉词义对应情况大致可以归纳为以下三种：

（1）完全对应

完全对应指英语词语在汉语里可以找到意思完全对等的词语，两者的意思在任何上下文中都完全相等。这种意思完全对等的情况主要是某些科学技术名词及专有名词。例如：

laser printer	激光打印机
nanotechnology	纳米技术
circuit-breaker mechanism	熔断机制
the Belt and Road（B&R）	一带一路
China-US Year of Tourism	中美旅游年
private sector investment	民间资本
human flesh search	人肉搜索

（2）不完全对应

不完全对应指英语词语和汉语词语在意思上不完全对等。在英、汉语中词义不完全对应的情况占绝对优势，这种不完全对应主要源于英语的一词多义。例如：

president	总统、总裁、主席、校长、董事长
chair	椅子、轿子、电刑、马车、主席、议长

community 社会、社区、公社、群落、集体、共同体

carry 搬、运、送、担、背、扛、抱、提

湾 bay, gulf, bight, cove, creek

胡子 beard, moustache, whiskers, goatee

厂 factory, refinery, mill, yard, plant

这种词义不完全对等的情况也反映了上文所提到的英汉词义的特点：英语词义抽象，词义范围广；而汉语表达具体，讲究准确、严谨、规范。

还有一些英汉词汇的概念意义完全对应，但其内涵意义或引申意义却不对应。如magpie有"饶舌的人，混杂的"等内涵意义，汉语里"喜鹊"却常常表示"吉利、喜庆"之意。cat本义是"猫"，英汉意义是对应的，但cat还有"心地恶毒、爱说坏话的女人"的内涵意义，如 She is a cat. 而汉语里"猫"却没有与此相对的内涵意义。

（3）不对应

由于社会文化的差异，英语中有些词语所表达的意义在汉语中无法找到对应词来表达，形成了词义上的空缺，翻译时需要用加注或释义。例如：

screenager 玩电脑成瘾的青少年

soft soap 奉承、讨好的言行举止

from China to Peru 天涯海角

Greek gift 害人的礼物

a bad sailor 会晕船的人

Turkish towel 粗面毛巾

4.2 词义的辨析

翻译即译义。翻译的实质，是双语间意义的对应转换。这里所说的"意义"，不仅包括概念意义，即词的最基本意义，也包括语境意义、风格意义和文化意义等隐含于或附加在概念意义上的意义，即词的内涵意义。对于译者而言，概念意义的对应转换并不难，难的是最大限度地再现概念意义之外的内涵意义。

英汉两种语言中都存在一词多义、词义重叠等现象，但相比之下，英语的词义更加灵活，更加多变。翻译时不认真分析词语，明辨词义，就难以准确地表达原意。在英译汉时，词义辨析可以从词的形态着手，注意词的搭配组合，认真分析语境对词的影响，特别是语境所赋予词的丰富的内涵意义，包括词的褒贬色彩、语体色彩及文化色彩等。

4.2.1 分析词的形态

所谓分析词的形态，即解析词的形态结构，以得出语义。如 dataphone 可以分解为 data（数据）和 phone（电话机），因此词义为"数据送话机"。再如 mindlessness，其基本词性是名词，因为它带有名词词尾 -ness，mindless 再分解为 mind（思想）和形容词词尾 -less（无），所以可断定这个词的词义是"思想上的混沌状态"。

4.2.2 注意词的搭配关系

搭配（collocation）指的是语言系统内各个语言成分的同现和组合，是最小的语言语境。正如英国语言学家、翻译理论家约翰·鲁伯特·弗斯（John R. Firth）所言："You shall know a word by the company it keeps"，语境对词义有制约和决定作用。比如 nursing 在 his nursing mother 中和 the nursing profession 中的词性是不一样的，前者是形容词，后者是名词，故此两短语的意义有别，前者是"他的养母"，后者是"护士职业"。a walking stick 意为"拐杖"，而 a walking robot 应理解为"会行走的机器人"。

英汉两种语言的搭配能力和搭配习惯不同，在英语中能成立的搭配关系在汉语中不一定能够成立。英译汉时，要在正确理解的基础上根据汉语表达习惯重新组合。试比较以下英汉搭配：

dry party	无酒的聚会
dry weather	干燥的天气
dry speech	枯燥的演说
dry facts	铁一般的事实
dry humor	含蓄的幽默
假钞	counterfeit money/forged note
假唱	lip synch
假花	artificial flower
假发	wig/hairpiece
假山	rockery/rockwork
假新闻	pseudo-event

词语搭配是由语法结构所决定的，但同时也是受惯用法规范所制约的。搭配的定式化是社会约定俗成的结果。英汉翻译中，必须根据汉语的表达习惯，在搭配和词序方面做必要的调整变通，以确保译文的顺畅、自然。请看以下译例：

① improve people's well-being	惠民生
stop a worry	消除焦虑

wave a goodbye	道声再见
light up a face	抹去愁容
shallow laughter	淡然一笑
a narrow victory	险胜
proud flesh	赘肉
lavish endearment	有失分寸的热乎劲儿

② A tall tree **catches** the wind.　　　　树大招风。

③ His anger **sleeps** now.　　　　他的怒气消了。

④ On his fishing trip, he **caught three trout and a cold**.

外出垂钓，钓得鲑鱼三条，害了感冒一场。

⑤ The senator **picked up his hat and courage**。

参议员拣起了帽子，鼓起了勇气。

⑥ He once again imparted to us his **great knowledge, experience and wisdom**.

我们又一次领受了他的渊博的知识、丰富的经验和无穷的智慧。

⑦ One is awestruck by this **ancient, unique fortified city**.

你一定会被这座古老要塞的壮观景象所震撼。

⑧ Athens has **given the world** three of mankind's greatest philosophers.

雅典产生了三位人类最伟大的哲学家。

⑨ This song has been sung all over China for 50 long years. **The melody still lingers in the air**.

这支歌唱遍了神州大地，唱遍了50年悠悠岁月，余音袅袅，一曲难忘。

4.2.3 根据语言语境理解词义

这里所说的语境是指上下文，是指对词义产生制约作用并具有密切关系的相邻词语，前后句子、段落乃至整个篇章的相关内容。

语境对词义具有制约作用，一旦置入固定的上下文，词义的不确定性便得以排除，词义得以固定。如 fox 不仅是个多义词，而且具有双重词性（名词和动词），例如 (1) The fox may grow gray, but never good. (2) Don't trust him, he is a sly fox. (3) He was completely foxed. 三个句子中，fox 不仅语义固定，而且词性也明确。再如：There was no lady about him. He was what the woman would call a manly man。lady 一词在不同的语境中可以表示不同的含义，"贵妇人"、"淑女"、"女主人"、"情妇"等。结合上下文，lady 在此句中的解释应该是"女人气的"，所以正确的翻译应该是"他这人可没有一点女人气，他正是女士们称之为男子汉的那种人。"可见，"每个词在一个新的语境中就是一个新词。"（Each word when used in a new context is a new word.）（Firth, 1957），"没有语境，词就没有意义。"（Malinowsky, 1923）语境是决定语义的重要因素。要想在翻译中做到理解准确，选词精当，就必须对上下文认真分析，对词义仔细推敲。请看下面例句：

≦ 你没有正确理解他在信中的含义，因而误解了他的意思。

You had misinterpreted the implications of his letter and thus misunderstood his **intentions**.

≧ 他的意思还是不去为好。

In his **opinion**, it is better not to go.

⋋ 这部美剧很有意思。

This American TV series is **interesting**.

⋌ 我们快走吧，天有点要下雨的意思。

Let's hurry up. It's likely to rain soon.

⊕ 你帮了我们不少忙，这点小意思，请收下。

You have helped us a lot. This is **a little gift** as a token of our appreciation. Please accept it.

⊙ The survey reported that all the walls were completely **sound**.

房产检视员报告说所有墙壁都完好无损。

⊥ That's very **sound advice**, you should take it.

那是非常明智的忠告，你应当接受。

△ He's got a **sound beating**.

他遭到一顿痛打。

⋯ They are **mentally sound**, but physically handicapped.

他们虽然身体残疾，但心智健全。

再如，《名利场》（*Vanity Fair*）中有一句话：...who is a **good** Christian, a **good** parent, child, wife or husband...，如果将good一律译为"好"，即"好教徒"、"好父母"、"好儿女"、"好妻子"、"好丈夫"，语言显得苍白无力；译者灵活地将其处理为"……真的是虔诚的教徒，慈爱的父母，孝顺的儿女，贤良的妻子，尽职的丈夫……"，使得译文更加贴切自然。

从以上例句可以看出，英语词义灵活多变，但往往又是"万变不离其宗"。总是在保持基本意思的前提下，随着上下文而引申。英译汉时，必须根据上下文仔细推敲，才能正确选择语义。

4.2.4 注意词义的感情色彩及语体色彩

语境对词义有影响和制约作用。不仅如此，词语在具体的语言环境中往往会扩展信息容量，染上独特的感情色彩，成为词语使用者文采、风格和创造性的集中体现。（陈宏薇，2004）感情色彩的成功传达需要译者对词语进行情态与色彩方面的含义分析，包括词义的褒贬和词语的正式程度等的分析。例如：

≦ She was vexed by the **persistent** ringing of the phone.
　她被<u>没完没了</u>的电话铃声搞得心烦意乱。（贬）

≧ No wonder the girl despises me, the way you **encourage** her.
　难怪那个女孩瞧不起我，原来是你在<u>鼓捣</u>她。（贬）

↗ John was an **aggressive** salesman who did his job quite well.
　约翰是个<u>积极肯干</u>的推销员，他工作干得很出色。（褒）

↘ Lyndon Johnson was the elemental man, a man of **endless, restless ambition**.
　林登·约翰是个粗犷的人，是一个<u>野心勃勃、贪得无厌</u>的人。（贬）

⊕ Hans was too obviously **flattering** the gentleman by saying he was the most courageous man he had ever seen.
　汉斯说，这位先生是他所见过的最有胆识的人。这种<u>阿谀奉承</u>未免过于露骨。（贬）

⊙ She had lied me and made me the tool of her wicked **deeds**.
　她欺骗了我，有意把我弄成她<u>罪恶勾当</u>的工具。（贬）

⊥ He is **jealous of** his reputation.
　他<u>珍惜</u>自己的名誉。（褒）

　　以上例句中的persistent, encourage, aggressive, ambition, flatter, deeds, jealous等词义都具有两面性，有可能是褒义，也有可能是贬义，如何理解，要仔细分析上下文。

　　词语的语体色彩主要体现在词语的正式程度上。如"汽车行驶时请勿与司机谈话"的提示语可以有以下两种译法：

≦ Passengers are requested not to communicate with the driver while the vehicle is in motion.

≧ Please don't speak to the driver while he is driving.

　　显然，≦是比较正式的书面语，作为提示语稍显呆板、拘谨。≧比较口语化，自然得体。对词语进行语体色彩分析有助于准确把握原文的语言特点，理解字面意思背后隐藏的情感内涵。试比较以下例句：

≦ When his dad **died**, Peter had to get another job.
　老皮<u>他爹一死</u>，他只好换个事干。

≧ After his father's **death**, Peter had to change his job.
　他父亲<u>死</u>后，彼得不得不改变一下工作。

※ On the **decease** of his father, Mr. Brown was obliged to seek alternative employment.

父亲亡故之后，布朗先生必须另谋职业。

以上三句表达的中心意思相同，即"他父亲死了，彼得须重新找份工作"，但因其动词语体色彩不同，译文的选词也截然不同。

再如以下译例：

Isabella is one of the most beautiful characters in the pages of history. She was well-formed, of middle size, with great dignity and gracefulness of deportment and a mingled gravity and sweetness of demeanor. Her complexion was fair; her hair auburn, inclining to red; her eyes were clear blue, with a benign expression, and there was a singular modesty in her countenance, gracing as it did, a wonderful firmness of purpose and earnestness of spirit.

伊莎贝拉是史篇中的绝代佳人之一。她修短合度，纤浓得体，举止端庄而不失优雅，仪态严肃而不乏温馨。肌肤白皙，秀发金褐，碧眸明澈，目光祥和。她既有温和而谦逊之外表，又具有坚强的意志与执著的精神。

上面一段是美国作家华盛顿·欧文笔下的伊莎贝拉的形象，她地位尊贵，仪表非凡，曾支持过哥伦布的环球航海。因此原文用词正式庄重，大词、抽象词较多。译文基本保持了这种典雅庄重的语言风格，再现了一个仪态万方又令人敬畏的古典美人形象。美国著名犹太裔小说家辛格作品《傻瓜吉姆佩尔》（*Gimpel the Fool*）中的小人物吉姆佩尔又是另一番形象了。例如：

I am Gimpel the fool. I don't think myself a fool. On the contrary. But that's what folks call me. They gave me the name while I was still in school. I had seven names in all: imbecile, donkey, flax-head, dope, grump, ninny, and fool. The last name struck...

俺叫吉姆佩尔，人家叫俺傻瓜。可俺自己并不觉得俺傻，而正好相反。还在上学时，他们就这么叫俺。俺共有七个外号哩：什么憨子、蠢驴、木头人、白痴、笨蛋、呆子、傻瓜。倒霉的就是这最后一个外号，一叫就叫开了……

译者用轻松幽默的笔触，通俗、流畅地再现了原文的语言特色和作家独特的写作风格，更塑造了主人公吉姆佩尔大智若愚的艺术形象。

4.2.5 注意词的文化色彩

英语是借词最多的欧洲语言。在其形成和发展中吸收了大量的古希腊罗马神话及《圣经》词汇，加之海洋商业文化对语言的影响，英语中的许多词汇被赋予了浓重的民族文化色彩，许多词汇在大陆农耕文化所孕育发展的汉民族语言中是缺项。英译汉时，不能只着眼于英汉语符的转换，要透过语言表层，理解词语所负载的文化意义，力求把字里行间的深层文化涵义最大限度地表达出来。具体说来，对于文化内涵丰富的词语，一般可以采用直译法或借用法。请看以下译例：

scapegoat	替罪羊
Trojan horse	特洛伊木马
to fish in troubled water	浑水摸鱼
to put their heads together	集思广益
between a rock and a hard place	进退两难
blow one's own horn	自吹自擂
As you sow, so will you reap.	种瓜得瓜，种豆得豆。
Misfortune never comes singly.	祸不单行。
The onlooker sees most of the game.	旁观者清。
Like father, like son.	有其父，必有其子。
A wonder lasts but nine days. (a nine-day wonder)	昙花一现。

以上各例直译较好，有利于保持原文的形象和民族色彩，丰富汉语语言，提高汉语文化对异域文化的解释和消化能力。对于文化内涵丰富的词语，应尽可能采取保留形象的直译法，使之成为汉语中的"新鲜血液"。例如 flog a dead horse 虽然可以意译成"做无用功"，但若直译成"鞭打死马"，同样使人感到耳目一新。

但更多时候，应该注意由于文化差异所造成的语义不对等的情况，例如：

talk horse	吹牛
laugh off one's head	笑掉大牙
to put all cards on the table	打开天窗说亮话
The pot calls the kettle black.	乌鸦笑猪黑。
have a bone in one's throat	难以启齿
be blue about the gills	垂头丧气
a bolt from the blue	晴天霹雳
cry up wine and sell vinegar	挂羊头卖狗肉
look for a needle in a haystack	海底捞针

以上例子采用的是借用法，即借用汉语中现成的"形同意同"或"形异而意同"的表达来传译。采用借译法翻译富有文化色彩的词语时，一定要小心谨慎，若生搬硬套，就会弄巧成拙。如 pull one's leg 并不对等于汉语的"拖后腿"，而是"跟某人开玩笑，取笑某人"的意思；eat one's words 也并不是汉语的"食言"，而是"收回前言，承认错误"之意。

英语中许多植物词语具有文化意义，如 narcissus 比喻指"以美貌自夸的青年"，rose 代表"爱情"、"安乐"，apple 指代"宝贝"、"宠物"，nut 指代"怪人、疯子"，potato 比喻"人"或"物"，tomato 可比喻"漂亮、迷人的美女"，oak 象征"伟岸"、"长寿"，cypress 表示"哀悼"。另外，owl, cat, dog, bat, lamb, peacock, ostrich, dragon 等指动物的词汇，宗教色彩浓厚的 sin 以及反映社会价值观念的 individualism, liberalism, kinship, virtue 等词汇均具有丰富的文化内涵，翻译时应该引起注意。

另外，翻译时必须结合语境，对句子中文化色彩浓重的词做细致的分析，透彻的理解，才能"全文神理，融会于心"，"下笔抒词，自善其备"，找到最贴近原义而又自然顺畅的汉语表达。Babel 源自《圣经》，是《圣经》中的城市名，诺亚的后代在此建造通天塔，上帝怒其狂妄，使建塔人突操不同的语言，塔因此终未建成。Babel 现在常指"混乱"、"空想计划"。例如：

Such a **Babel**! Everyone talking at once and nobody listening to anyone.

<u>一片嘈杂</u>！大家同时都在讲，谁也不听谁的。

颜色词可以根据其颜色特征与其紧密相连的事物产生"意在颜外"的联想。众所周知，美钞一般是绿色的，所以英语中有时用 green 指代美钞，例如：

The maxim was that when a married couple saw red the lawyer saw **green**.

俗话说，夫妻吵得脸红耳赤之日，正是律师<u>招财进宝</u>之时。

swan song 是个古老的成语，源远流长，字面之意是"天鹅之歌"。在古希腊神话中，阿波罗（Apollo）是太阳神、光明之神，是诗歌与音乐之神，后世奉他为文艺的保护神。天鹅是阿波罗的神鸟，故常用来比喻文艺。传说天鹅平素不唱歌，而在它死前，必引颈长鸣，高歌一曲，其歌声哀婉动听，感人肺腑。这是它一生中唯一的，也是最后的一次唱歌。因此，西方就用 swan song 来比喻歌手、演员的最后一次演出，或作家、画家等艺术大师的"封笔之作"。而英语成语 black swan，用以比喻稀有罕见的人或物，有"凤毛麟角"之意。例如：

All the tickets have been sold for the singer's performance in London this week—the public clearly believes that this will be her **swan song**.

本周这位歌手表演的门票在伦敦很快销售一空，大家都相信这会是她的<u>告别演出</u>。

又如：

She'd never again believe anything in **trousers**.

她再也不愿相信任何<u>男人</u>了。

在西方文化中，妇女在多数正式场合应该着裙装，男士以西装为主，所以 trousers 经常表示"男人"。同样，短语 wear the trousers 指（妇女）掌权当家。

Gone to the west, where men are **men**!

到西部去，那里的男人才是真正的<u>男子汉</u>！

此句中第二个 men 只能理解为美国资本主义发展过程中大批白人涌向西部时的那些能骑马打枪的"男子汉"。

…and after some cogitation he decided that it would be as well to enact no **Romeo** part just then——for the young girl's sake no less than his own.

考虑了一番之后，他决定那时候还是不扮演<u>情人</u>这个角色为好——为了自己，更为了那个年轻的姑娘。

Romeo 出自莎士比亚的爱情悲剧《罗密欧与朱丽叶》(*Romeo and Juliet*)。现代英语中该词已经通名化，指代"情人"、"风流浪子"。同样的例子还有，

Smith often **Uncle Tommed** his boss.

史密斯常对老板<u>阿谀奉承</u>。

委婉语往往蕴含浓厚的民族文化色彩，翻译时还要兼顾词语的语体和感情色彩。请看下例：

"George," I say to my apprentice, "shut shop up. My old friend John Baines is **going to his long home** today."

"乔治，"我对徒弟说，"打烊吧。我的老朋友约翰·贝恩斯今天<u>快不行了</u>。"

英汉语言中关于死的委婉语都很多，但若将原文中的 going to his long home 随意翻译成"回老家"则不能让汉语读者联想起"死"。所以结合原文的时态和词语的感情色彩，将其翻译成"快不行了"就显得非常贴切。

4.3 词汇翻译技巧

4.3.1 加注

社会文化的差异造成了词义空缺现象，一些具有独特文化含义的英语词汇在汉语中暂时无法找到对应词，英译汉时常采用加注法来给这些词的可译性"障碍点"作注释，以利于读者理解。

加注法主要分直译加注和音译加注。直译加注指直译全文，并附加解释性注释。音译加注指音译后附加解释性注释，一般是类属性注释，叫做范畴词。直译加注和音译加注常常用来翻译一些专有名词。

（1）直译加注法

Sesame Street	《芝麻街》(美国儿童电视节目，每天一小时，主要为动画片、游戏、木偶戏等)
Oval Office	椭圆形办公室（指美国白宫总统办公室）

mad-cow disease	疯牛病（牛海绵状脑病）
Big Apple	大苹果（纽约的别称）
满月酒	One-Month-Old Birthday Feast (a special ceremony held after a baby has been one month old)

（2）音译加注法

Domino	多米诺骨牌
Waltz	华尔兹舞
Sahara	撒哈拉沙漠
colone	克隆（一种无性繁殖方式）
EI Nino	厄尔尼诺（现象）（指严重影响全球气候的太平洋热带海域的大风及海水的大规模移动）
粽子	*zongzi* (a rice pudding wrapped up with weed leaves)

直译加注和音译加注也可用来翻译句子中的词语。例如：

≌ But I am short-tempered, frazzled from all responsibilities. I am the "**sandwich generation**", caught between kids and parents.

但是我的脾气不好，都是这些事给烦的。我是个夹在孩子和父母之间的"三明治人"。（"三明治人"指既要照顾孩子又要照顾父母的人）

≌ It was **Friday** and soon they'd go out and get drunk.

星期五发薪日到了，他们马上就要上街去喝得酩酊大醉。（星期五为英国的发薪日）

✗ **Hygeia** herself would have fallen sick under such a regimen; and how much more this poor old nervous victim?

按照这样的养生之道，别说这可怜的老太太了，就连健康女神哈奇亚也会害病。（哈奇亚是希腊神话中的健康女神）

➢ **Golden handcuffs** are now part of every headhunter's vocabulary.

"金手铐"现已成了所有猎头者的口头禅。（金手铐：喻指公司付给其职员一大笔钱以使其留任）

⊕ —Why are parliamentary reports called "Blue Books"?

—Because they are never **red**.

——为什么议会报告被称为"蓝皮书"？

——因为它们从来不是红的。（red和read谐音，实际上是指"从来没有人读它们"）

⊙ He was moderately truthful towards men, but to women he lied like **a Cretan**.

他对男人还是很诚实，但是对于女人，他就像克里特岛上的人一样，满口谎言。（克里特岛是希腊的一个小岛，传说该岛人善撒谎）

⊥ You look like **AL-Capone** in that suit.

你穿上那套衣服，看上去就像流氓阿尔·卡彭了。（阿尔·卡彭是美国历史上一著名歹徒，芝加哥犯罪集团的一首领）

4.3.2 释义

释义是指采取解释性的方法译出原文的意思。在翻译成语、典故等具有鲜明的民族色彩和文化内涵的词语时，可采用释义法。相对于加注，释义法无法保全原文的比喻形象，但比较直接、简练。例如：

≅ Last night I heard him **driving his pig to market**.

昨夜我听到他鼾声如雷。

≧ I wonder whether he is a **Trojan horse**.

我不知道他是不是内奸。

✗ This morning John was **riding his hobby of the flying saucer to death**.

今天早上约翰没完没了地谈论他最喜欢谈的飞碟问题，谈得烦死人。

✗ She scolded her maid and was **as cross as two sticks**.

她训斥自己的女仆，而且脾气特别暴躁。

⊕ The EEC's common agricultural policy is a **dinosaur** which is adding 13.50 a week to the food bill of the average British family.

欧洲经济共同体的农业共同政策就像恐龙那样已经成为过时的东西，它要使英国家庭平均每周在食品开销上多支出 13.50 镑。

另外，一些非常规的搭配和一些无法直译成汉语或直译成汉语有失自然，令人费解的英语表达，也可用释义法来翻译。例如：

≅ What is known is that **weight extremes** in either direction are definitely unhealthy.

众所周知，过度肥胖或消瘦都肯定是不健康的。

≧ Like many other Southerners, I came to seek my fortune in one of those **pot-at-the-end-of -the-rainbow factories**.

像许多其他的南方人一样，我也来到这儿，在那些工厂里打工，做发财梦。（英语传说中认为，如果人们找到了彩虹与地面的交界之处，并在那里挖掘，就会挖到一罐金子。但这仅仅是人们的幻想，是根本不可能发生的事情。因此，pot-at-the-end-of -the-rainbow factories 指那些根本不可能给南方人提供工作的工厂。）

✗ Bill's new girlfriend is certainly a **knockout**.

比尔新结识的女友确实是个迷人的姑娘。（knockout 原意为拳击比赛时将对手击倒在地，这里词义扩展为女子因美丽而让异性倾倒。）

> The young girl **thumbed her way** to the passing cars.

　　年轻的姑娘站在路边不停地向过往的汽车晃动着竖起的拇指表示她要搭车。

⊕ Mr. Kingsley and his **Red Brick** boys will have to look to their laurels.

　　金斯利先生和他那些二流大学的学生们必须小心翼翼地保持已经取得的荣誉。（Red Brick 又称 Red Brick Universities，指英国除牛津、剑桥大学以外的其他地方性二流大学。因其建筑为红砖砌成，故得此名。）

4.3.3　增词法

　　由于英汉两种语言在语法以及思维方式上存在差异，英译汉时，常常需要在译文中添加必要的词，使译文既能够忠实地再现原文的内容和风格，又能符合汉语的表达习惯。增词一般用于三种情况：一是意义性增补（增词有助于充分表达原文意义，使译文意思明确而完整）；二是结构性增补（指增加表达英语特有的语法概念所需要的词和原文中省略的词）；三是修饰性增补（为使译文语言优美生动而增词）。

（1）意义性增补

　　英译汉时，有时有必要增补合适的名词、形容词、动词、副词等，使译文能够明确而完整地传递原文信息。例如：

① These early cars were **slow, clumsy, and inefficient**.

　　这些早期生产的汽车速度缓慢，操作笨拙，而且效率很低。（增补名词）

② Amelia took the news very **palely and calmly**.

　　埃米丽亚获悉这个消息的时候，脸色苍白，神情镇静。（增补名词）

③ It is the same old story of not being grateful for what we have until we lose it, of not being conscious of **health** until we are ill.

　　事情往往是这样，失却之物，方知珍惜；生病了才知道健康之可贵。（增补形容词）

④ An unreasonable quarrel often interrupts an **argument**.

　　无谓的争吵常常断送有益的辩论。（增补形容词）

⑤ Fortune knocks at every man's door once in a life, but in a good many cases, **the man** is in a neighboring saloon and does not hear her.

　　每个人的一生中，幸运女神都只来敲一次门，可是许多情况下，那个受到眷顾的人竟在隔壁的酒馆里，听不见她敲门。（增补形容词）

⑥ When the tea was over, Mr. Hurst reminded his sister-in-law of the **card-table**.

　　喝过早茶之后，赫斯特先生提醒他的小姨子把牌桌摆好。（增补动词）

⑦ They had been through it all at his side—**the bruising battles, the humiliation of the defeat**…

他们始终站在他的一边，经历过残酷的厮杀，忍受过辛酸的失败……（增补动词）

⑧ **My work, my family and my friends** were more than enough to fill my time.

干工作，做家务，交朋友，这些占用了我的全部时间。（增补动词）

⑨ As he sat down and began talking, **words poured out**.

他一坐下来就滔滔不绝地讲个没完。（增补副词）

⑩ Long-stemmed models **ankled** through the lobby.

身材修长的模特袅袅婷婷地从厅中走过。（增补副词）

⑪ God knows what their fate will be, but I can **guess**.

天晓得他们的命运如何，但我能猜出几分。（增补副词）

⑫ The choicest gold is to be had for the digging.

只要挖下去便能得到最好的金子。（增补连词，使原句隐含意思明白无误）

⑬ For mistakes had been made, but ones.

因为已经犯了很多错误，而且还是很糟糕的错误。（增补连词）

⑭ On a busy Saturday night, more than 1,000 strippers perform in clubs along the Strip, where they can earn as much as $200,000 a year.

在生意兴隆的周六晚上，沿着赌城有千名以上的脱衣舞女在俱乐部表演，因为在这里，她们一年就可挣到20万美元之多。（增补连词，凸显了原文隐含意义）

⑮ Dad died when I was a teenage girl, and Mom raised me on her own. **We'd braved many tough times together.**

父亲去世时我才十几岁，母亲独自一人养育我。我们母女二人战胜了数不清的艰难困苦。（增加概括性词语）

⑯ Henry Kissinger had slept there before, in July and **again** in October.

这之前，基辛格七月和十月两度在此下榻。（增加概括性词语）

⑰ The rushing of these school boys was pardonable, but costly.

这些男生的莽撞行为是可以谅解的，但是他们为此付出的代价却是昂贵的。（增补上下文需要的词）

⑱ Without another look he went dignifiedly upon his way, but the impression of her charming personality went with him.

他看了这一眼之后，就庄严地向前走去了，可是她那吸引人的个性，已经印在他脑海里跟着他一起走了。（增补上下文需要的词）

⑲ Yes, I like Chinese food. Lots of people do these days. Sort of the fashion.

不错，我是喜欢中国菜。现在很多人都喜欢中国菜，<u>这种情况</u>算是有点赶时髦吧。（增补上下文需要的词）

英语中有一些由动词或形容词派生来的抽象名词，翻译时要根据上下文增加适当的搭配词语，使其意思明确具体，符合汉语表述习惯。例如：

allergy——过敏反应	tension——紧张局势
violence——暴力事件	segregation——隔离政策
persuasion——说服工作	loftiness——崇高品质
peace——和平局面	indifference——冷漠态度
poverty——贫困状态	brutality——残暴行为
madness——疯狂行为	remedy——补救方法

请看更多译例：

≦ After all **preparations** were made, the plane took off.

一切<u>准备工作</u>就绪以后，飞机就起飞了。

≧ I was struck by their **cordiality** to each other.

他们彼此的<u>亲密态度</u>使我吃惊。

≮ Most people in America, minority people in particular, are convinced that **injustices** exist in their economic system.

大多数美国人，尤其是少数民族，都确信美国经济制度中存在着<u>不公正现象</u>。

≯ He shook his head and his eyes were wide, then narrowed in **indignation**.

他摇了摇头，双目睁得圆圆，接着又眯成了一条线，脸上露出了<u>愤怒的神色</u>。

⊕ John's **lightheartedness**, however, did not last long.

约翰那种<u>轻松愉快的心境</u>没有持续多久。

⊙ He felt the **patriot** rise within his breast.

他感到一种<u>爱国热情</u>在胸中激荡。

（2）结构性增补

英语动词有时、体、语气的变化，可数名词有单复数之别，而汉语却没有以上对等的表现形式，英译汉时，常常需要在译文中增加能明确表达原文时、体、态及复数概念的词。例如：

≦ Madeleine **had been** a waitress, a saleslady, and a taxi driver. And now she is a professional writer.

玛德琳<u>曾经</u>当过女招待、推销员和出租车司机。现在，她是一个专职作家。

≦ The very earth trembled as with the tramps of **horses** and murmur of angry **men**.

连大地都震动了，仿佛万马奔腾，千夫怒吼。

∡ He stretched his legs which were scattered with **scars**.

他伸出双腿，露出腿上的道道伤痕。

⊅ New **buildings**, massive in span and artful in design, have sprung up everywhere.

一幢幢新建的高楼大厦在各处拔地而起，规模宏伟，设计精美。

⊕ She finished the race on **crutches**.

她拄着双拐跑完了比赛。

英语句子常常出于句法和结构上的需要省略一些成分，汉译时要根据汉语表达习惯做适当增补，把原文意义明确、完整地表达出来。例如：

≦ Staring at the crumpled jardinière, I promised to remember. And **I have**.

我凝视那只被弄瘪了的铜花盆，发誓我将永远记住这一天。我也确实做到了。

≧ Studies **serve for** delight, **for** ornament, and **for** ability.

读书足以怡情，足以博采，足以长才。

∡ Ignorance is the **mother** of fear, as well as admiration.

无知是羡慕的根源，也是恐惧的根源。

⊅ Some had beautiful eyes, others a beautiful nose, others a beautiful mouth and figure: **few, if any, had all**.

她们有的长着漂亮的眼睛，有的生着俏丽的鼻子，有的有着妩媚的嘴巴、婀娜的身段；但是，这样样都美的，虽然不能说一个没有，却也是寥寥无几。

（3）修饰性增补

英译汉时，为了使译文符合汉语表达习惯、优美自然，有时需要增补适当的描述词（如名词、动词、形容词、副词等）、语气或情态助词（吗、哩、所谓、而已、罢了、诚然等），或是使用四字词组，或是重复某些词语。例如：

① Over Christmas vacation she **devoured** Charlotte's Web, **explored** Aesop's Fables, and **got lost in** Bound for Oregon.

在圣诞节放假期间，她狼吞虎咽地读了《夏洛特之网》，细嚼慢咽地读了《伊索寓言》，心驰神往地读了《到俄勒冈州去》。（增补副词）

② It was a crime **so quick, so mean, so harsh**, it shocked even veteran crime investigators.

这桩罪案发生的速度之快、性质之卑劣、手段之残忍，就连身经百战的办案人员也感到惊讶万分。（增补名词）

③ She had such a **kindly, smiling, tender, gentle, generous heart** of her own.

她心地厚道，为人乐观，性情温柔，待人和蔼，器量又大。（增补名词，使用四字词组）

④ Tourist offices provide **details** and can arrange **bookings**.

旅游局负责提供详细资料并安排预约事宜。（增补形容词和名词）

⑤ They are singing, **dancing and laughing**, and trying their best to celebrate their victory.

他们唱啊、跳啊、笑啊，尽情欢庆着他们的胜利。（增补语气助词）

⑥ "I once heard a couple **plan** their entire wedding and honeymoon while the movie was on," he declares.

他说，"有一次电影正在放映，我耳朵里听到的却是一对情侣滔滔不绝地谈论举行婚礼和欢度蜜月的全部安排。"（增补副词）

⑦ While in Europe, the tourists enjoyed to their heart's content **the weather, the food and the theatre**.

这些旅游者在欧洲尽情地沐浴阳光，品味佳肴，观赏演出。（使用四字词组）

⑧ The sky is clear blue now; the sun has flung **diamonds** down **on meadows and banks and woods**.

此时已是万里蓝天，太阳把颗颗光彩夺目的钻石洒向草原，洒向河岸，洒向树林。（增补形容词和重复动词）

⑨ We think we have freed our slaves, but we have not. We just call them a different name.

我们自以为奴隶已解放了，其实并没有。我们只不过是用另一个名字来称呼他们罢了。（增补语气助词）

⑩ A large family has **its** difficulties.

大家庭有大家庭的难处。（重复名词）

4.3.4 减词

减词是指将原文中需要而译文中不需要的词语省去。英汉两种语言在语法上存在较大差异：英语中有冠词，而汉语却没有；英语中经常使用介词、人称代词、关系代词，而汉语中介词和代词用得较少；英语重形合，连接词较多，而汉语重意合，连接词较少。英译汉时，常常需要根据具体情况省去代词、冠词、介词、连接词等，使译文简洁流畅，符合汉语的表达习惯。例如：

≦ But it's the way I am and try as I might; I haven't been able to change it.

但我就是这个脾气，虽然几经努力，却未能改变过来。（省略代词）

≅ They went into dinner. **It** was excellent, and the wine was good. **Its** influence presently had **its** effect on **them**. **They** talked not only without acrimony, but even with friendliness.

他们进入餐室用餐，美酒佳肴，顿受感染，言谈间不但没有恶言恶语，甚至还充满友好之情。（省略代词）

↗ **You** should not show **your** hand to **a** stranger.

对陌生人要存几分戒心。（省略代词、冠词）

↗ **If you** confer a benefit, never remember **it**; **if you** receive one, remember **it** always.

施恩勿记，受恩勿忘。（省略代词、连词）

⊕ He declined to amplify on the President's statement, **since he** had not read the text.

他没有看到总统讲话的文本，不愿意加以发挥。（省略代词、连词）

⊙ John rose gloomily **as** the train stopped, for he was thinking of **his** ailing mother.

火车停了，约翰郁郁地站了起来，因为他想起了病中的母亲。

⊥ **As** it is late, **let us** go to bed.

不早啦，睡吧！（省略连词和祈使结构）

△ Most of the people **who** appear most often **and** most gloriously **in** the history books are great conquerors and generals and soldiers…

史书上最经常出现、最为显赫的人物，大多是些伟大的征服者、将军和军事家……（省略连词、介词、冠词和关系代词）

有时候，为使译文简洁自然，"there be结构"、只具形式意义的it、不定式的to以及具有重复意义的结构或词语，翻译时也必须省去或精简。例如：

≅ Peter has always enjoyed claiming that **it** was he and not George, who was the first to reach the summit of the mountain.

彼得一直津津乐道的是，第一个到达山顶的实际上不是乔治，而是他自己。

≧ **There are some things** *that* I have happily seen of the wondrous way of the spider.

蜘蛛的奇异动态，我曾有幸目睹。

↗ **To learn** is not an easy matter and **to** apply what one has learned is even harder.

学习不容易，应用更不容易。

↗ Their own blends and mixtures (tea) have become celebrated, and a **"cuppa"** with the customary English scones and jam for afternoon tea is virtually a "must-do" for visitors to London.

他们自己的混合茶已广为人知，实际上，任何到伦敦的游客所品尝的下午茶都必然是一杯这种茶，外加一点传统的英式烤饼及果酱。

⊕ Keen, calculating, perspicacious, acute and astute—I was **all of these**.

我敏锐、精明、聪颖、机灵、睿智。

4.3.5 词类转换

词类转换是英汉翻译中常用的变通手段。由于英汉两种语言在语法和表达方式上存在很大差异，英译汉时，常常有必要用转换法，改变表达方式，使译文通顺流畅、地道可读。

（1）转换为动词

英语中名词（与介词）占优势，而汉语句子中多用动词，所以英语中的名词、介词、形容词和副词等在汉译时常常可以转换为动词。例如：

① The **mastery** of a foreign language is difficult and requires painstaking effort.

要学好一门外语是不容易的，非下苦功夫不可。（名词转换为动词）

② **The sight and sound** of our jet planes filled me with special longing.

看到我们的喷气式飞机，听见隆隆的机声，令我特别神往。（名词转换为动词）

③ He has long been used to last-minute **decisions**.

他长期以来习惯于在最后一分钟做决定。（名词转换为动词）

④ "Coming!" Away she skimmed **over** the lawn, **up** the path, **up** the steps, **across** the veranda, and **into** the porch.

"来啦！"她转身蹦跳着越过草地，跑上小径，跨上台阶，穿过凉台，进了门廊。（介词转换为动词）

⑤ It is our goal that the people in the undeveloped areas will be finally **off** poverty.

我们的目标是使不发达地区的人民最终摆脱贫困。（介词转换为动词）

⑥ The people are **with** him.

人民拥护他。（介词转换为动词）

⑦ They worked long hours **on** meager food, **in** cold caves, **by** dim lamps.

他们吃的是简陋的饭菜，住的是寒冷的窑洞，在昏暗的灯光下长时间伏案工作。（介词转换为动词）

英语中一些表示情感、愿望、心态的形容词用作表语时，常应翻译为动词。如confident（有信心），certain（确信），doubtful（怀疑），familiar（熟悉），able（有能力），hopeful（希望），concerned（关心、关注）等。更多译例如下：

① Don't **be afraid of** those who might have a better idea or who might even be smarter than you are.

不要恐惧那些想法可能比你高明，或者那些可能比你更聪明的人。

② The fact that she was *able* to send a message was a hint. But I had to be **cautious**.

她能够给我带个信这件事就是个暗示。但我必须小心谨慎。

英语中的副词有时也可转换为动词，例如：

① She opened the window to let fresh air **in**.

她把窗子打开，让新鲜空气<u>进来</u>。

② The book will be **out** pretty soon.

那本书不久就要<u>出</u>版了。

（2）转换为名词

英译汉中，一些由名词派生而来的动词在翻译时往往转换为名词。例如：

① His paintings **are characterized by** steady strokes and bright colors.

他的画的<u>特点</u>是笔力沉着，颜色鲜明。

② Harry **aims to** become a computer expert.

哈里的<u>目标</u>是成为计算机专家。

③ To them, he **personified** the absolute power.

在他们看来，他就是绝对权威的<u>化身</u>。

④ Independent observers have **commented** favorably on the achievement you have made in this direction.

有独立见解的观察家们对你们在这方面所取得的成就<u>给予了</u>很高的<u>评价</u>。

⑤ The girl **impressed** her fiancée's relatives favorably with her vivacity and sense of humor.

这个女孩以她的活泼和幽默感给她未婚夫的亲戚们<u>留下了</u>极好的<u>印象</u>。

英语中一些形容词前如有冠词，表示一类人，汉译时时常转换成名词。一些表示事物属性的形容词作表语，也可转换为名词。例如：

① Robin Hood and his men robbed **the rich** to help **the poor**.

罗宾汉及他手下的绿林好汉劫<u>富</u>济<u>贫</u>。

② He set up a school for **the deaf and the dumb**.

他创建了一所<u>聋哑</u>学校。

③ The new treaty would be **good** for ten years.

这个新条约的<u>有效期</u>是十年。

④ Many Western people are **religious**.

西方人多数都是虔诚的<u>教徒</u>。

（3）转换为形容词

英语中有些名词，尤其是由形容词派生而来的名词，在汉译时可转换为形容词。例如：

① The **security and warmth** of the destroyer's sick bay were wonderful.

驱逐舰的病房很安全，也很温暖，简直棒极了。

② The **pallor** of her face indicated clearly how she was feeling at the moment.

她苍白的脸色清楚地表明了她那时的情绪。

③ There is **no point** arguing about it——just do as you're told.

争论是没有意义的，叫你怎么做就怎么做。

④ I have always wondered at the **passion** many people have of going abroad.

我在想，为什么许多人对出国如此热衷？

⑤ Diligence and intelligence are of considerable **importance** to your success.

勤奋和才智对于获得成功是颇为重要的。

在一定情况下，英语中的副词也可转换为汉语形容词。例如：

① He **routinely** radioed another agent on the ground.

他跟另一个地勤人员进行了例行的无线电联络。

② **Traditionally**, there had always been good relations between them.

他们之间一直有着传统的友好关系。

（4）转换为副词

英语形容词修饰名词，翻译时常常可以转换成汉语副词，例如：

① He asked me for a **full** account of our products.

他详尽地问起我们产品的情况。

② Lack of trust is very **destructive** in a relationship.

缺乏信任对人际关系的危害很大。

③ One evening I looked out the window of my secluded cabin, and there were soft **languid** flakes falling in the golden lamplight.

一天晚上，我从隐居的小木屋朝窗外望去，但见柔软的雪花正慢悠悠地飘进金色的灯光之中。

④ I mumbled an **embarrassed** "No, thank you" and thrust my misshapen hands into my lap.

我窘迫地咕哝一声"不用了，谢谢您"，同时把我那双变形的手缩回放在膝上。

英语名词和动词有时也可转换成汉语副词。例如：

① I have **the honor** to inform you that your request is granted.

我荣幸地通知您，您的请求已得到批准。

② The new boss earned some appreciation by **the courtesy of** coming to visit the employers.

新老板很有礼貌地前来看望员工，博得了他们的一些好感。

③ It is our **great pleasure** to note that China has made great progress in economy.

我们很高兴地看到，中国的经济已经取得了很大的发展。

④ He said, if this was the case, he would be tempted to **try**.

他说，如果情况是这样，他颇有跃跃欲试之意。

4.3.6 引申

英译汉时，有时会遇到某些词，在词典里找不到适当的词义，如照样硬搬，逐字死译，会使译文生硬晦涩，不能确切表达原义。翻译时遇到此类情况，就需对词义进行必要的引申，即结合上下文对词义进行必要的延伸拓展，以做出精当的选词。

（1）继续拓展原文词义

① At the Mandarin Singapore, flagship hotel of Singapore Mandarin International, we have long practiced service that is **in the tradition of emperors**.

新加坡文华大酒店乃新加坡国际文华酒店集团的佼佼者。在此我们长期推行的一整套服务都体现皇家风范。

② One of the **beauties** of the medicine is the absence of aftereffects.

这种药品的优点之一是没有副作用。

③ For many families, especially in many metropolises, **two incomes** are a necessity.

对许多家庭来说，夫妻俩都去上班赚钱是迫不得已的事，在大都市尤其如此。

第①例中的 in the tradition of emperors 翻译成"服务体现皇家风范"，第②例中的 beauties 翻译成"优点"，第③例中的 two incomes 翻译成"夫妻俩都去上班赚钱"，均未机械照搬词典上的释义，但又与原文中对应词的本义密切相关。将译文和原文对应部分作比较分析，便会发现译文语义上忠实原文，风格上与原文一致。

（2）将词义作抽象化引申

英语中某些具体名词常常用以表示事物的某种抽象属性或概念。事物是具体的，而其属性和概念则是抽象的，翻译时需要有一个由"实"到"虚"，由"特殊"到"一般"，由"具体"到"抽象"的引申过程，才能避免照搬词典释义而造成的译文词不达意、晦涩难懂。例如：

① Every life has its **roses and thorns**.

每个人的生活都有苦有甜。

② She **sailed** into the room.

她仪态万方地走进了房子。（sail 原意为 "扬帆航行"）

③ **See-sawing** between partly good and faintly ominous, the news for the next four weeks was never distinct.

在那以后的四个星期内，消息时而部分有所好转，时而又有点不妙，两种情况不断地交替出现，一直没有明朗化。（see-sawing 由 see-saw "跷跷板" 转化而来的动词，原意为 "玩跷跷板"）

④ Next to health, **heart** and home, happiness for mobile Americans depends upon the automobile.

对于好动的美国人来说，生活是否幸福既取决于健康、爱情和家庭，还取决于汽车。（heart 字面意思是 "心脏"）

⑤ The OED is the **supreme court** in all matters concerning English words.

牛津辞典是解决英语词汇方面问题的权威词典。

⑥ **Brain drain** has been Egypt's No. 1 concern; as a matter of fact, it has been an **epidemic** in that area.

人才外流一直是埃及的头号问题，实际上，已成为那一地区普遍性的严峻问题。（brain 原意为 "大脑"，epidemic 原意为 "流行病"）

（3）将词义作具体化引申

英语中常常有一些语义含糊、笼统、概念抽象的词，翻译时需要将其引申为意义明确而又具体的词。例如：

① In two years, he becomes **a national phenomenon**.

仅仅两年，他就成了风靡全国的杰出人物。

② It is more than transient **everydayness**.

这远非一时的柴米油盐问题。

③ All the **wit and learning** in this field are to be present at the symposium.

这一领域的全部学者都将出席这次专题研讨会。

④ Tony is only 19 and the **baby** of our crew.

托尼只有19岁，是我们机组里的小字辈。

⑤ He is too careful a scientist to rush into **publication**.

他是一位非常谨慎的科学家，并不急于发表著作。

⑥ Polly missed the **sociability** of a store position. She missed the choir, and the company of her sisters.

波莉怀念做店员可与众人接触的生活，怀念唱诗班，怀念姐妹们的陪伴。

译论谐趣：顺应理论与翻译

（1）顺应论概述

语用学源于20世纪七八十年代的欧美国家，是研究语言交际的学问，其研究范围包含交际双方利用语言和语境表达意义，并对话语进行解码和推理的过程。比利时国际语用学学会秘书长耶夫·维索尔伦（Jef Verschueren）1999年在其著作《语用学新解》（*Understanding Pragmatics*，1999）一书中提出了"顺应论"（adaptation theory），以一个全新的视角理解和诠释语用学，为语用学理论的构建提供了统一连贯的语用框架。

维索尔伦认为，语言的使用涵盖语音、词汇、语法、篇章结构及风格语体等各个语言层面；语言的使用是"一个不断连续的选择语言的过程，不论这种选择是有意识的还是无意识的，也不论它是出于语言内部的原因还是语言外部的原因。"（1999：55-56）语言选择过程的连续性体现在以下方面：

① 选择发生在语言结构的任何层面，从语音、语调到词汇或语法结构的选择，从语码到话语、篇章的选择等；

② 选择不仅包括语言形式的选择，而且包括交际策略的选择；

③ 选择过程是有意识的行为过程，即语言选择时存在不同程度地顺应意识；

④ 选择存在于话语生成和话语理解两方面，即交际双方都要作出选择；

⑤ 语言使用者一旦进入语言使用过程，就必须选择心目中最合适的、最需要的对象进行交际；

⑥ 语言使用者在语言手段和策略等方面进行的选择会受到认知、社会与文化等因素的影响和制约；

⑦ 语言手段和策略的不同选择会导致与它相关的其他语言或非语言因素出现变化。

语言的使用过程是一个客观属性与主观意识、多层结构与多面角度、连续不断与互动制约为性质的动态选择过程。（杨惠英，2012）维索尔伦提出的语境顺应论是一种动态的语境观。语言使用者之所以能够在语言使用的过程中进行各种恰当的选择，是因为语言具有三个特性：1）变异性（variability），语言具有一系列可供选择的可能性；2）商讨性（negotiability），语言的选择不是机械的，而是在高度灵活的原则与策略的基础上完成的；3）顺应性（adaptability），语言使用者有可能在具体的语境条件下，根据交际的目的灵活变通，从可供选择的言语中作出符合交际需要的选择，从而使语言交际得以顺利进行。语言的这三个特征相辅相成，不可分割，没有变异性和商讨性就没有顺应性，顺应性是其中最重要的一环。

维索尔伦将语境分为语言语境与交际语境。语言语境包括篇内衔接、篇际制约和线性序列。交际语境包括语言使用者、心理世界、社交世界及物理世界等。语言的使用者，即说话人与听话人，是语境的焦点所在，通过使用者的思想交流，语境关系才可以被激活。交际者的语言选择必须符合交际双方的情绪、愿望、意图等认知和情感因素，同时符合社交场合、社会环境和语言社团的交际规范。

文化语境最早由英国人类语言学家马林诺夫斯基（Malinowski）于1923年提出来，是指某一言语社团特定的社会规范和习俗。生活在社会文化中的语言使用者，其言语行为必受到社会、文化规范的制约。交际语境因素会不同程度地影响语言使用者在使用与理解语言时所作出的语言选择。

"动态顺应"（dynamics of adaptability）是维索尔伦顺应论的核心，即在语言选择过程中，语言的选择必须积极顺应具体的语境和语言结构，不同的语境因素可以制约语言及策略的选择，从而改变话语的意义或影响交际的效果；同时，不同的语言或策略的选择也可能影响语境的变化。

语境顺应指语言使用过程中语言选择必须与语境相互顺应。语境关系顺应如下图所示（Verschueren, 1999: 76）：

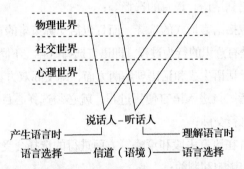

交际过程是一个动态的顺应过程。在翻译实践中，译者一方面进行语码的选择与转换，另一方面，译者在选择的过程中会受到思维与认知、社会文化等诸多因素的影响。顺应理论对翻译不仅具有很强的解释力，同时对翻译实践也具有指导价值。

（2）顺应论视角下的翻译研究

国外最早将语用学引入翻译研究的是英国翻译理论家哈特姆和梅森（Hatim & Mason）。在《话语与翻译》（*Discourse and the Translator*）一书中，他们从语用翻译角度讨论了言语行为与翻译、合作原则与翻译等。哈特姆和梅森认为，译者应根据语境对原语的语义进行推理，并综合考虑译者和读者不同的文化语境、原语与译语的关联，进而挖掘原文的意图，使译文最终真正体现原文旨意和风格。

根据顺应论，语言的使用过程是使用者不断作出语言选择的过程。翻译是跨语言、跨文化的交际活动，必然以语境为基础并受其制约。译文的语言选择应根据文化语境的变化而作出动态的顺应，从而最大限度地满足交际双方的需要。语言结构与语境的顺应过程本质上是策略选择的过程。译者根据实际需要采用多样化的方式顺应原语语境，如：音译、直译、加注、释义等。例如：

> 这对年轻夫妻并不相配，一个是<u>西施</u>，一个是<u>张飞</u>。
>
> This young couple is not well matched, one is a **Xi Shi**—a famous Chinese beauty, while the other is a **Zhang Fei**—a well known ill-tempered brute.

西施和张飞都是中国历史上的人物。西施与王昭君、貂蝉、杨玉环并称为中国古代四大美女；张飞，是古典小说《三国演义》中蜀主刘备手下的武将，以勇猛、鲁莽、疾恶如仇而著称。为顺应目的语文化语境，译文中使用增译法，附以简短的解释性词语，既保持了原文典故的形象特征，完整地表达了典故的原意，使译入语读者正确理解其含义，又顺应了译入语读者的阅读需求，实现了跨文化交际的目的。

广告翻译是一种典型的跨文化交流活动，在这个过程中目标群体的语言语境及文化语境包括社会历史、风俗习惯、宗教信仰、价值标准和思维方式等诸多因素都会影响商业的经济效益。充分考虑不同民族文化语境的差异，并动态地顺应相应的语境，才能获得最佳的翻译效果。中国建设银行龙卡广告语："吃食住行，有龙则灵"，英语译文为：LongCard make your busy life easy. 这样的翻译主要是为了避免 dragon 一词在英语中暗指"凶暴之徒"所带来的不悦，译者采用音译、直译相结合的手段对这一信息进行了顺应，避免与目的语国家的语言文化发生冲突。

翻译是一个连续选择的过程，也是动态顺应的过程。翻译过程从文本的选择到翻译策略的运用等都需要译者对多种选择进行确定。正如宋志平（2004）所强调的"翻译这种双语间的转换活动涉及的选择层次非常复杂。从译什么到如何译，无不贯穿着语言符号之外的社会、文化、认知等多方面因素的互动选择机制"。翻译活动的选择与交际目的关系密切，选择的目的是保证交际的顺利进行。较之"怎么译"，"译什么"更成为译事的头等要义。（许均，2002：63）文本的选择取决于翻译的目的或动机，而这种目的或动机通常会受到译语文化的时代、社会和主流思潮的影响和制约。（梅晓娟、周晓光，2008：27）利玛窦最初来华即确立了"学术传教"的适应性路线，通过译介西方科学文化以顺应明末中国知识阶层的内在需求，进而获得其认可和接纳。利氏西学译著的成功是译者顺应特定的语境条件和读者对象，有目的地选择源语文本和翻译策略的典型案例。

翻译活动中，宏观层次的选择须顺应语言外部因素的影响和制约，而微观层次的顺应在于译者根据交际的具体情境而灵活地采用翻译策略。合适的翻译策略是成功翻译的主要因素之一，而翻译策略的使用应顺应不同的文化语境。以美国小说《飘》（Gone with the Wind）人名翻译为例。鉴于当时特定的历史文化背景，1979年傅东华译本《飘》是将其作为一部流行爱情小说供中国读者茶余饭后谈资，因此小说多处采用归化手法，出现了大量中国读者耳熟能详的人名：如郝思嘉（Scarlett O'Hara），白瑞德（Red Butler），甚至连黑人奴仆也被称为阿金（Jeems）和阿宝（Pork），其原因就是译者对中国读者认知习惯和接受能力所作出的一种有效顺应。

同样，利玛窦西学译著翻译策略的选择体现了对中国传统文化的极大尊重。译介过程中，译者充分考虑译入语读者的接受能力和文化背景，顺应儒家思想文化传统，多采用节译、编译或译写等方式，使译著简洁、流畅，更易被中国士大夫所接受，促进了西方科学知识与中国传统文化的有益融合。在翻译西方经典数学著作《几何原本》时，利玛窦曾说："中文当中并不缺乏成语和词汇来恰当地表述我们所有的科学术语"。（利玛窦，1983：517）具体而言就是：1）沿用既有的科学词汇，如勾、股、弦、倍、圆、面、度等；2）将单字合成新词，如三角形、四边形、平方、立方等；3）赋予汉字新的语义，如"何"一词旧时用来询问数量或时间，表示"多少、若干"，在其译著中成为表达空间结构与关系的数学术语。（王佳娣，2014）

翻译的过程即译者在不同的意识程度下为适应交际活动的需要而不断进行言语选择的过程。译者在面临多种选择时，只能从特定历史文化背景下的翻译目的出发，顺应具体的交际环境和交际对象，有意识地选择文本和翻译策略，做出灵活动态的顺应性翻译，从而顺利地完成交际任务。（宋志平，2004）

译例赏析

原文

The Cop and the Anthem
（Excerpt）

Soapy turned off Broadway. It seemed that his route to the coveted island was not to be an epicurean one. Some other way of entering limbo must be thought of.

At a corner of Sixth Avenue electric lights and cunningly displayed wares behind plate-glass made a shop window conspicuous. Soapy took a cobblestone and dashed it through the glass. People came running around the corner, a policeman in the lead. **Soapy stood still, with his hands in his pockets, and smiled at the sight of brass buttons.**

"Where's the man that done that?" inquired the officer excitedly.

"Don't you figure out that I might have had something to do with it?" said Soapy, not without sarcasm, but friendly, as one greets good fortune.

The policeman's mind refused to accept Soapy even as a clue. Men who smash windows do not remain to parley with the law's minions. They take to their heels. The policeman saw a man half way down the block running to catch a car. With drawn club he joined in the pursuit. Soapy, with disgust in his heart, loafed along, twice unsuccessful.

On the opposite side of the street was a restaurant of no great pretensions. **It catered to large appetites and modest purses.** Its crockery and atmosphere were thick; its soup and napery thin. Into this place Soapy took his accusive shoes and telltale trousers without challenge. At a table he sat and consumed beefsteak, flapjacks, doughnuts and pie. And then to the waiter be betrayed the fact that the minutest coin and himself were strangers.

"Now, get busy and call a cop," said Soapy. "And don't keep a gentleman waiting."

"No cop for youse," said the waiter, with a voice like butter cakes and an eye like the cherry in a Manhattan cocktail. "Hey, Con!"

Neatly upon his left ear on the callous pavement two waiters pitched Soapy. He arose, joint by joint, as a carpenter's rule opens, and beat the dust from his clothes. Arrest seemed but a rosy dream. The Island seemed very far away. A policeman who stood before a drug store two doors away laughed and walked down the street.

At length Soapy reached one of the avenues to the east where the glitter and turmoil was but faint. But on an unusually quiet corner Soapy came to a standstill. Here was an old church, quaint and rambling and gabled. Through one violet-stained window a soft light glowed, where, no doubt, **the organist loitered over the keys, making sure of his mastery of the coming Sabbath anthem.**

译文

警察与赞美诗

（节选）

苏比离开了百老汇路。到那向往之岛去，要采取满足口腹之欲的路线看来是行不通了。要进监狱，还得另想办法。

六马路的拐角上有一家铺子，玻璃橱窗里陈设巧妙的商品和灿烂的灯光很引人注目。苏贝捡起一块大圆石，砸穿了那块玻璃。人们从拐角上跑来，为首的正是一个警察。苏贝站定不动，双手插在口袋里，看到警察的铜纽扣时不禁笑了。

"砸玻璃的人在哪儿？"警察气急败坏地问道。

"难道你看不出我可能跟这事有关吗？"苏贝说，口气虽然带些讥讽，态度却很和善，仿佛是一个交上好运的人似的。

警察心里根本没把苏比当作嫌疑犯。砸橱窗的人总是拔腿就跑，不会傻站在那儿跟法律的走卒打交道的。警察看到半条街前面一个人跑着赶搭一辆街车。他抽出警棍，追了上去。苏比大失所望，垂头丧气地走开了。两次都不顺利。

对街有一家不怎么堂皇的饭馆。它迎合胃口大而钱包小的吃客。它的盘碟和气氛都很粗厚；它的汤和餐巾却很稀薄。苏比跨进这家饭馆，他那罪孽深重的鞋子和暴露了隐秘的裤子倒没有被人注意到。他挑了个位子坐下，吃了牛排、煎饼、炸面饼圈和馅饼。然后他向侍者透露真相，说他一个子儿都没有。

"现在快去找警察来，"苏比说，"别让大爷久等。"

"对这种人不用找警察。"侍者的声音像奶油蛋糕，眼睛像曼哈顿鸡尾酒里的红樱桃。他只嚷了一声："嗨，骗子！"

两个侍者干净利落地把苏比叉出门外，他左耳贴地摔在坚硬的人行道上。像打开一支木工曲尺似的，他一节一节地撑了起来，掸去衣服上的尘土。被捕似乎只是一个美妙的梦想。那个岛仿佛非常遥远。站在隔了两家店铺远的药房门口的警察，笑了一笑，走到街上去了。

最后，苏比来到通往东区的一条马路上，那里灯光黯淡，嘈杂声也低一些。但是，当苏比走到一个异常幽静的路角上时，就站了下来。这儿有一座不很整齐的、砌着三角墙的古色古香的老教堂。一丝柔和的灯光从紫罗兰色的玻璃窗里透露出来。无疑，里面的风琴师为了给星期天唱赞美诗伴奏正在反复练习。

——选自《欧·亨利短篇小说选》/王仲年 译

背景介绍

欧·亨利（1862-1910）是美国19世纪著名的短篇小说家。他的作品幽默风趣、辛辣讽刺、构思奇特、曲折多变，被誉为"美国生活幽默的百科全书"。其短篇小说代表作《警察与赞美诗》以简洁生动的笔触、荒诞戏谑的情节描写了穷困失业、无家可归的流浪汉苏比为了躲避严冬的到来，几次惹是生非，期待被送进监狱终未达目的；后来受到教堂赞美诗的感化，决心痛改前非，重新做人，然而警察的到来却使他锒铛入狱。作者运用"黑色幽默"（black humor）手段突显了小人物的辛酸与无奈，诙谐幽默的语言中暗藏对时政的针砭。

王永年（1927-2012），笔名王仲年、雷怡、杨绮，浙江定海人，1947年毕业于上海圣约翰大学英国语文学系，1959年起担任新华通讯社西班牙语译审，翻译的新闻稿以精炼、准确著称。王永年精通英文、俄文、西班牙文、意大利文等多种外语，工作之余翻译多种世界文学名著，以王仲年为笔名翻译的系列欧·亨利小说畅销多年，备受英美文学研究者的好评。

译文分析

① **At a corner of Sixth Avenue** electric lights and cunningly displayed wares behind plate-glass **made a shop window conspicuous**.

六马路的拐角上有一家铺子，玻璃橱窗里陈设巧妙的商品和灿烂的灯光很引人注目。

英美人士偏好分析式思维，反映在语言表达层面就是从具体或微观角度考虑；而中国人偏好综合思维，采用整体优先的思维操作模式，从宏观、全局角度分析问题。译者在翻译时不拘泥于原文的语序、句序，根据译入语读者的思维习惯有意识地进行调整，对原句进行"重构"，将原文中的状语 At a corner of Sixth Avenue 转换成汉语主谓结构"六马路的拐角上有一家铺子"，既开门见山地交代了全句的主题，又体现了汉语习惯表达中空间顺序"从大到小"的原则。译文通过调整语序，以符合汉语读者的思维习惯和行文规范，增强了译文的可读性。

英语为了获得句子形式上的平衡或修辞上的强调效果，经常将句中的某些成分的位置进行调整，如倒装、后置或与其他成分的位置调换等，以产生修辞上的生动效果，而汉语中这一情况较少。英语属于形合语言，句子结构紧凑严密，靠语法手段形成分明的逻辑关系；汉语属于意合语言，主要依靠句子内部的逻辑关系来实现。汉语中以"意念"为主轴，将原文中靠形式手段衔接的句子通过拆译的策略使之"化整为零"，以符合汉语的短句样式。如上述节选中：

a. With drawn club he joined in the pursuit.

他抽出警棍，追了上去。

b. A policeman who stood before a drug store two doors away laughed and walked down the street.

站在隔了两家店铺远的药房门口的警察，笑了一笑，走到街上去了。

② Soapy stood still, with his hands in his pockets, and smiled at the sight of **brass buttons**.

苏比站定不动，双手插在口袋里，看到<u>警察的铜纽扣</u>时不禁笑了。

③ It catered to **large appetites and modest purses**.

它迎合<u>胃口大而钱包小的吃客</u>。

原文中 brass buttons 本义为"黄铜纽扣"，作者巧妙形象地应用该词在上下文中的引申义，借用警察制服上的黄铜纽扣指代"警察"。王先生在翻译时，没有简单地将该词直接处理为"警察"，结合语言语境分析，采用增译法，译为"警察的铜纽扣"，既保留了原文的形象及诙谐幽默的语言风格，又考虑了目标语读者的思维表达习惯，使译文清晰明了。

同样地，large appetites and modest purses 直译为"大胃口小钱包"，译者增加"吃客"一词是顺应上下文而做出的选择，"胃口大而钱包小的吃客"贴切地展现了苏比进入的是一家不太高档的饭馆。

④ "No cop for youse," said the waiter, **with a voice like butter cakes and an eye like the cherry in a Manhattan cocktail**.

"对这种人不用找警察。"侍者的<u>声音像奶油蛋糕，眼睛像曼哈顿鸡尾酒里的红樱桃</u>。

流浪汉苏比为了进监狱过冬而在餐厅骗吃骗喝，吃完饭后坦白他一分钱都没有，希望侍者叫来警察将他带走，却被餐厅招待狠狠地摔出了门外。侍者的"声音像奶油蛋糕，眼睛像曼哈顿鸡尾酒里的红樱桃"，这一比喻对西方读者并不陌生，会立刻在脑海中勾勒出侍者外表斯文、神态愤怒的形象。Manhattan cocktail（曼哈顿鸡尾酒）由著名英国首相丘吉尔之母发明，口感强烈而直接，因此也被称为"男人的鸡尾酒"。王先生的译文对于很少接触鸡尾酒的中国读者来说很难产生思想上的共鸣，译入语读者也不能够像源语读者一样去理解和品读文本，甚至会觉得有点滑稽可笑。

文化因素在通常下列三种情况下需要作加工处理：1）原文可能引起读者误解；2）原文在读者看来可能毫无意义；3）译文"语义过载"而不能为一般读者看懂。（谭载喜，1999）基于这样的考虑，张经浩先生的译文"声气柔和，眼里的火星却直往外冒"，通过省略原文意象，言简意赅而又精辟传神地传达了原作意图，使中国读者一目了然，心领神会，是翻译中文化顺应的有效尝试。但我们同样应该承认王仲年先生译文的可取之处：直译法形象、生动，既保留了源语的文化特色，同时又丰富了汉语语言表达，让人有耳目一新的感觉。

⑤ ...the organist **loitered over the keys**, making sure of his mastery of the coming **Sabbath anthem**.

里面的风琴师为了给星期天唱赞美诗伴奏正在反复练习。

《圣经·旧约》中上帝六天创世，第七天安息，故把第七天命名为Sabbath，因为Sabba在希伯来语中即表示"七"的意思，这便是第七天所谓的"安息日"了。"安息日"对于熟悉西方文化及教堂用语的源语读者来说是不难理解的，如若采用直译法，"风琴师来回拨弄着琴弦，以确保掌握即将来临的安息日赞美诗"，很多中国读者就会不知所云了。在翻译过程中，只有充分考虑到不同民族间的文化语境差异，并动态地对其做出顺应、选择，方能真正实现跨文化交际的目的。王仲年先生对"安息日"进行了有效的文化顺应，调整为汉语读者所熟知的"星期日"，并把"来回拨弄琴弦"意译为"反复练习"，译文通顺晓畅，有助于汉语读者充分领略原文的意蕴。

练习

一、翻译下列句子，注意使用加注法。

1. He did it a **Jordon.**

2. Then she discovered **Harry Potter**, and was attached to *Harry Potter and Sorcerer's Stone* by a very short string until she had finished it.

3. A dead leaf fell in Soapy's lap. That was **Jack Frost's** card.

4. People considered that what he had played on that occasion was no more than a **Judas Kiss.**

5. No one knows how many accidents are caused by **highway hypnosis.**

6. **A melting pot** is boiling over with resentment toward the newest arrivals: Boston's Chinatown.

7. You look like **AL-Capone** in that suit.

8. He saw himself, in a smart suit, bowed into the opulent suites of **Ritzes.**

9. The man who waters his grass after a good rain is **carrying coals to Newcastle.**

10. 嫦娥不过是一个逃妇。

11. 结发同枕席，黄泉共为友。

12. 这里的风水很好。

13. 狗咬吕洞宾，不识好人心。

14. 时下，在西方，由于大学学费和房价高涨加重了家庭负担，利用"间隔年"出国游历的学生已大大减少。而在中国，随着生活水平的提高，"间隔年"的概念在年轻人中正悄然兴起。

15. 理工男的工科知识面很广，他们热爱高科技发明，喜欢挑战电脑游戏，同时对生活充满好奇。

二、翻译下列句子，注意使用释义法。

1. He was **smooth and agreeable.**

2. What is known is that **weight extremes in either direction** are definitely unhealthy.

3. The police said they had arrested two Georgians, who had confessed to spraying a **knockout** gas under the door of the scientists' compartment.

4. Speaker Jim Wright brushed tear away as he **threw in the towel** yesterday in Washington D. C.

5. I was good and tired, so I lay down in the canoe and said **I wouldn't bother any more.**

6. **All work, low pay** make nurses go away.

7. Her uncle is **as rich as Croesus**, but dependent upon his father.

8. He **acts a lot older than his years**.

9. He was a big man (six feet and over fourteen stone), but he hadn't **the ponderous clumsiness of the most big men**.

10. I got out in the early morning and there is such silence that even breath is **a profanation**.

三、翻译下列句子，注意使用增词法。

1. I have had the joy of two beautiful and wonderful wives, the happiness of parenthood and the love of eight children.

2. Histories make men wise; poets witty; the mathematics subtle; natural philosophy deep.

3. He had lived all his life in desert where every cupful of water might be a matter of life and death.

4. This dark forecast speaks of the destruction of the balance of nature—pollution, waste and hunger.

5. Air pressure decreases with altitude.

6. Their host carved, poured, served, cut bread, talked, laughed, proposed health.

7. Matter can be changed into energy, and energy into matter.

8. They had no wish to change the system itself, or if they did, through idealistic, utopian schemes.

9. I saw a little, yellow, ragged, lame, unshaven beggar.

10. Although the recession has reached every corner of the planet, the impact is uneven.

四、翻译下列句子，注意使用减词法。

1. 基本公共服务水平和均等化程度明显提高。

2. 他们批评说英国的福利太好，造成学生没有上进心、纪律性和懒惰散漫**的习惯**。

3. 我们要继续以"上海精神"为指引，坚持上海合作组织一贯秉持的国际关系准则。

4. 美国财务部宣布，重新设计的10美元纸币上将出现女性形象，但尚未决定具体使用哪位女性。

5. **依靠**年轻一代，而不是武器；**依靠**计算机和大数据，来解决人类的问题，社会的问题。

6. 中国最重要的节日是新年，最热闹的节日**也是新年**。

7. 中国文化认为有些颜色吉利，有些**颜色**不吉利。

8. 竹子象征清逸，松柏象征长寿，莲花象征纯洁，兰花象征归隐。

9. 我们应该建立办事高效、运转协调、行为规范的行政管理体系。

10. 使生如夏花之绚烂，死如秋叶之静美。

五、翻译下列句子，注意使用转换法。

1. He is a **great drinker**.

2. Chinese people **cook dishe**s with good color, aroma and flavor, thus enhancing the enjoyment of the dining experience.

3. My son threw me a **quizzical** look, but I gave a **loud laugh.**

4. She recognized **the absurdity** of dealing with them through intermediaries.

5. Millions of the people in the mountainous areas are finally **off** poverty.

6. Vietnamese War is a **drain** on American resources.

7. I have **the honor** to tell you that you've won the prize.

8. The result has been widespread **layoffs** and plant closures in industrial countries.

9. We seek a **deep-rooted** understanding through the multiplication of our economic, cultural, scientific, technical and human ties.

10. 我的经历，对于那些太相信自己意见的人来说，应该是一个警告。

11. 托马斯·杰斐逊对美国的教育事业做出了巨大贡献。

12. 她虽没有完全失去镇定，一时却又找不出话可说。

13. 他会立即答复。

14. 我非常感激父亲，因为在我小时候他总是不断地鼓励我。

15. 执行当前政策的结果是人们每天的热摄取量有显著增加。

16. 如果你连续12个晚上都只睡6小时，这相当于血液中的酒精含量达到0.1%，表现为口齿不清、平衡不好以及记忆受损。

17. 工程设计是为发展人类所需工程而作决定的过程。

18. 我相信，人们虽然未必比以前还要不讲道德，但似乎要比以前更加不知羞耻。

19. 他身体虽弱，但心理健康。

20. 那个女孩以她的活泼和幽默给她未婚夫的亲戚们留下了极好的印象。

六、翻译下列句子，注意使用引申法。

1. He has many **hot potatoes** to handle every day.

2. He is a **rolling stone**. I don't think he can go far.

3. I don't have **skeleton in my closet.**

4. He thinks by all this fast talking and flattery he can **pull the wool over her eyes**, but she isn't deceived.

5. We have done so because it (education) gives full scope to the **flowering** of the human personality.

6. He was still reluctant to talk **substance.**

7. The **wolf** and the **pig** mingled together in his face.

8. Arabs **rub shoulders with** Jews, and have been doing so from the earliest settlement of their territories.

9. A growing number of parents complain that children nowadays always **live ahead of their salaries.**

10. All the **wit and learning** in this field are to be present at the symposium.

11. 他们只是在宴会上有一面之缘。

12. 他们**既往不咎**，重归于好了。

13. 我们应该**全心全意**地为人民服务。

14. **知足常乐**。

15. 但是母亲已经好多年没有走这条路了，她那**苗条的身段和宽健的步伐**也已一去经年。

16. 电子商务目前仍处在**发展初期**。

17. 这可是一次非常彻底的进攻战，**眉眼功夫和柔腔细调**都要用上的。

18. 这个事实解释了当今世界计算机得以**优先发展**的原因。

19. 然而，在一个其政治性论文以**论据充分、说服力强、影响面广**而著称的国家里，现在这样一个申明，严格地讲，预示着一场革命。

参考文献

Firth, J. Modes of meaning [A]. In J. Firth (ed.). *Papers in Linguistics 1934-51* [C]. Oxford: OUP, 1957.

Hatim, B. & I. Mason. *Discourse and the Translator* [M]. London: Longman, 1990.

Malinowski, B. *The Problem of Meaning in Primitive Language* [M]. New York, 1923.

Verschueren, J. *Understanding Pragmatics* [M]. Oxford: Oxford University Press, 1999.

包惠南，包昂. 中国文化与汉英翻译 [M]. 北京：外文出版社，2004.

陈宏薇，李亚丹. 新编汉英翻译教程 [M]. 上海：上海外语教育出版社，2004.

冯广艺. 汉语语境学概论 [M]. 宁夏：宁夏人民出版社，1998.

郭建中. 文化与翻译 [M]. 北京：中国对外翻译出版公司，2000.

胡庚申. 翻译适应选择论 [M]. 武汉：湖北教育出版社，2004.

利玛窦. 利玛窦中国札记 [M]. 北京：中华书局，1983.

梅晓娟，周晓光. 选择、顺应、翻译——从语言顺应论角度看利玛窦西学译著的
　　选材和翻译策略 [J]. 中国翻译，2008（2）：26-29.

潘文国. 汉英对比纲要 [M]. 北京：北京语言文化大学出版社，1997.

邵志洪. 汉英对比翻译导论 [M]. 上海：华东理工大学出版社，2005.

宋志平. 翻译：选择与顺应—语用顺应论视角下的翻译研究 [J]. 中国翻译，2004
　　（2）：19-23.

王佳娣.《几何原本》的术语翻译及其对汉语词汇的影响 [J]. 辽宁工业大学学报：
　　社会科学版，2014，16(3)：38-40.

王仲年（译）. 欧·亨利短篇小说选 [M]. 北京：人民文学出版社，1986.

谢天振. 翻译的理论建构与文化透视 [M]. 上海：上海外语教育出版社，2000.

许钧. 论翻译之选择 [J]. 外国语，2002（01）：62-69.

杨惠英. 维索尔伦的语用顺应论与翻译的选择和顺应 [J]. 兰州大学学报：社会科
　　学版，2012，40（2）：65-60.

杨自俭. 英汉语比较与翻译 [M]. 上海：上海外语教育出版社，2002.

第五章 习语的翻译

英汉两种语言是经过了几千年高度发展的语言，大量具有鲜明特色的习语的形成都来源于这悠久的历史和丰富的日常生活。由于英汉两种语言不同的人文历史、地理环境、生活习俗以及宗教信仰，形成了形式、内容各样的习语；这些习语各自承载了不同的文化内涵，具有不同的语言形式。有时同样字面意义、形象意义的话语篇章可能具有完全不同的隐含意义。因此，在习语的翻译过程中不仅要正确处理习语中的语言单位，还要正确处理其文化因素，即要同时处理语言和文化的矛盾，还要在目的语中找到语言结构和文化内涵均对称的表达方式，以此译出原文习语的形象、喻义、修辞以及民族特色和地域色彩，达到最大程度的文化交流。正所谓，习语的翻译在很大程度上是英汉两种语言所承载的文化的传递与融通；习语翻译的成败直接影响了文化交流与传播的程度。如此一来，译者就需要对两种语言所对应的文化有深刻的了解并从内心深处接受这些文化，这样才能在翻译时得心应手、左右逢源。朱光潜先生在《谈翻译》一文中说："……如果我们不熟悉一国的人情风俗和文化历史背景，对于文字的这种意义就茫然，尤其是在翻译时这种字义最不易应付。"因此不管是口译还是笔译，做一名深谙源语文化和译语文化的文化翻译者（cultural translator）才是最具有生命力的译者。

5.1 习语的分类及特点

习语，即习惯用语，是各民族语言中经过长期使用而提炼出来的固定的语言结构，包括词组、短语或短句，是语言中的瑰宝。习语的结构一旦形成，就不会因使用时间、使用场合乃至使用者的喜好而发生变化。从一定文化氛围中产生的习语与该文化及其传统具有广泛的和谐性，同时又反映了该文化与其他文化在自然地理环境、宗教信仰、社会风俗习惯等方面的文化差异性和相似性。由于其形成因素和发展特点，习语往往蕴含着丰富的文化信息，具有鲜明的形象和贴切的比喻，是民族特征和修辞手段的集中体现。它具有结构严谨、言简意赅、寓意深刻、形象生动、妙趣横生的特点，让人赏心悦目。广义的习语通常包括成语、谚语、格言、俗语、俚语、歇后语等。下面将主要介绍英汉两种语言中的成语、谚语、俚语以及歇后语。

5.1.1 英汉语言中的成语及其特点

无论在汉语抑或英语中，成语都是历时惯用法的产物，是经历了长期的约定俗成并见于典籍才流传、确定下来的，因此与特定的社会语境紧密相连。其共同特点是结构上的稳定性、语义上的相对独立性与完整性以及暗含的情态表达力。

（1）汉语成语

汉语成语是来自于经典著作、历史故事或人们的口头故事，语义凝练、结构严谨、形象生动，极具表现力的一种精粹的语言材料。它一般不能任意变动次序、抽换或增减其中的成分。成语的意思往往不是其构成成分意思的简单相加，而是隐含于字面意思之中。其形式以四字格居多，也有一些三字格和多字格的，有的成语甚至分成两部分，中间用逗号隔开。例如：

竭泽而渔	kill the goose that lays the golden eggs
雪中送炭	help a lame dog over a stile
胸有成竹	to have a card up one's sleeve
一根筋	one track-minded
败家子	a black sheep
老古董	a stick in the mud
拆了东墙补西墙	rob Peter to pay Paul
打开天窗说亮话	talk turkey
墙头草，两边倒	sit on the fence / straddle the fence

（2）英语成语

英语成语的基本要求跟汉语成语相同，历史传承、经久不衰，语言简洁生动，寓意深刻，词形固定。根据其特点，英语成语可以被分为两类。一类是平铺直叙的，既无很深的含义，也无难理解的典故，只是用词与搭配相对固定。例如：

at sixes and sevens	乱七八糟
go from bad to worse	每况愈下
a nodding acquaintance	点头之交
hold one's tongue	保持沉默
in black and white	黑白分明

另一类是有着相当明显的比喻意义，其中不少有着一定的历史或神话典故。例如：

tower of ivory	象牙之塔（比喻世外桃源）
a Judas kiss	犹大之吻（比喻背叛行为）
a lion in the way	可怕的障碍

eat no fish	诚实忠贞
a straw in the wind	征兆；苗头
a skeleton at the feast	扫兴的人或东西
call a spade a spade	直言不讳

5.1.2 英汉语言中的谚语及其特点

谚语是人类认识自然、社会和生活的普遍经验的规律性总结，具有传授经验和教训劝诫功能，流传于大众口头的话语。英汉谚语都具有如下特点：用词精炼、句式整齐；比喻生动、寓意深刻；音韵和谐、易于上口，单句讲究韵律，双句讲究对仗；文体非常口语化，读来朗朗上口，便于记忆流传。

（1）汉语谚语

汉语谚语是指民间集体创造、广为口传、言简意赅并较为定型的艺术语句。是人民群众丰富智慧和对长期生活经验的科学总结，有的则来自文学名著的警句妙语。例如：

① 滴水穿石。

Constant dropping wears the stone.

② 近朱者赤，近墨者黑。

Touch pitch, and you will be defiled.

③ 嘴上无毛，说话不牢。

Downy lips make thoughtless slips.

④ 失之东隅，收之桑榆。

What one loses on the swings one gets back on the roundabouts.

⑤ 留得青山在，不怕没柴烧。

As long as green hills remains, there'll never be a shortage of firewood.

⑥ 一个和尚挑水吃，两个和尚抬水吃，三个和尚没水吃。

One boy is a boy, two boys half a boy, three boys no boy.

（2）英语谚语

英语谚语有很大一部分来源于圣经，以格言或箴言的形式，总结生活经验，阐述做人的道理，因而在民间流传甚广，适当应用可以有效地增强语言的表达效果。例如：

① Like begets like.

龙生龙，凤生凤。

② A fall into a pit, a gain in your wit.

吃一堑，长一智。

③ The leopard can't change its spots.

江山易改，本性难移。

④ When Greek meets Greek, then comes the tug of war.

两雄相争，其斗必烈。

⑤ Empty vessels make the most noise.

满瓶不响，半瓶叮当。

⑥ A good medicine tastes bitter.

良药苦口。

⑦ He that sows the wind will reap the whirlwind.

玩火者必自焚。

5.1.3 英汉语言中的俚语及其特点

英汉两种语言中都存在大量的俚语，它们往往通俗易懂、朗朗上口，具有浓郁的地方色彩和生活气息，有的带有粗俗性，有的带有方言性。它经常使用于日常口头的交际活动中，也常出现在戏剧、电视、电影以及小说等文艺文学作品的人物对白中。一般来说，俚语可分为委婉语、赌咒语和粗俗语。

（1）汉语俚语

汉语俚语最初是以方言来定义的，而且也以劳动人民使用最多。它是民间非正式、较口语的语句，是百姓在日常生活中总结出来的具有较强地域性和生活化的词语。俚语中的委婉语运用得当，可使语言别开生面，推陈出新。汉语俚语中的赌咒语和粗俗语较多地使用日常生活中接触较多的鬼、狗、屁、妈、娘、奶奶、祖宗、孙子、蛋、刀、死等词语。例如：

了结尘缘	to pay the debt of nature
闭眼，合眼	to close one's eyes
身怀六甲	to be in a delicate condition
去洗个手	May I go to the bathroom please?
去方便一下	I am going to do my business.
不得好死！	Hang you!
挨刀货！	Blast you!
我要去就是王八蛋！	I'll be damned if I'll go!
他妈的，雨真大。	Blast it! What a heavy rain!

（2）英语俚语

英语俚语就是美国人或英国人生活里常用的一种非正式的语言，通常用在非正式的场合。英语俚语中的委婉语和汉语俚语相似，有关"死"、"怀孕"、"厕所"

等的比较常见。在赌咒语中，常使用"地狱"、"魔鬼"、"天堂"、"上帝"等词语。在粗俗语中，常使用与排泄物、性器官以及与被鄙视的人或行为有关的词语。在用不雅的俚语时一定要考虑到所用的场合和对象，最好不要随意使用。例如：

to **pass away**	与世长辞
to **go west**	归西天
to **wear the apron high**	有喜了
This is a **hell** of a place.	这个鬼地方！

（hell 原意为"地狱"、"阴间"）

| **Damn** it! | 该死的！/ 他妈的！/ 糟了！ |

（damn 原意为"'上帝'降罚"、"使入地狱"）

| You can go to the **devil**! | 你可以滚蛋了。 |

（devil 原意为"魔鬼"、"恶魔"）

| Don't talk **shit**! | 别胡说八道！ |

（shit 原意为"粪便"）

| Kill the **bastard**! | 宰了这个狗娘养的！ |

（bastard 原意为"私生子"）

5.1.4 汉语中的歇后语及其特点

歇后语是人们在生活实践中创造的一种特殊语言形式，为汉语所独有。它生动形象、诙谐幽默，常常起着一语惊人，令人拍案叫绝的修辞效果，因而为大众所喜闻乐见。汉语歇后语一般由前后两部分构成，前半部分是形象的比喻，像谜面，后半部分是注解说明，像谜底，十分自然贴切。汉语歇后语具有四个典型特征：1）结构的定型性，它由语面、语底组成，两部分多用破折号隔开，少数情况也有用逗号隔开或不分开；2）语义的融合性，语面的意义糅合在语底之中；3）语法功能的整体性，歇后语可以单独成句，也可以在句子中充当一个成分；4）独具风格的民族性，民族特色不仅在于这种表达方式在其他语种中鲜见，而且在于在语言素材上。从修辞的角度，歇后语可分为纯比喻式歇后语和比喻双关式歇后语。

纯比喻式歇后语的上下文所描写的事物有相通之处，前面是一个比喻，后面则是喻意，所作出的解释和说明同前面的比喻是完全一致的，不包含一词两意的双关语或谐音词语。例如：

① 瞎子点灯——白费蜡。

It is as useless as a blind man lighting a candle.

② 黄鼠狼给鸡拜年——不怀好意。

A weasel wishing Happy New Year to a chicken harbors no good intention.

③ 肉包子打狗——有去无回。

To chase a dog by throwing meat dumplings at it—you never expect it to return.

④ 竹篮打水——一场空。

Like ladling water with a wicker basket—all is empty.

⑤ 八仙过海——各显其能。

The Eight Immortals crossing the sea—each shows his or her special prowess.

比喻双关式歇后语也包含比喻，同时包含双关。它运用谐音或词语语义上的双关，通过联想来表达意思，其语言效果要通过联想来实现。例如：

① 咸菜烧豆腐——有盐在先（有言在先）。

Salted vegetables with bean curd—there is salt at the beginning. (pun)
(There are words beforehand. Note: In this expression, "言" (words)
and "盐" (salt) are homophones in Chinese.)

② 三十晚上贴 "福" 字——倒着贴。

Putting up the character "fu" on the New Year's Eve—putted upside down.
(Note: This refers to the traditional Chinese custom of putting up the
character "福" upside down to imply "福到了", which means your good luck
has arrived.)

③ 牛角抹油——又尖（奸）又滑（猾）。

Spreading oil on an ox horn—to make it sharper and more slippery or
cunning and treacherous.

④ 擀面杖吹火——一窍不通。

A rolling pin used as a bellows—no good at all.

5.2 文化差异及其在习语中的反映

文化是一个包括社会各个方面特点的复杂系统，它 "……包括知识、信仰、艺术、道德法律、风俗以及社会上的习惯。" 语言作为文化的承载者和文化内涵的主要表达形式和传播工具，反映了一个民族丰富多彩且相对稳定的文化；不同的语言又会反映不同的文化。在中国，鸳鸯是夫妻恩爱的代名词，故汉语里有 "只羡鸳鸯不羡仙" 的成语；英国人认为天鹅是夫妻忠诚的代表，故用Swan Love 来表示忠贞长久的爱情。英国人说 Can you see any green in my eyes?（你以为我是好欺负的吗？）因为英语中 green hand 被称作 "新手"，常常是 "老手" 们指使的对象。"龙" 是中华民族的象征，"龙" 是褒义词，故我们有 "龙飞凤舞"、"龙凤呈祥"、"龙腾虎跃"、"生龙活虎" 等。中国父母有 "望子成龙" 的愿望，但如果你在英国说 I hope that my son becomes a dragon，英国人肯定会认为你疯了，因为在英国传统文化中 dragon 是指"凶悍的怪物"。

英汉习语的文化差异主要反映在以下几个方面：

5.2.1 生活环境或生活习惯的差异

英汉两个民族的生存环境和生活习惯有着很大差异。英国是一个地处欧洲大陆西北部的岛国，面积狭小，四面环海，气候温和，形成了英国人保守的性格，语言和行为也喜欢与海或水有联系，这些特征在习语中都有反映。如：keep one's head above water（奋力图存），paddle one's own canoe（划自己的独木舟——自力更生），sell someone down the river（出卖某人/背叛某人），break the ice（打破僵局），burn bridges（过河拆桥），all at sea（不知所措），as right as rain（一切顺利），plain sailing（一帆风顺），between the devil and the deep sea（进退两难），while it is fine weather, mend your sail（未雨绸缪）等。中国虽然有很长的海岸线，但古代中国人的活动范围还是以陆地为主，人们的生活离不开土地，许多习语与农业相关，如："瓜熟蒂落"、"拔苗助长"、"斩草除根"、"瑞雪兆丰年"、"五谷丰登"、"面如土色"等。（潘正芹，2015）

再如英国人不喜欢别人窥视个人隐私，所以有 to have a skeleton in the cupboard（家有丑事或家丑不外扬）或 to wash one's dirty linen in public（家丑外扬）等。

西方人崇尚体育运动，因此在英语中有许多与体育有关的习语，如：the whole nine yards（几近成功），take one for the team（为了集体利益牺牲个人利益），the ball is in your court（你该行动了），swing for the fence（一举成功），get the ball rolling（开始行动起来），drop the ball（失职）等。

中国幅员辽阔、地大物博，形成了中华民族豪放的性格，且几千年来的儒家思想教育人尊老爱幼、积极上进、礼贤下士、忍让守规，因此有"海纳百川，有容乃大"、"天地悠悠"、"黄河之水天上来"、"扶老携幼"、"活到老学到老"、"流水不腐，户枢不蠹"、"满招损，谦受益"以及"三人行必有我师"、"三思而后行"、"凡事皆有其道"、"身正不怕影子歪"、"天网恢恢，疏而不漏"等经典习语。

5.2.2 文化习俗以及思想意识的差异

英汉文化习俗及思想意识的差异在习语中也有反映。汉语中有大量的关于狗的习语，如"狗奴才"、"狗腿子"、"狐朋狗友"、"狼心狗肺"、"狗仗人势"、"狗急跳墙"等，就连小孩游戏时也说"骗你是小狗"，狗的形象在中国人的眼里经常是奸诈、凶狠、低三下四的。在西方英语文化中，狗被认为是人类最忠实的朋友，因此英语中大量的关于狗的习语都多带有褒义，如形容人幸运用a lucky dog，big dog（大亨），top dog（优胜者），而dog tired是指人非常累，every dog has his day 指 "凡人皆有得意时"，let sleeping dogs lie 指 "往事不要再提"，love me love my dog意为 "爱屋及乌"。汉语中形容一个人很强健称之为 "力大如牛"，英语中则说as strong as a horse。从七仙女到月宫嫦娥，中国古代文化认为仙女是世界上最漂亮的，所以有 "她美若天仙" 这样的话，而西方文化中是没有天仙的，因此用she is as beautiful as Helen来指女人的美。汉语中经常用 "说曹操，曹操就到" 来比喻某人来得巧，而英语中戏谑地用devil指代：Speak of the devil and he surely comes。美国人崇尚棒球运动，因此用Go to bat for someone来表示 "去帮助某人"。长城是中国的一个象征，因而中国人用 "不到长城非好汉" 来表示成功做成某事的决心。

中国传统文化以胖为美并称此为 "富态" 或 "发福了"，而西方社会崇尚健美，fat是个贬义词，所以从来不说She is becoming fatter，却说She puts on spread或 She puts on her weight。中国人崇尚学习，即使年纪大了也要继续学，因此有 "活到老学到老" 的习语，而英语中却说can't teach an old dog new tricks（老人是学不会新东西的）。

5.2.3 生活习俗方面的差异

中西在生活习俗（包括饮食、服装、娱乐及艺术等）方面存在差异，因此与之相关的日常习语也会有所不同。面包（bread）、牛油（butter）、奶酪（cheese）、布丁（pudding）和馅饼（pie）都是英美人的家常食品，因此，围绕这些主要食品，英语中产生了许多相关的习语。例如bread and butter（谋生之道），butter both sides of one's bread（在同一时间从两件事中获益），butter up（巴结，讨好），quarrel one's bread and water（自砸饭碗），to take the bread out of someone's mouth（抢某人的饭碗），pie in the sky（渺茫的幸福，无法实现的计划），say cheese（笑一笑），sour grapes（聊以自慰的话），full of beans（精力旺盛的），salad days（没有经验的青少年时代；少不更事的时期）。在中国，主食以米食和面食为主，常见的有米饭、馒头、花卷、面条等，所以汉语中有 "巧妇难为无米之炊"、"生米煮成熟饭" 等俗语。我们把性格泼辣的人称 "小辣椒"，对某种技术略知一二的人叫 "半瓶醋"，"炒冷饭" 指重复已经说过的话或做过的事，"炒鱿鱼" 指解雇或开除某人。

5.2.4 政治科技方面的习语差异

中西价值观念不同：中国人讲求谦虚是美德，有 "王婆卖瓜，自卖自夸" 是对不谦虚的人一种讽刺，而西方人则对谦虚持否定态度，故有Modest dogs miss much meat（谦虚的狗没有肉吃）和 An excess of modesty obstructs the tongue（谦虚过分束缚舌头）。中国讲求"君子爱财，取之有道"，西方对金钱的态度比较直接，如 money talks（钱能通神）。中国推崇集体主义，如"一个篱笆三个桩，一个好汉三个帮"，西方则主张个人主义价值观，如 Every man for himself and God for us all（人人为自己，上帝为大家）。（潘正芹，2015）

5.2.5 宗教信仰方面的差异

在西方国家人们多信仰天主教或基督教，与此相关的习语也大量出现，如：God helps those who help themselves（天助自助者），out of this world（世间所无），snowballs chance in the heel（or when hell freezes over）（希望渺茫），cross one's heart（发誓），a land flowing with milk and honey（富饶之地，鱼米之乡）等。古代中国人多迷信鬼神，后来又有佛教的传入，因此这方面的习语大量出现，如："鬼使神差"、"借花献佛"、"阴差阳错"等。

5.2.6 历史典故的差异

英汉两种语言和文化都有着源远流长的发展历史，在其发展过程中形成了许许多多的典故，由这些典故形成的习语生动形象且寓意深刻，反映了特定历史时期和特定环境下人们的思想意识。如汉语里的叶公好龙、庖丁解牛、名落孙山、背水一战、画龙点睛、纸上谈兵、完璧归赵等。再如英语里的 the Trojan horse（特洛伊木马），the sword of Damocles（达摩克利斯之剑），to keep an ear to the ground（保持高度警觉），be a Diana（成为像戴安娜一样终身不嫁，奉行独身主义的女子），the Judgment Day（最后审判），Sphinx's riddle（斯芬克斯之谜），the fifth column（第五纵队），Domino effect（多米诺效应）等。

5.3 英汉习语的翻译方法

习语较之其他语言形式更能反映本民族的文化特色和语言风格，语言结构也相对固定。有些习语结构简单、意思明确，仅从字面就能知道其意义，如：expand one's horizons（开拓某人的视野），rolled into one（集于一身），pins and needles（坐立不安）等。对这种习语我们只要注意其语言风格，准确地译出原语字面意思即可。但更多的习语具有特殊的修辞特点、丰富的文化内涵及民族地方特色，除了字面意思外，译语还应准确地反映其隐藏的形象意义和比喻意义，如：make out a case for somebody（为某人进行辩护）等。对于含有典故的习语，如果字面意义难以反映其原语信息，在翻译时就应加上一定的解释让目的语的读者了解其来历，如：The car broke down on the way, so we had to travel by shank's pony（汽车中途坏了，我们只得骑两脚马走路了），注：pony 是英国的一种小马，步子很小，因此用 shank's pony 来形容人腿走路。

对于不同类型的习语，其翻译方法也应有所不同。有的用**直译法**直接保留原文表达方式；有的用**意译法**间接传达原文形象意义和隐含意义；有的使用**词语增减法**力求翻译的准确性；有的使用**加注法**以便目的语的读者更清楚习语的文化渊源；还有的用**直译意译综合法**使译文更符合目的语的语言使用习惯。但不论使用哪一种方法，译文对目的语读者都应产生与原文对源语读者相同的效果，这就是我们常说的对等效果。下面就几种习语的翻译方法作详细说明：

5.3.1 直译法

习语翻译中最理想的方式就是直译。直译既保留了原语的语言风格和字面意义，又延续了其形象比喻意义和地方民族特色，译语也符合目的语的语言表达习惯，易于理解。因此直译又分为语言形式的直译和形象意义的直译或者叫套用法。

把一个习语按其字面意思用目的语表达，保留了原文表达方式且不会使目的语读者产生歧义，这就是语言形式的直译。当然，有一些带有原语的特定文化内涵和民族地方特色的习语直译过来后须经过时间的考验慢慢地被目的语读者接受，融入到目的语语言体系中。例如：

① Barking dogs do not bite.　　　　　　　　吠犬不咬人

More haste, less speed (Haste makes waste).　欲速则不达

All roads lead to Rome.　　　　　　　　　条条大路通罗马

Time and tide wait for no man.　　　　　　岁月不等人

Strike while the iron is hot.　　　　　　　趁热打铁

Practice makes perfect.　　　　　　　　　熟能生巧

a gentleman's agreement　　　　　　　　　君子协定

A rolling stone gathers no moss.　　　　　滚石不生苔

be out at elbows　　　　　　　　　　　　捉襟见肘

pipe of peace　　　　　　　　　　　　　和平烟袋

fan the flames　　　　　　　　　　　　　煽风点火

go through fire and water　　　　　　　　赴汤蹈火

② I feel tired these days and really want to **take a weight off my shoulders**.

我这两天感觉很累，真想放下肩头重担（歇一歇）。

③ I think it's high time for you to **clean up your act**; all citizens are looking at you.

我想你该检点一下自己的行为了，所有的市民可都在看着你呢。

④ The shadow left to people's mind by **the cold war** is still there so far.

<u>冷战</u>留在人们心里的阴影至今仍然存在。

⑤ The return of Hong Kong to China **turned over a new leaf** in China's history.

香港回归在中国发展史上<u>翻开了新的一页</u>。

⑥ The Chinese basketball player Yao Ming is **making a noise in** American's basketball world.

中国篮球运动员姚明在美国篮球界<u>名噪一时</u>。

⑦ 水涨荷花高。

The lotus flowers grow taller as the water rises.

⑧ 独行快，众行远。

If you want to go fast, walk alone; and if you want to go far, walk together.

⑨ 一棵树挡不住寒风。

A single tree cannot block the chilly wind.

⑩ 大河有水小河满，小河有水大河满。

When big rivers have water, the small ones are filled, and when small rivers have water, the big ones are filled.

⑪ 中华民族历来爱好和平，自古就崇尚 "<u>以和为贵</u>"、"<u>协和万邦</u>"、"<u>四海之内皆兄弟也</u>" 等思想。

The Chinese nation loves peace and has, since ancient times, held high such philosophies that "**harmony is the most valuable**", "**peace and harmony should prevail**" and "**all men under heaven are brothers**".

⑫ "<u>远亲不如近邻</u>。" 这是中国人很早就认识到的一个朴素的生活道理。

Close neighbors are better than distant relatives. This is a simple truth that the Chinese people got to know in ancient times.

⑬ 那刘姥姥说道："嗳，我也是知道艰难的，但俗话说'<u>瘦死的骆驼比马大</u>'，凭他怎样，<u>你老拔根汗毛比我们的腰还粗</u>呢！"

"Ah," she cried, "I know what difficulties are. But '**A starved camel is bigger than a horse**'. No matter how, **a hair from your body is thicker than our waist**."

　　形象意义的直译是指有些习语在目的语中有与其比喻意义完全相同的习语，在内容和形式上都基本符合。对这种习语，译者必须了解源语习语的意思，然后在目的语中寻找对应的习语。例如：

① burst one's bubble　　　　　　　打破某人的幻想

be on thin ice　　　　　　　　　如履薄冰

fish in troubled waters	浑水摸鱼
in the middle of nowhere	前不着村，后不着店
Birds of a feather flock together.	物以类聚，人以群分
out of the pan and into the fire	刚出虎穴，又入狼窝
light at the end of the tunnel	一线希望
spill the beans	泄露机密
cut in the joke	插科打诨
a bolt from the blue	晴天霹雳
hang by a thread	千钧一发
hit the nail on the head	一针见血
have a bee in one's bonnet	胡思乱想

② 一贫如洗   as poor as a church mouse

     趁热打铁   Strike while the iron is hot.

     挥金如土   Spend money like water.

③ Things are so expensive nowadays that it is very difficult **to make ends meet**.

     如今物价很贵，我们很难维持生计。

④ Everybody here now **feels like a million dollars** and totally forgets the disasters happened that night.

     现在大家都忘记了那天晚上发生的惨剧，感觉到高兴无比。

⑤ This matter **is off the map**, so don't worry about it.

     这件事情无足轻重，不要担心。

⑥ Tom was warned that his job **was on the line** because of his lack of concentration for his duties.

     汤姆受到警告因为干活精力不集中，他的工作岌岌可危。

⑦ The president said, "**Great minds think alike.** So, I totally agree with your idea."

     校长说："英雄所见略同啊，我完全同意你的观点"。

在使用直译法翻译习语时，应注意以下几点：

第一，由于语言形式的多样性和灵活性，有时一个英语习语可能同时对应几个汉语习语，翻译时应根据上下文尽量选取最合适的。例如：While in Rome, do as Rome does. 可译成："入乡随俗"也可译成："到什么山上唱什么歌"或"见什么人说什么话"。Clothes make the man (woman). 可译成："三分长相，七分打扮"，也可译成："人靠衣服马靠鞍"或"好衣遮百丑"。

第二，有时一个汉语习语也可以找到几个对应的英语习语。例如：to be up in the air 和 to be left hanging 都可译为"悬而不决"；come down in bucket 和 come down in sheets 以及 rain cats and dogs 都可译为"倾盆大雨"或"瓢泼大雨"。

第三，由于文化背景或语言使用习惯的不同，英汉同义的习语经常会出现寓意一致，但寓体却有所不同的情况，有的甚至相差甚远。例如：A **cat** on hot **bricks** 译为"热锅上的蚂蚁"；It's no use crying over spoiled **milk** 译为"覆水难收"；Cast **pearls** before the **swine** 译为"对牛弹琴"。

5.3.2 意译法

习语翻译中如果不能保持源语的语言风格和寓意风格，即在目的语中找不到合适的同义或近义习语时，一般采用意译法翻译。意译法追求"达意"，就是抓住源语意欲表达的内容实质，牺牲其语言风格和形象寓体，尽量使译文通顺、自然、流畅，符合目的语语言使用习惯且忠实表达原文所隐含的内容。由于意译法不拘泥于源语语言形式，即不能沿袭源语的句法结构、词汇运用、形象比喻和其他修辞手段，因此翻译时应根据目的语的社会文化背景和语言习惯寻找对应的习语或其他语言表达形式。例如：

① 毛遂自荐   volunteer one's service

   杞人忧天   unnecessary anxiety

   初出茅庐   at the beginning of one's career

   朝三暮四   blow hot and cold

② The Jensens lost everything they own in the earthquake and now they have to **start from scratch**.

   詹森夫妇在地震中失去了所有财产，现在他们得<u>完全从头开始</u>。

③ The Nazis in Berlin became desperate and tried to **make hell** while the sun was shining.

   柏林的纳粹分子孤注一掷，趁末日到来之前要<u>蛮干一番</u>。

④ Jack wanted to buy a new suit but didn't have enough money, so he **settled for a new coat**.

   杰克本想买一套西装但钱不够，<u>只得勉强买了件外套</u>。

⑤ We still love each other very much, but we **fight like cats and dogs**.

   我们常<u>吵吵闹闹</u>，但仍很相爱。（尽管我们经常<u>吵闹</u>，但仍深爱对方。）

⑥ You should be on guard around him as **the dog that will fetch a bone will carry a bone**.

   你要警惕他，<u>对你说别人坏话的人也会说你的坏话</u>。

⑦ This is the letter you should have answered last week, but it **passed out of your mind**.

   这封信你本应上星期回，但你<u>忘得一干二净</u>。

⑧ When the doctor told him that he is a HIV carrier, he almost **didn't turn a hair.**

当医生告诉他是个艾滋病携带者时，他<u>显出一副不在乎的样子</u>。

⑨ Please don't **leave me high and dry** as I'm a new comer to this city.

我刚来这座城市，不要把我<u>丢在一边不管</u>。（我初来乍到，不要让我自生自灭）

⑩ You have been talking about repairing the roof for weeks now. Don't you think it is high time **got the ball rolling?**

你已经说了几周要修屋顶，难道你不觉得早就该<u>开始行动</u>了吗？

⑪ Although Teresa has always been an excellent student, her marks have been going down lately because she is **spreading herself too thin**.

特里莎一向是个优秀学生，但她最近学习成绩一直在下降，因为她<u>参加活动太多了</u>。

有许多习语带有明显的源语民族文化色彩，对带有目的语民族尚未接受的文化内涵或典故的习语，翻译时不能按源语意思把其形象比喻照搬过来，而应采用意译法转换其形象比喻，在目的语中寻找恰当的喻体或合适的语言表达形式。例如：

① More and more newspapers are trying to **pander** to people's vulgar tastes.

越来越多的报纸在努力<u>迎合人们的低级趣味</u>了。（pander 源于 Pandarus，莎士比亚戏剧 *Troilus and Cressida* 中的"淫媒"。）

② They **touched all bases** in their negotiation for a pay raise.

他们的加薪谈判<u>触及了问题的各个方面</u>。（touch all bases 意出"遍触各垒"即"触及问题各个方面"之意）

③ The news that the firm was closing down came as **a bolt from the blue** to the staff.

商行要倒闭的消息对该行职员来说<u>犹如晴天霹雳</u>。

④ **Even Homer sometimes nods**, so we should forgive him.

<u>智者千虑，必有一失</u>，我们应该原谅他。（古希腊诗人荷马被西方社会公认为智者。）

⑤ Among so many well-dressed and cultured people, the country girl **felt like a fish out of water**.

跟这么多穿着体面而又有教养的人在一起，这位乡下姑娘<u>感到很不自在</u>。（夹在这么多穿着得体且有教养的人们中间，这位乡下姑娘感到很不自在。）

⑥ George was reproached for not turning in his sales report, but his secretary **went to bat for him**.

乔治被指责其营业额没有达到销售报告中的数目，但他的秘书<u>替他解了围</u>。（棒球是美国人喜欢的一种运动，美国人用替某人击球来表示帮助某人。）

⑦ Over his career, Jordan captured 10 consecutive scoring titles. His **jumping ability at goal** was matched by **excellent court** and **team play**.

乔丹在其体育生涯中连续十次荣获最佳投手奖。他<u>投篮弹跳好，全场意识强，与队友配合默契</u>。（jumping ability at goal, excellent court 和 team play 也可用于其他体育项目，有时甚至可用于其他场合，如：The team play of our program members was highly praised by our instructor. 我们项目组成员的团队精神受到导师的高度赞扬。）

在翻译中，译语的确定与上下文语境有着很大关系，同一个习语在不同的语用意义中有可能存在不同的理解，因此译语也应有所不同。例如：

① Every two weeks while the congress is in session, I try to get back home to California to talk to people. This doesn't give much time to relax with my family, but I have **to keep an ear to the ground** and hear what voters are thinking about.

当国会举行会议的时候我每两个星期设法回加州一次去和当地的人进行交谈。我没有多少时间能和家人在一起，但我得<u>及时了解选民的想法</u>。

② I try **to keep an ear to the ground** and what I hear these days is that most people think we spend too much money on building roads and not enough on our schools.

我总是设法<u>注意</u>人们的想法。最近我听说大多数人认为我们在筑路上面化了太多的钱而用在办学上的钱却不足。

③ Jack always talks big about how great his team is and how bad they will beat my team on Saturday, so I asked him to bet $50 on who wins and see he **put his money where his mouth is.**

杰克老是吹嘘说他们球队有多好，星期六如何把我们的球队打得惨败。于是我让他拿出50美元来打赌看到底谁赢，看看是否<u>如他所说</u>。

④ The governor of our State talks about the need to improve public education but **puts no money where his mouth is**. He simply uses education as a reason to raise taxes but never intends to spend money on it.

我们的州长老是说有必要改进公共教育但并<u>没有实际行动</u>。它只是把教育作为增加税收的理由而从来没有想在这上面花钱。

5.3.3 词语增减法

增减法是指在习语翻译时为了完整的译出源语意思及隐藏的寓意或者去掉在字面上看来重复的或可以推理出的信息而在译语中增加或减少词语（有时还

要转换寓体）以求翻译的准确和精炼。例如：

① Where there is a will, there is a way.　　有志者，事竟成。（减）

　　Jack of all trades　　　　　　　　　　杂而不精，学无专攻（增）

　　Pale at…　　　　　　　　　　　　　　吓得面无血色（增）

　　have the world by the tail　　　　　　踌躇满志（减）

　　lose one's shirt　　　　　　　　　　　输得一干二净（增）

　　scratch someone's back　　　　　　　人人为我，我为人人（增）

② Don't trouble troubles before troubles trouble you.

　　不要自找麻烦。（减）

③ When the cats away, the mice will play.

　　山中无老虎，猴子称霸王。（增）

④ Martin sure **knows which side his bread is buttered on**. After the old boss is retired, he's been chasing after the new boss exactly the same way.

　　马丁可真<u>知道谁对他有用</u>，因此尽量地讨好老板。自从他以前的老板退休以后，他就跟以前一样的去拍新老板的马屁。（减）

⑤ Marry **was caught with her hand in the cookie jar** when she was reading her classmate's diary.

　　玛丽在偷看同学日记时<u>被当场抓住</u>。（减）

⑥ With the national debt getting so big, we ought to select some **penny-pinchers** to the congress next time instead of these guys who are so good at spending taxpayers' money.

　　随着我们国家预算赤字越来越大，下次我们应该选那些<u>花钱手头很紧的人</u>做我们的议员，而不要选那种善于把纳税人的钱大手大脚花掉的人。（增）

⑦ Shakespeare died almost four hundred years ago, but there are still a few people who believe Frances Bacon or somebody else was the **ghost writer** who really wrote all the plays which have Shakespeare's name on them.

　　莎士比亚大约四百年前就去世了，但如今仍然有些人认为莎士比亚的剧本实际上不是他自己写的，而是由弗朗西斯·培根或<u>其他什么人替他写的</u>。（增）

　　由于一些汉语习语结构对偶，音韵重叠，造成语义重叠，而英语中这种结构较少，因此在英译汉时，译者可将其语义重叠部分进行合并翻译，使译文简洁明了。

　　首先，汉语习语有很多是对偶词组，前后两对词组含义重叠，这时只将其中的一对译出，省略另一对即可。例如：

① 鸟爱其巢，人爱其家。

Every bird likes its nest.（汉语两句话通常是连同使用，表达的是同一个意思，翻译时可合而为一，简洁明了。）

② 她有着沉鱼落雁之容，闭月羞花之貌。

Her beauty would **put the flowers to shame**.

再者，汉语中有些习语用叠韵，有音韵之美，英语中少有这种叠韵，如"鬼鬼祟祟"只翻译成stealthily，"曲曲折折"只译成winding即可。又如：

③ 他写作业总是马马虎虎的。

He always did his homework **carelessly**.

此外，汉语中有些涉及数字的习语，使原本呆板的词语灵活多姿，像"一干二净"，"千变万化"等。翻译时译出真正的含义就行，因为英语中这种结构很少。例如：

④ 我的观点已经说得一清二楚了。

My point of view has been stated **as clear as daylight**.（"一清二楚"意为"清清楚楚"，可译为as clear as daylight或perfectly clear。）

⑤ 她心里七上八下的，不知怎么办才好。

She was so **agitated** that she didn't know what to do.

5.3.4 加注法

对于含有还没有被目的语读者接受或者目的语读者难以理解的源语典故或语言结构，在翻译时可采用加注的方式。加注语言应简明扼要，有助于读者理解源语习语的寓意及语境。例如：

① The company only paid **lip-service** to it's employees' request of raising their salary.

对于员工提出的增加工资的要求，公司只是口头上支持。（西方人把去教堂做礼拜叫做lip-service，因为只是嘴唇微动，指没有诚意的口头承诺。）

② She was **born with a silver spoon in her mouth**; she thinks she can do whatever she likes.

她生长在富贵之家，认为凡事都可以随心所欲。（be born with a silver spoon in one's mouth "叼着银羹出生"意为出身富贵。）

③ She passed out soon after drinking the **Mickey finn** Tom gave her.

她喝了那杯汤姆给的下了迷魂药的酒之后很快昏倒了。（Mickey finn是流传于美国的一种致人昏迷的蒙药。）

④ Don't **double-cross** your friend.

别出卖你的朋友。（二战时，英国军情六处设立了一个秘密机构，名为二十委员会，其目的就是欺骗德国，通过设法让俘获的德国间谍成为英国的双料间谍而向德国传递错误信息，被俘获的间谍也因此不能不出卖德国。因为罗马数字的"十"是X，所以"二十委员会"也被简称为double X，读作double cross，double cross作为"欺骗、出卖"的用法由此而来。）

⑤ The senator doesn't look too popular just now, but the **acid test** will be if he gets re-elected.

这个参议员目前似乎不是很受欢迎，<u>但决定性的考验</u>还是要看他能否再次当选。（acid test 这个习语源自美国加州淘金热时期。那时，人们通常用强酸来检验金属是否是金子，这种实验即 acid test（酸性实验）。所以，该短语表示决定性的考验。）

⑥ 四面楚歌

to be besieged on all sides（"楚" is the name of a state during the period of Warring States.）

⑦ 东施效颦

ugly woman trying to imitate a famous beauty knitting her brows—blindly copying others and making oneself look foolish（"东施" is an ugly woman in ancient China.）

⑧ 这和叶公好龙有什么两样？

What's the difference between that and **Lord Ye's love of dragons**?（叶公好龙：Lord Ye who claimed to be fond of dragons was scared out of his wits when a real one appeared.）

如果成语"叶公好龙"选择直译，显然无法让西方读者明白它的意思，应加注释叙述叶公好龙的故事，否则读者不可能理解此句的含义。

5.3.5 直译意译综合法

在翻译中我们常常碰到有些习语中的某一部分可以用直译法准确地翻译出来，而另一部分在目的语中却很难找到相应准确的表达方式，只能用意译法表达原文隐含内容，这时我们就要用直译意译综合法。在使用综合法时我们应注意，不能机械地把两种方法译出的习语的两个或多个部分割裂开来，而应把它们巧妙地融合在一起以使译文更加准确、更加符合目的语的表达习惯。例如：

① Who would imagine somebody like him could even graduate from college—deaf and dumb! Now he's going to America all by himself. **Nobody could feel more on top of the world.**

谁能想象像他这样又聋又哑的残疾人居然能从大学毕业。现在他自己一个人要到美国去了，没有人能比他更感到高兴的了。（习语中nobody could feel more采用直译，on top of the world采用意译，前后部分有机结合，表达自然流畅。）

② **I was frozen that I could recite the poem off the top of my head**, you know I totally didn't study for this English quiz.

我简直难以相信我能不加思索地随口背出那首诗来，你知道我根本就没有为这次英语课的测验好好念书。（句中I was frozen that...为直译，off the top of my head为意译。整个句子浑然一体。）

③ The mischievous kids **ran away like a bat out of the hell** after they broke the window glass of the old man.

打碎老人窗户上的玻璃后，这些调皮捣蛋的孩子们像闪电一样地逃跑了。（ran away like...为直译，而a bat out of the hell却是典型的意译，这是一个描写速度很快的习惯用语，用蝙蝠尽力地飞以逃脱地狱之火来形容逃离速度之快。）

译论谐趣：符号学与翻译

符号学作为研究符号及其意指作用的科学是在20世纪初由瑞士语言学家索绪尔（F. Saussure）基于语言符号具有社会性这一论断首先提出的。它的哲学渊源可以追溯到西方柏拉图和亚里士多德时代。亚里士多德的名言"口语是内心经验的符号；文字是口语的符号"便是其着力研究语言符号问题的有力佐证。符号学作为一门独立学科兴起于20世纪60年代的法国、美国、意大利以及俄国。目前，符号学正以强劲的发展势头向各个学科进行渗透，对符号学的认识与运用正在形成一种学科发展大趋势。从20世纪符号学的发展状况来看，符号学研究的方向大致可以分为三大类：语言学的、非语言学的和折中的。代表人物索绪尔、叶姆斯列夫（L. Hjelmslev）、巴特（R. Barthes）为第一类，即带有语言学倾向的符号学研究方向；皮尔斯（C. Pierce）、莫里斯（C. Morris）、西比奥克（T. Sebeok）为第二类，即一般符号学方向；艾柯（U. Eco）和其他一些符号学家则为第三类，即语言结构与非语言文化现象研究。

法国著名文学批评家、社会学家和符号学家巴特继承并发展了索绪尔的语言符号观，将语言符号的意义层级化。他强调文化指称过程：符号在意指一个特殊客体的同时，也指称一个由文化决定的二级符号意义。（巴特，1987）戈特迪纳（Gottdiener）认为这种二级的内涵意义正是社会符号学的研究中心。（Roshan de Silva Wijeyeratne, 1997）罗斯-兰迪（Rossi-Landi）认为社会符号学主要沿着两个脉络发展：泛社会符号学（Discursive socio-semiotics）和社会符号学（Social semiotics）。（C. Patrizia, 2009）前者由格雷马斯（A. J. Greimas）发展，后者以韩礼德为代表。

以韩礼德为代表的社会符号学理论是符号学研究在语言学领域取得的重要成果。韩礼德在20世纪60年代就涉及语言作为社会符号的问题，但直到20世纪70年代中后期，当韩礼德发表了 *Language and Social Man* (1974), *Sociological Aspects as Semantic Change* (1975)，*Text as Semantic Choice in Social Contexts* (1977)，*Language as Social Semiotic: The Social Interpretation of Language and Meaning* (1978)等一系列专著，并在 *Language as Social Semiotic: The Social Interpretation of Language and Meaning* 一书中系统论述了语言的社会符号性问题后，社会符号学才真正被提出。韩礼德将语篇、情景、语码、语域、语义系统和社会结构等六个概念作为社会符号学理论的重要组成部分，奠定了社会符号学理论的基础。霍奇（R. Hodge）和克莱斯（G. Kress）等人受韩礼德影响，不断发展和完善社会符号学理论。他们冲破文本和语言结构的限制，把社会结构、社会过程和信息等外部因素也纳入语言符号研究的范畴。

国内对社会符号学的研究相对较少，且没有形成系统。最早在1983年，胡壮麟发表了题为《韩礼德》的文章，主要介绍了韩礼德的生平及学术成就，文章中也有对社会符号学的简单阐述。随后，李基安在1985年发表《语言与社会，介绍韩礼德关于语言与社会之间功能关系的理论》的文章，主要介绍韩礼德社会符号学中语言与社会的关系，并指出韩礼德社会符号学对前人的理论的继承和发展情况。进入21世纪以后，国内学界对社会符号学的关注度不断提升，有关这一领域的研究也深入细致了很多。受韩礼德影响，很多符号学家从不同的角度将语言是社会符号这一思想用于相关符号学领域的研究。

社会符号学理论，作为20世纪70年代后期被正式提出的新兴学科，自提出以来，就被广泛地应用于语篇分析、应用语言学、教育学、儿童语言研究、广告、建筑等诸多领域。翻译，作为一种复杂的、高级的人类社会行为，从社会符号学的角度加以分析和研究，是学科发展的必然趋势。翻译的本质在于语际间意义的准确传达，即两种符号系统的转换和解释。符号学与翻译的结合，不仅从语言层面研究翻译，同时也将翻译行为置于社会文化背景下进行研究，不再追求传统翻译标准上的简单"对等"，而是在对源语和译入语进行文化对比的基础上尽可能地进行调整，使得译入语在目的语文化中产生的效果，与源语在源语文化中产生的效果最大限度地近似，达到翻译的深层等值。符号学应用于翻译，使翻译研究跨出了纯语言研究的范围而进入了一个更广阔的文化比较研究范畴，能够更全面系统地描写翻译中的非语言因素。同时，符号学强有力的逻辑性和解释力为翻译理论的发展提供新的理论视角，同时也对翻译实践有很大的指导和借鉴价值。

美国著名翻译理论家奈达以社会符号学理论为基础提出的"功能对等"理论，是较早提出从社会符号学角度研究翻译的学者，并在20世纪80年代明确提出了社会符号学翻译法。奈达（1982：13）在 *Translating Meaning* 一书中论述了文学翻译观、语言学翻译观、交际学翻译观和社会符号学翻译观的特点，并指出前三种翻译观的互补性以及对社会符号学翻译途径产生的影响。1983年，奈达在 *Style and Discourse* 一书中指出符号学中的语义三角关系对理解和传递话语的意义和风格有重要作用。1984年，奈达出版 *Signs, Meaning, Translating*，书中提出了翻译实际上就是符号活动的观点。为理解符号的意义，我们必须理解符号存在的系统。1986年，奈达出版 *One Language to Another*。在这本书中奈达总结了社会符号学翻译途径的优点，认为这种翻译研究方式不仅可以帮助我们理解和表达符号的指称意义，而且有助于我们了解符号的象征意义。因此，奈达认为社会符号学翻译途径与其他翻译途径相比更有优势。

国内，英语界对符号学、符号学翻译、社会符号学、社会符号学翻译法有较多关注。翻译的符号学研究在国内大致经历了三个时期（Wang Zhijiang，2007）：（1）1988年至1990年的起步时期。罗进德的"略论符号学的翻译观"，柯平的"文化差别与意义的不对等"，张亚非的"符号结构，文化差异和语际交际"等文章是这一阶段的代表之作；（2）1991年至1995年的发展阶段。柯平的"英汉与汉英翻译教程"以及一些文章证明了这一领域的发展；（3）1996年至2007年的相对系统研究阶段。蒋晓华、李明和王治江等的博士论文、大量教材的编写以及一些硕士论文的撰写在该领域取得了不菲成绩。柯平在1997年的《论翻译理论在翻译教学中的地位和作用》论文指出了社会符号学翻译理论的优势，并提出了社会符号学的翻译原则。陈宏薇教授在《新实用汉译英教程》（2006）中以奈达的社会符号学翻译法为基础提出了社会符号学翻译理论，并确定"意义相符，功能相似"为该理论的标准。其他翻译理论家如金阝、谭载喜等也对社会符号学翻译理论的推广与发展作出了应有的贡献。

从社会符号学角度看，翻译是一种社会符号行为。翻译即翻译意义，包括言内意义、指称意义和语用意义。意义往往体现一定的功能，社会符号学翻译涉及的功能指的是彼特纽马克的语言六功能和韩礼德提出的语言的三种元功能。纽马克提出的是语言符号的信息功能（information function）、美感功能（aesthetic function）、表情功能（expressive function）、意动功能（vocative function）、应酬功能（phatic function）和元语言功能（metalingual function）；韩礼德提出的是语言符号的概念功能（ideational function）、人际功能（interpersonal function）和谋篇功能（textual function）。由于翻译不可能实现完全等值，在实际翻译中往往要根据不同情况对意义进行取舍，决定哪种意义优先传达，哪种次之，而哪种意义不译。上述各种意义和功能的实现与否涉及一系列翻译手段问题，如直译法、意译法、补偿法等。

直译法。人类的思维具有共性的一面，大部分语言符号都能在目的语言中找到它们的所指对象。译者要注意研究源语语符和目的语语符之间是否存在等值的语形、语义和语用符号。从最低的语音到最高层的篇章结构，其间还有词、词组、句子、段落等，在句法意义、联想意义、修辞意义和不同语境下的语用意义方面是否可以达成等值关系。不同文化中都有一些社会文化符号拥有相同或相似的字面意义、形象意义、隐含意义和语义功能，翻译时可以采用直译法，使译作表达直接、生动、易于理解，令人印象深刻。例如：

a drop in the ocean 沧海一粟

Easy come, easy go. 来得容易，去得快。

Appearances are often deceptive. 人不可貌相。

Out of sight, out of mind. 眼不见，心不烦。

易如反掌 as easy as turning over one's hand

打草惊蛇 to beat the grass and startle the snake

初生牛犊不怕虎。New born calves make little of tiger.

有些习语在内容和形式上都相符合，不仅有相同的意义和修辞色彩，还有相同的或大体相同的形象比喻，对此可以采用**套译法**。例如：

Walls have ears. 隔墙有耳。

Once bitten, twice shy. 一朝被蛇咬，十年怕井绳。

a drop in the bucket 九牛一毛

To laugh off one's head. 笑掉大牙

新官上任三把火。A new broom sweeps clean.

本末倒置 Put the cart before the horse.

风烛残年 have one foot in the grave

以其人之道还治其人之身 to pay back in his own coin

但鉴于源语言和目的语言之间的文化差异和思维方式的差异，许多所指对象在两种语言中的表达方法也有很大差别，语言符号有时不能正确地表达其所指对象。如中国的红茶，英语国家说 black tea；中国的"稻米"一词，不管是稻粒、秧苗、米，或是米饭，西洋人一概称之为 rice。在翻译这一类语言符号时，必须区别对待，寻找对等的符号，以真实地转达原文的所指对象。

当直译有困难或目标语读者无法理解时，通常采用**意译法**。这就要求译者在翻译时抓主舍次，抓住内容和喻义，牺牲形象，结合上下文，灵活地传达原意，践行"形相远而意相近"的翻译原则。例如：

Opinion rules the world. 人言可畏。

Never make two bites of a cherry. 一气呵成。

A word spoken is past recalling. 一言既出，驷马难追。

All good things must come to an end. 天下没有不散的筵席。

一寸光阴一寸金 Time is money.

人面兽心 a wolf in sheep's clothing

直译意译兼用法。在英汉习语翻译过程中，为了弥补直译和意译的不足，译者可同时兼用直译法和意译法来翻译习语。一方面采用直译以保留原文的形象符号，又可兼用意译来补充说明，从而更加清晰地传达原文含义。这种方法适用于直译不足以明理、意译又失其特色的习语。例如：

Make hay while the sun shines. 趁着晴天晒干草，勿失良机。

Many words hurt more than swords. 刀剑伤人犹可医，恶语伤人不好医。

搬起石头砸自己的脚。Lifting a rock only to have his own toes squashed.

不到黄河心不死。Until all is over ambition never dies.

语言是人类交际的工具，也是思维的工具。尽管人类的思维具有共性的一面，但思维方式则因所处的地域和文化环境不同而具有很大的差异。这种地域和文化的差异相应地也会反映到语言中来。在翻译中，译者常常会遇到所指对象在目的语中找不到对等的转换符号。这时，译者就必须向目的语中引进这些词的所指对象，创造出这些词的等值符号，用以帮助目的语读者理解这些所指对象。如在当前中国国内流行一种购物方式，即"去实体店体验衣物之后用更少的钱在网上购买"，最初在英语中是找不到相对应的语言符号。后来，有人在英语中创造出showrooming一词作为等值词语符号，简洁明了地表达了这一社会行为的指称意义。

有些习语有浓厚的民族色彩、地方色彩或具有典故性质。翻译时，译者在翻译时需要加注，这样才能把原文意思表达清楚，这就是**增词加注法**。例如：

① There is no rose without a thorn.

没有不带刺的玫瑰。（世上没有十全十美的幸福；有乐必有苦）

② Bad workmen often blame their tools.

拙匠常怪工具差。（不会撑船怪河弯）

③ 飞蛾投火

a moth darting into a flame——bring destruction upon oneself/seek one's own doom

④ 杳如黄鹤

leave like the yellow crane——leave never to return/gone for ever

⑤ 姜太公钓鱼，愿者上钩

like a fish rising to Chiang Tai Gong's hookless and baitless line—willingly fall into the snare

⑥ 守株待兔

to stand by the stump and waiting for a hare (Note: Once upon a time there was a peasant who saw a hare run into a tree stump and die of a broken neck. He had a feast of the hare and since then left his plow behind and waited by the stump for another hare.)

在利用社会符号学分析具体翻译问题部分，主要涉及以下问题：习语翻译、数字翻译、人物姓名或绰号翻译、广告语翻译、电影片名翻译、文学作品翻译比较评析、双关语翻译、借词翻译等。总体来说，都是围绕奈达提出的社会符号学翻译法中涉及的意义与功能两大主题，并依据陈宏薇教授给社会符号学翻译理论设定的"意义相符，功能相似"标准，对翻译实例进行比较分析。根据翻译目的和翻译材料的不同，译者对意义有所取舍，对功能有所侧重，使译文与原文尽量在某一层面上做到等值。

译例赏析

原文

桃花源记
陶渊明

晋太元中，武陵人捕鱼为业，缘溪行，忘路之远近。忽逢桃花林，夹岸数百步，中无杂树，芳草鲜美，落英缤纷；渔人甚异之。复前行，欲穷其林。林尽水源，便得一山。山有小口，仿佛若有光，便舍船，从口入。初极狭，才通人；复行数十步，豁然开朗。土地平旷，屋舍俨然。有良田美池、桑竹之属，阡陌交通，鸡犬相闻。其中往来种作，男女衣着，悉如外人；黄发垂髫，并怡然自乐。见渔人，乃大惊，问所从来；具答之。便要还家，设酒杀鸡作食。村中闻有此人，咸来问讯。自云：先世避秦时乱，率妻子邑人来此绝境，不复出焉；遂与外人间隔。问今是何世？乃不知有汉，无论魏晋！此人一一为具言所闻，皆叹惋。余人各复延至其家，皆出酒食，停数日，辞去。此中人语云："不足为外人道也。"

既出，得其船，便扶向路，处处志之。及郡下，诣太守，说如此。太守即遣人随其往，寻向所志，遂迷，不复得路。南阳刘子骥，高尚士也，闻之，欣然规往。未果，寻病终。后遂无问津者。

译文

The Peach Colony

During the reign of Taiyuan of Chin, there was a fisherman of Wuling. One day he was walking along a bank. After having gone a certain distance, he suddenly came upon a peach grove which extended along the bank for about a hundred yards. He noticed with surprise that the grove had a magic effect, so singularly free from the usual mingling of brushwood, while the beautifully grassy ground was covered with its rose petals. He went further to explore, and when he came to the end of the grove, he saw a spring which came from a cave in the hill. Having noticed that there seemed to be a weak light in the cave, he tied up his boat and decided to go in and explore. At first the opening was very narrow, barely wide enough for one person to go in. After a dozen steps, it opened into a flood of light. He saw before his eyes a wide, level valley, with houses and fields and farms. There were bamboos and mulberries; farmers were working and dogs and chickens were running about. The dresses of the men and women were like those of the outside world, and the old men and children appeared very happy and contented. They were greatly astonished to see the fisherman and asked him where he had come from. The fisherman told them and was invited to their homes, where wine was served and chicken was killed for dinner to entertain him. The villagers hearing of his coming all came to see him and to talk. They said that their ancestors had come here as refugees to escape from the tyranny of Tsin Shih-huang (builder of Great Wall) some six hundred years ago, and they had never left it. They were thus completely cut off from the world, and asked what was the ruling dynasty now. They had not even heard of the Han Dynasty (two centuries before to two centuries after Christ), not to speak of the Wei (third century A.D.) and the Chin (third and fourth centuries). The fisherman told them, which they heard with great amazement. Many of the other villagers then began to invite him to their homes by turn and feed him dinner and wine. After a few days, he took leave of them and left. The villagers begged him not to tell the people outside about their colony.

The man found his boat and came back, marking with signs the route he had followed. He went to the magistrate's office and told the magistrate about it. The latter sent someone to go with him and find the place. They looked for the signs but got lost and could never find it again. Liu Tsechi of Nanyang was a great idealist. He heard of this story, and planned to go and find it, but was taken ill and died before he could fulfill his wish. Since then, no one has gone in search of this place.

——林语堂 译

译者简介

　　林语堂，中国现代著名作家、学者、翻译家、语言学家。1895年生于福建漳州平和县坂仔镇一个基督教牧师家庭。原名和乐，后改玉堂，又改语堂。早年留学美国、德国，获哈佛大学文学硕士、莱比锡大学语言学博士。回国后在清华大学、北京大学、厦门大学任教。曾任联合国教科文组织美术与文学主任、国际笔会副会长等职。林语堂于1940年和1950年先后两度获得诺贝尔文学奖提名。曾创办《论语》、《人世间》、《宇宙风》等刊物，作品包括小说《京华烟云》、《啼笑皆非》。散文和杂文文集《人生的盛宴》、《生活的艺术》以及译著《东坡诗文选》、《浮生六记》等。1966年定居台湾。1976年在香港逝世，享年80岁。

　　林语堂汉英双语的造诣都非常深厚，且深谙东西方文化背景，其译作达30多部，翻译作品的研究价值也备受推崇。林语堂的翻译风格以简洁明快著称。他有时避开艰涩难懂的中文词句，用入情入理、简单直接的手法作出合理优美的诠释，既能抓住原文的神形，又能让英语读者一目了然。

译文分析

　　《桃花源记》描绘了一个世外桃源，一个没有阶级、自给自足、和平恬静、自得其乐的社会，是人们所追求和向往的一种理想社会，也反映出人们对当时现实的不满与反抗。这篇经典的文言文翻译难度较大，需要在深入理解的基础上进行翻译，体现原文的语言之美、音律之美和意境之美。

　① 标题的翻译：《桃花源记》中的"源"字本意是"水源"，古代还有"水中平原"之意。按照原文所写，渔人忽逢桃花林，欲穷其林，在林尽水源的山里发现了一个与世隔绝的地方、一个祥和的社会。"桃花源"所指的就是这个地方，喻指避世隐居或理想中的美好地方。林译使用The Peach Colony，colony意为a group of settlers, a separate or separated group，显

然以"桃花源人"为中心的。该翻译很简单，只三个单词就达到了言简意赅的效果。

② 一般来说，英语重形合，汉语重意合。汉语的逻辑关系可以通过某些特定词汇或者语序表达。尤其在古文中，字字凝练，连接词出现的情况较少，其连接隐性特征明显；但根据英语句法，独立的句子间需要使用明确的连接词进行衔接，其连接词显性特征明显。《桃花源记》的原文中很少出现表现转折、对比、因果等逻辑关系的连接词，但是读者能从句义和语序中了解句与句之间的逻辑关系，因此在将原文翻译中英文时，译者要根据需要，加入表不同显性逻辑的关系词，如and，but，or，if，where，while等。林译本不仅贴近原文风格，同时用词丰富，句式结构紧凑，逻辑性更强，表达精准。

③ 缘溪行，忘路之远近。忽逢桃花林，夹岸数百步，中无杂树，芳草鲜美，落英缤纷。

After having gone a certain distance, he **suddenly** came upon a peach grove which extended along the bank for about a **hundred yards**. He noticed with surprise that the grove had a magic effect, so singularly free from the usual mingling of brushwood, while **the beautifully grassy ground** was covered with its **rose petals**.

此处第一句翻译，林语堂对于"忘路"的翻译似乎有所省略，第二句中用了suddenly准确地再现了渔人的惊异，使之与前文"忘路之远近"相呼应。这种文字处理使译文简练，语言衔接流畅。

此处第二句描写桃花源的外景，平中见奇，淡中藏美。原文用平实的语言，仅用22个字，就从溪岸、地面、空间、树丛、草、花、视觉、嗅觉等不同的角度和层次勾画出桃源的自然美。"夹岸数百步"有的译者将其翻译为hundred footsteps和hundred paces，将"步"准确为"脚步"，但原文中的"步"，即古代一步等于五尺，因此，林语堂的译本处理hundred yards就比较接近和精确。"落英缤纷"形容落花纷纷飘落的美丽情景，身临其境的感受这种情境，桃花飘落是一个动态的过程，而林译用ground作为主语，动态画面的美感稍弱。"芳草鲜美，落英缤纷"这八个字的翻译，林译将两句合为一句，做了相应的删减整合，更加简洁凝练，具有高度的概括力，十分贴近陶渊明简单质朴的风格。

④ 黄发垂髫，并怡然自乐。

… and the **old men** and **children** appeared very **happy and contented**.

"黄发垂髫"使用了借代的修辞手法，用事物的局部或特征来代替整体。"黄发"指老年人头发由白转黄，旧时长寿的象征，后指老人。古代童子未冠者头发下垂称"垂髫"，后指儿童。这两句话的意思是指儿童老人和小孩都怡然自乐，眉宇谈吐之间都充满喜悦之情。译文直接取其所指义，采取意译法，将黄发译成old men，"垂髫"译成children，意思表达准确无误简洁明了。"怡然自得"形容安适愉快而满足的样子，突出桃花源人满足淡然的心态，将其译为happy and contented最能表现怡然自得的两层意思。

⑤ 见渔人，乃大惊，问所从来。

They were greatly astonished to see the fisherman and asked him where he had come from.

原文主语缺省，在翻译时需要译者正确理解原文，添加"主语"——"They"，且林译中句子组织紧凑，语言表现力强。

⑥ 复前行，欲穷其林。林尽水源，便得一山。山有小口，仿佛若有光，便舍船，从口入。初极狭，才通人；复行数十步，豁然开朗……

原文字句简练，句式组织简练，以四字语句较多，音律整齐，朗朗上口。汉语重意合，英语重形合。为了译文更符合英语读者的语言习惯，译文中在句式表达呈现方面也是有同有异，如：..., and when he came to the end of the grove, he saw a spring which came from a cave in the hill. Having noticed that there seemed to be a weak light in the cave, ... 译文完全以"渔人发现"为中心，偏重于叙事，使用了多个同义动词。

⑦ 有良田美池，桑竹之属，阡陌交通，鸡犬相闻。

There were bamboos and mulberries; farmers were working and **dogs and chickens were running about**.

"阡陌交通"的"阡"是指南北走向的田埂，简称"纵向"田埂；"陌"是指东西走向的田埂，简称"横向"田埂。原文是说道路四通八达，交错纵横。林语堂选择了省略翻译，但此处应是关键信息，不应做此处理。crisscross是一个比较合适的表达。

"鸡犬相闻"的本意是：村落间鸡鸣狗叫的声音，彼此都可以听见。但陶渊明在此表达的是一种安宁的生活环境，一派和谐友好的生活景象。翻译过程中如果采用语义翻译，鸡鸣狗叫的声音对于普通英美的读者或许会产生一种"负面的"破坏宁静的印象，这是文化和语言背景的差异造成的。而详尽的注解也完全没有必要，反而破坏阅读的连贯性。所以此处林语堂的交际翻译是一种比较合适的处理，这种"模糊化"处理偏重于叙事，淡化了描写，排除了不必要的歧义，可以使国外读者达到相似的阅读感受。

⑧ 自云先世避秦时乱，率妻子邑人来自绝境，……问今是何世，乃不知有汉，无论魏晋。

They said that their ancestors had come here as refugees to escape from the tyranny of **Tsin Shih-huang (builder of Great Wall)** some six hundred years ago, and they had never left it. …, and asked what was the ruling dynasty now. They had not even heard of the **Han Dynasty (two centuries before to two centuries after Christ)**, not to speak of the **Wei (third century A.D.) and the Chin (third and fourth centuries)**.

原文中涉及"秦、汉、魏、晋"等朝代，对不了解中国历史的英语读者来说，这无疑会成为理解的障碍。林语堂出生于一个基督教家庭，父亲为教会牧师。后来进入上海圣约翰大学。熟知中西文化，并善于处理翻译中的可接受性。此段翻译涉及中国古代纪年法，即使是中国人也不一定轻易理清，何况译者又是面对国外人。因此，此处林语堂使用直译加耶稣基督纪年法的方式，拉近了与译文读者的距离，某种程度上减少了不同语言产生的文化差异，也是语义翻译和交际翻译相互结合的范例。林译也充分考虑了读者的接受，将"秦时乱"具体化为"秦始皇的暴政"，并借助世人皆知的 Great Wall，消除读者的陌生感。此处林语堂先生的译本较其他译者译本最为简洁，所用字数最少。

练习

一、翻译下列习语。

1. To be at the end of one's rope
2. To look for a needle in a haystack
3. To get the short end of the stick
4. Between a rock and a hard place
5. To put on air
6. To part company with someone
7. To pass out off one's mind
8. To make out a case for someone
9. To have a hand like foot
10. To take a cat nap
11. Birds of a feather flock together
12. Cost someone an arm and a leg
13. To get off on the wrong foot
14. To make a mountain out off a molehill
15. To know somebody like a book
16. To string someone along
17. To put all one's eggs in one basket
18. To stick one's neck out
19. Practice makes perfect
20. To go in one ear and out the other
21. To be at one's fingertips
22. More haste, less speed
23. Toot one's own horn
24. Keep someone's nose out of
25. Taste like cardboard
26. 狼吞虎咽
27. 挥金如土
28. 东施效颦
29. 海底捞月
30. 惩恶劝善
31. 昭君出塞
32. 残阳如血

33. 勇往直前

34. 天赐良缘

35. 画饼充饥

36. 隔墙有耳

37. 夜以继日

38. 理直气壮

39. 孤掌难鸣

40. 不劳而获

41. 入乡随俗

42. 纸上谈兵

43. 安然无恙

44. 红白喜事

45. 望子成龙

46. 守株待兔

47. 一见如故

48. 大智若愚

49. 美丽谎言

50. 马屁精

二、翻译下列各句，注意粗体部分的翻译。

1. I have **a good ear** for "Moonlight" by Debussy.

2. I was **on pins and needles** before I hadn't got her news.

3. What the teacher told you just now is **off the record**.

4. What he has said just now is totally **out of thin air**.

5. He is the only one who knows the secret, but now he has **kicked the bucket** before telling anyone else about it.

6. All the problems they met were really **monkey on their backs**.

7. Jonny is a hot temper person, if one says something he doesn't agree with, he will start a loud argument **at the drop of a hat**.

8. It **made my blood boil** when I heard that he spoke ill of me behind my back.

9. Don't **teach a fish how to swim**, I have been in this field for more than 30 years and know how to cope with it.

10. That seaman works hard, but he will never **set the Thames on fire**.

11. Harry is working hard to **butter up the boss** to get that promotion.

12. I'm going to wait for Mary to come home even if I have to stay up all night! I am going to **give her a piece of my mind** she'll never forget!

13. Many young people are fond of **a leap in the dark**.

14. Mr. John is an **American China trader**.

15. I won't be deceived by **her banana oil**.

16. A former senator from Massachusetts named Paul Tsongas was the first Democrat to **throw his hat in the ring** for this year's presidential election.

17. She is a person that always **bites the hand that feeds her**.

18. All his classmates said that he is the **cock of the walk**.

19. Don't **make yourself a mouse, or the cat will eat you**.

20. The policemen asked him to make a statement **in black and white**.

21. I've **been beating my brains out** all weekend trying to figure them out, but I'm still not sure I understand them.

22. I'm just **spinning my wheels** here in this company but there's no chance to get a pay raise, much less a promotion.

23. I won't ever forgive my older brother—he **turned his back on** me and refused to lend me any money when I lost my job.

24. If my brother-in-law hopes to borrow any more money from me, he will be **barking up the wrong tree**.

25. Wait until you hear my new marketing plan—it'll **knock your socks off**!

26. Bill always has **a card up his sleeve**, so whenever faced up with a puzzle, he could find a way.

27. The **ins and the outs** quarreled with one another about the general election.

28. This matter is **off the map**, so don't worry about it.

29. The news that the firm was closing down came as **a bolt from the blue** to the staff.

30. You have been talking about repairing the roof for weeks now. Don't you think it is high time **got the ball rolling**?

三、翻译下列汉语习语。

1. 机会人人有，全靠自己抓。

2. 三个臭皮匠，顶个诸葛亮。

3. 智者千虑必有一失。

4. 巧妇难为无米之炊。

5. 鱼和熊掌不可兼得。

6. 家丑不可外扬。

7. 泥菩萨过江，自身难保。

8. 天有不测风云。

9. 不入虎穴，焉得虎子。

10. 站得高，看得远。

11. 双鸟在林不如一鸟在手。

12. 萝卜青菜，各有所爱。

13. 君子动口不动手。

14. 说曹操，曹操就到。

15. 多一个朋友，多一条路。

16. 瓜熟蒂落，水到渠成。

17. 知人知面不知心。

18. 与人方便，手有余香。

19. 眼不见，心不烦。

20. 事后诸葛亮。

21. 不到黄河心不死。

22. 一木不成林。

23. 君子一言，驷马难追。

24. 山中无老虎，猴子称霸王。

25. 狭路相逢勇者胜。

26. 她们也正像你一样朝三暮四。

27. 善有善报，恶有恶报；不愁不报，时间未到。

28. 对他所记载的内容再增添任何东西都是画蛇添足。

29. 先生大名，如雷贯耳，小弟献丑，真是班门弄斧了。

参考文献

Halliday, M. A. K. *Language and Social Man* [M]. London: Longman, 1974.

Halliday, M. A. K. *Language and Society* [M]. Beijing: Beijing University Press, 2007.

Halliday, M. A. K. *Language as Social Semiotic: The Social Interpretation of Language and Meaning* [M]. Beijing: Foreign Language Teaching and Research Press, 2003: 24.

Halliday, M. A. K. *Language as Social Semiotic: The Social Interpretation of Language and Meaning* [M]. London: Arnold, 1978.

Halliday, M. A. K. Notes on transitivity and theme in English (Part2) [J]. *Journal of Linguistics*, 1967 (7).

Hodge, R. I. V. & G. Kress. *Social Semiotics* [M]. Cambridge: Polity Press, 1988.

Newmark P. A. *Textbook of Translation* [M]. London: Prentice Hall International (UK) Ltd, 1988.

Newmark, P. A. *Approaches to Translation* [M]. Oxford: Pergamon Press, 1981.

Nida, E. & C. Taber. *The Theory and Practice of Translation* [M]. London: E. J. Brill, 1974.

Nida, E. *et al. From One Language to Another: Functional Equivalence in Bible Translating* [M]. Nelson: Nashville, 1986.

Nida, E. *Style and Discourse* [M]. Cape Town: United Bible Societies, 1983.

Nida, E. *Translating Meaning* [M]. California: San Dimas, 1982.

Patrizia, C. Language in soda reproduction: Sociolinguistics and Sociosemiotics [J]. *Sign Systems Studies*, 2009 (1).

Wang Zhijiang. *A Sociosemiotic Approach to Translation* [M]. Beijing: Foreign Languages Press, 2007: 19-25.

巴特（董学文，王葵译）. 符号学美学 [M]. 沈阳：辽宁人民出版社，1987.

包惠南. 文化语境与语言翻译 [M]. 北京：中国对外翻译出版公司，2001.

陈宏薇. 跨文化交际视野中的翻译研究方法——社会符号学翻译法 [A]. 面向21世纪的译学研究 [C]. 北京：商务印书馆，2002.

陈宏薇. 社会符号学翻译法研究 [J]. 青岛海洋大学学报（社会科学版），1996（3）.

陈宏薇. 新实用汉译英教程 [M]. 武汉：湖北教育出版社，2006.

丁建新. 叙事的批评话语分析：社会符号学模式 [M]. 重庆：重庆大学出版，2007.

冯庆华. 实用翻译教程 [M]. 上海：上海外语教育出版社，2001.

高建坤. 汉语歇后语及其翻译 [J]. 科技信息，2011（22）.

郭鸿. 现代西方符号学纲要 [M]. 上海：复旦大学出版社，2008.

郭熙煌. 社会符号学的理论基础与应用 [A]. 符号与符号学新论 [C]. 南京：东南大学出版社，2006.

胡壮麟. 巴赫金与社会符号学 [J]. 北京大学学报（哲学社会科学版），1994（2）.

胡壮麟. 韩礼德 [J]. 国外语言学，1983（2）.

胡壮麟. 社会符号学研究中的多模态化 [J]. 语言教学与研究，2007（1）.

胡壮麟. 走近巴赫金的符号王国 [J]. 外语研究，2001（2）.

胡壮麟等. 系统功能语法概论 [M]. 长沙：湖南教育出版社，1989.

华韵. 语言经纬 [M]. 北京：商务印书馆，2005.

黄国文. 社会符号学理论中的"语篇"概念 [A]. 符号与符号学新论 [C]. 南京：东南大学出版社，2006.

黄晖. 符号学综述——评《符号学的诸方面》[J]. 外语教学与研究，1988（2）.

李基安.语言与社会——介绍韩礼德关于语言与社会之间功能关系的理论[J].外国语，1985（3）.

李军，韩晓玲.常用英语习语翻译与应用[M].青岛：中国海洋大学出版社，2003.

刘宓庆.当代翻译理论[M].北京：中国对外翻译出版公司，1999.

潘正芹.中英习语和典故文化比较研究[J].长江大学学报（社科版），2015.

汪福祥.汉译英中的习语翻译[M].北京：外文出版社，2007.

张扬.试论汉语歇后语的翻译[J].南京理工大学学报（社会科学版），2014，27（2）.

第六章　句子的翻译

　　句子是语言符号系统中的基本单位。在翻译理论研究和翻译实践中，句子常常被视为翻译的基本单位或翻译过程中的转换单位，在翻译过程中起着举足轻重的作用。本章在翻译等值理论研究的框架下，按照英汉语言基本句式结构分类，从英汉语言对比研究的视角探讨了句子层面的英汉互译理论、方法和策略。

6.1 英语否定句的翻译

　　汉语中的否定概念通过词汇手段来表达，否定句带有否定词的标记，如"不、无、否、莫、没、勿、毋"等，以及由这些字组成的词语，如"决不、毫无、并非、未尝"等。同汉语一样，英语表达否定概念通常也借助于词汇手段。可以用来表达否定概念的词汇通常有：

（1）否定词：no, not, none, never, neither, nor 等。例如：

Money is **not** everything.

金钱并非万能的。

（2）具有否定意义的词语如hardly, scarcely, seldom, barely, few, little等。例如：

Oliver could **scarcely** see anything in front of him.

奥利弗几乎看不见他前面的任何东西。

（3）由前缀no-, non-, in-, dis-, un-, im-和后缀 -less 等组成的具有否定意义的词语。例如：

My bike was **nowhere** to be found.

我的自行车到处也未找到。

（4）其他含有否定意义的词语及词组：

第一，动词如lack, fail, deny, miss, exclude, run short/out of, keep/stop/refrain/prevent (from), (get) rid of 等。例如：

Please **refrain from** spitting in the public places.

请不要在公共场合吐痰。

第二，名词如absence, exclusion, lack, want, failure, ignorance, denial等。例如：

A vacuum which is the **absence of** matter cannot transmit sound.

真空中没有物质，不能传播声音。

第三，形容词如absent, missing, ignorant, gone, free/far/save from, short of, exclusive of等。例如：

He is often **absent from** work, so he is laid off by the firm.

他经常不去上班，所以被公司开除了。

第四，介词如beyond, without, above, except, save, but, in vain等。例如：

It's **beyond** my expectation!

真没想到啊！

第五，连词如before, unless, (other) than, or等。例如：

Before I could protest, he got to his feet.

我还没来得及抗议，他已经站了起来。

除过词汇手段之外，英语通常还借助于句法手段来表示否定概念。如more... than..., other than..., rather than..., would rather than..., know better than...等结构。在这类结构中，连词than引出意义否定的部分。另外，一些习惯用语或者相当于习惯用语的特殊结构也具有否定意义，例如：

① He is **more** stupid **than** mad.

　　说他疯了，不如说他蠢。

② His proposal is **out of the question**.

　　他的提议是不可能考虑的。

③ I will do anything **but** that.

　　我决不会做那件事。

④ This equation is **far from** being complicated.

　　这个方程式一点也不复杂。

⑤ He's **too** young **to** take care of himself.

　　他年龄太小，照顾不了自己。

⑥ Catch me doing that!

　　我才不会干那事呢！

由于中国人和以英语为母语的英美人在否定的思维上存在许多共通之处，英语否定句翻译成汉语时，多半仍以否定形式表达。但由于英汉民族思维方式及英汉语表述角度的差异，在有些情况下往往需要有肯定式与否定式的灵活转换，才能保证译文准确达意，晓畅自然。

6.1.1 英语否定句译成汉语肯定句

① The doubt was still **unsolved** after his repeated explanation.

　　经他一再解释，疑团仍然<u>存在</u>。

② Some people can eat what they like and **get no fatter**.

有些人爱吃什么就吃什么，<u>照样瘦</u>。

③ He took **no little** pain over it.

他在这上面费了<u>很多力</u>。

④ **Don't lose time** in posting this letter.

<u>赶快</u>把这封信寄出去。

⑤ Such a flight **couldn't long** escape notice.

这类飞行<u>迟早</u>会被人发觉的。

⑥ It's **nothing less than** robbery to ask for such a high price.

要价这么高，<u>简直是抢劫</u>。

6.1.2 英语肯定句译成汉语否定句

① Sometimes we **are forced to** tell white lies.

有时我们<u>不得不</u>撒善意的谎。

② I have read your article; I **expect to meet** an older man.

拜读了你的大作，<u>没想到</u>你这样年轻。

③ Time is what we want most, but what, alas, many use **worst**.

时间是我们最缺少的，但可叹之至，偏偏许多人<u>最不善于</u>利用。

④ This explanation is pretty **thin**.

这种解释很<u>不充分</u>。

⑤ We believe that the younger generation will prove **worthy of** our trust.

我们相信，年青一代将<u>不会辜负</u>我们的信任。

英语常通过一些无否定标记，却含有否定意义的词语来表达否定概念。这类句子形式肯定，但意义否定。译成汉语时，通常译成否定形式。例如：

① Such a chance was **denied** (to) me.

我<u>没有</u>得到这样的机会。

② He is **above** blame.

他<u>无可</u>指责。

③ The lecturer spoke **above** the heads of his audience.

讲演者讲得太深奥，听众听<u>不懂</u>。

④ The guerrillas would rather fight to death **before** they surrendered.

游击队员们宁愿战斗到死也决<u>不</u>投降。

⑤ It was **beyond** his power to sign such a contract.

他<u>无权</u>签订这样的合同。

一些惯用结构表示的形式肯定，意义否定的英语句子通常也翻译成汉语否定句。例如：

① Mind your own business.

　　不要管闲事。

② He got **more** nerve **than** brain.

　　他有勇无谋。

③ I'm **wiser than** to believe what you call money talks.

　　我还不至于蠢到相信你说的金钱万能的话呢。

④ I'm *at* **my wit's end** to keep this child quiet.

　　我实在没办法让这孩子安静下来。

6.1.3 英语双重否定句的翻译

与汉语双重否定句一样，英语双重否定句也表达肯定的意义，而且其感情色彩更加浓厚，肯定的语势更加强烈。英语双重否定句翻译成汉语时，一般还是译成双重否定形式。例如：

① He will **not** do it for **nothing**.

　　他不会无缘无故做这件事。

② You **cannot** make egg rolls **without** breaking eggs.

　　不打破鸡蛋，就无法做出蛋卷来。（谚语：有失才有得。）

③ We **can't** afford **not** to believe it.

　　我们不得不相信这是真的。

但许多英语双重否定句，译成汉语肯定句却更加自然，更符合汉语的表达习惯。例如：

① There is **no** rule that has **no** exception.

　　任何规则都有例外。

② It **never** rains **but** it pours.

　　不雨则已，雨必倾盆。

③ There is **no** machine **but** will lose energy when in motion.

　　所有机器在运转时都要损失能量。

④ **No** one has **nothing** to offer to society.

　　人人都可以为社会奉献点什么。

⑤ It is **impossible but** that a man will make some mistakes.

　　人不可能不犯错误。

⑥ **Hardly** a month goes by **without** word of another survey revealing new depths of scientific illiteracy among U.S. citizens.

美国公民科学知识匮乏的现象日益严重，这种调查报告<u>几乎月月都有</u>。

⑦ **Nothing** is so beautiful **but** it betrays some defect on close inspection.

再漂亮的东西，只要仔细查看，<u>总会</u>发现某种缺陷。

⑧ She **never** came **without** reporting some fresh instance of Wickham's extravagance or irregularity.

她每次来的时候，都<u>会</u>讲些有关威克汉姆豪华奢侈生活的新鲜事。

⑨ In one broadcast Anna Roosevelt, the wife of President Franklin Roosevelt, said, "We **cannot** be **too** tired **to** win peace if our civilization is to go on."

富兰克林·罗斯福总统的夫人安娜·罗斯福有一次在广播中说，"如果想使战后的文明持续下去，我们付出多大的艰辛争取和平也<u>在所不惜</u>。"

6.1.4 容易误译的否定结构

由于英汉民族思维方式以及对于否定概念表述习惯的差异，英语中有些否定结构不能按照字面意思直译成汉语。翻译这类句子，正确理解是关键。往往需要仔细斟酌，方能避免掉入"望文生义"的陷阱而误译。

（1）否定的转移

① All grapes are **not** sweet.

<u>并非</u>所有的葡萄都是酸的。

② I **don't** think he is qualified.

我认为他<u>不</u>够格。

③ I **didn't** happen to be at home.

我碰巧<u>不</u>在家。

④ I **don't** teach because teaching is easy for me.

我教书<u>并非</u>因为教书对我很容易。

⑤ The engine **didn't** stop because the fuel was finished.

引擎停止运转<u>并非</u>因为燃料耗尽了。

⑥ Africa is **not** kicking out Western imperialism in order to invite other new master.

非洲将帝国主义踢出国门<u>并不是</u>为了请进其他新的主子。

（2）看似否定，实则肯定。

① He **didn't half** like the girl.

他<u>非常</u>喜欢那姑娘。

② She **couldn't** have come at a better time.

她来得正是时候。

③ I **couldn't agree with you more**.

我完全赞同你的看法。

④ If that **isn't** what I want!

我要的就是这个呀！

⑤ He **can't see you quick enough**.

他想尽快和你见面。

（3）It be + adj. + n. + that...

① **It is a good workman that** never blunders.

智者千虑，必有一失。

② **It is an ill wind that** blows nobody good.

坏事未必对人人都有害处。

③ **It is a good horse that** never stumbles.

好马也有失蹄时。

④ **It is a wise father that** knows his own child.

再聪明的父亲也未必了解自己的孩子。

6.2 长句的翻译

长句的翻译一直是英译汉中的重点和难点。英汉两种语言的长句不仅在定义上不同，还在结构上和组织上很不相同。

6.2.1 英汉句式区别

（1）定义不同

英语的句子是指一个表达完整的意思的，在书面上用句号、问号、感叹号结束的语言片断。包括 simple sentence, compound sentence, complex sentence 和 complex-compound sentence.

汉语的句子是指口头上有较大停顿的，在书面上用句号、问号或者感叹号结束的语言片断。大致分为三种汉语长句，口语化明显的、硬译过来的和吸收古今中外特点的。

（2）结构上的区别

英语长句呈现出一种树形结构，即在英语中，主干结构突出，主谓宾突出，表达复杂思想时，往往开门见山，句中的主语和主要动词这两根巨栋先树立起来，再运用各种关系词把定语从句及其他短语往这两个巨栋上挂靠。英语是形合语言，往往以整驭零。

汉语长句呈现出一种竹形结构，即在汉语中，动词使用频繁。在表达一些较复杂的思想时，往往借助动词，按动作发生的顺序，或逻辑顺序，逐步交代，层层展开，给人以舒缓明快之感，犹如一根竹子，一节节连下去。汉语没有主干结构，因此就没有主干与枝丫之分、竹节可多可少，由语音凝结在一起，有团块性，由于汉语不存在主干，在扩展时会引起结构的不断变化。

6.2.2 英汉长句翻译技巧

（1）调整句子的形态与逻辑

英语习惯于用长的句子表达比较复杂的概念，而汉语则不同，常常使用若干短句，作层次分明的叙述。例如：

I had spent a long day on a hired mule before the mail carrier who had been my guide pointed to a cabin on the far side of a stream, mutely refused the money I offered, and rode on.

我雇了一头骡子，邮差权充向导，骑了一整天，然后他指着河边的一幢木屋，我给他钱，他默然拒绝，径自骑骡走了。

译句按动词时间先后组织句子，不拘泥于原句主语。打破了原文的形式，用汉语的逻辑组织句子，使句子逻辑清晰、流畅。

（2）调整空间顺序

汉语句子往往由大到小，从上到下，按照一定的空间顺序排列。而英语还是考虑句子的形式结构多一些。故在英译汉时，要注意重新调整叙述描写的空间顺序，以适应中文读者的阅读习惯和阅读期待。例如：

Strolling unescorted at midday past a major concentration of the huts just a block from the city's Central Avenue, I nonetheless saw many signs of occupation.

中午，导游没有陪我，我独自漫步街头，在中央大道附近发现了一个很大的棚户区，很明显，许多茅棚都住着人。

（3）调整句子的重心

在表达较复杂的思想时，英语往往开门见山，以谓语动词为核心，借助大量反映形式关系的连词、介词、关系代词、关系副词、非谓语动词等进行空间搭架，把各个分句有机地结合起来。汉语句子中，语法结构往往是隐性的，寓于语义结构中。在表达复杂思想时，常常借助动词，按时间顺序、逻辑顺序、因果顺序，逐步交代，层层铺开，而不允许颠三倒四，前挂后连。基于这种句法差异，英语句子往往呈现首中心的特点，汉语句子则呈现尾中心的特点。例如：

The era of blatant discrimination ended in the 1960s through the courageous actions of thousands of blacks participating in peaceful marches and sit-ins to force Southern states to implement the Federal desegregation laws in schools and public accommodation.

20世纪60年代，成千上万的黑人参加和平示威游行和静坐，经过英勇卓绝的斗争迫使南方各州实施联邦政府关于在学校和公共场所废除种族隔离的法律，从而结束了公然歧视黑人的年代。

通过对句子首重心的调整，把句子按照时间因果顺序排列，句子重心后移，符合汉语行文的习惯。

（4）协调整体

英语中有许多由主句和从句组成的复杂句，有的为主—从结构，有的为从—主结构，而汉语则几乎是将所有原因、条件、时间等完全摆在前面，往往只有一条路可走，干净利索。例如：

There was little hope of continuing my inquiries after dark to any useful purpose in a neighborhood that was strange to me.

这一带我不熟悉，天黑以后继续进行调查，取得结果的希望不大。

该句可分为三部分：There was little hope/continuing my inquiries after dark to any useful purpose/in a neighborhood that was strange to me. 第一、二层次是表示结果，第三层次表示原因，按照中文的表达习惯，常把原因放在结果前面。这句英语长句的叙述层次与汉语逻辑相反，因此要打破原句的结构，按照汉语造句的规律重新加以安排。

（5）镶嵌分合

英语中有的句子很长，为了符合汉语表达习惯，我们常常把英语长句拆开来翻译，成为若干短句。这样做既准确表达出原意，又使译文通顺流畅。这种翻译方法叫做分译法。分译的目的是化长为短、化整为零，消除译文的阻塞；分译后的译文必须连贯，有整体感。例如：

I was on my way home from tramping about the streets, my drawings under my arm, when I found myself in front of the Mathews Gallery.

我夹着画稿，在街上兜了一番，回家的路上无意中发现自己逛到了马太画廊的门口。

上句英语长句的叙述层次与汉语逻辑相反，因此要打破原句的结构，按照汉语造句的规律重新加以安排。

以上是对英汉两种语言中长句的比较和一些翻译规律的总结和介绍。总之，在英译汉时，要注意汉语语言的逻辑思维习惯和表达习惯，对原文作适当的调整。

6.3 被动句的翻译

英语中被动语态的使用范围极为广泛，尤其是在科技英语中，被动语态几乎随处可见，凡是在不必、不愿说出或不知道主动者的情况下均可使用被动语态，英语原文的被动结构，我们一般采取下列的方法：

（1）译成汉语主动句

第一，原句中的主语、谓语不变，译文中没有表示被动的标志，如"被"、"把"等，形式上是主动句，表达被动意义。例如：

① Other questions **will be discussed briefly**.

其他问题将<u>简单地加以讨论</u>。

② In other words mineral substances which are found on earth **must be extracted** by digging, boring holes, artificial explosions, or similar operations which make them available to us.

换言之，矿物就是存在于地球上，但须<u>经过挖掘、钻孔、人工爆破或类似作业才能获得</u>的物质。

③ Roman was not built in a day.

罗马不是一天建成的。

第二，将英语原文中的主语翻译为宾语，同时增补泛指性的词语（人们，大家等）作主语。例如：

Science is often referred to as a double-edged sword, increasing our wealth and comfort while leaving people in fear of potential dangers.

<u>人们常认为科学</u>是把双刃剑，增长财富和带来安逸的同时，也使人们恐惧着潜在的危险。

第三，译成带表语的主动句。例如：

① The decision to attack **was not taken lightly**.

进攻的决定<u>不是轻易作出</u>的。

② The whole system of the American government **is based on** the principles established in the Constitution and Bill of Rights.

美国政府的整个体制<u>是</u>以宪法和《人权法案》确立的原则为基础的。

第四，含主语从句的被动句型译为主动句。例如：

Market forces, which attempt to reward good performance, **are seldom used to** determine pay in the higher education sector.

市场机制本来是奖励良好业绩的，却<u>很少用于</u>决定高等教育领域的收入高低。

第五，以 it 作形式主语的英语句子，翻译时常要转为主动形式，有时可加上"有人"、"大家"、"我们"等不确定主语。例如：

① **It** is well known that natural light is actually made up of many colors.

<u>众所周知</u>，自然光其实是由许多种颜色构成的。

② **It** could be argued that the radio performs this service as well, but on television everything is much more living, much more real.

可能有<u>人</u>会指出，无线电广播同样也能做到这一点，但还是电视屏幕上的节目要生动、真实得多。

（2）译成汉语被动句

为了强调被动动作或突出施动者时，英语中的许多被动句可以翻译成汉语的被动句。常用"被"、"给"、"遭"、"挨"、"为……所"、"使"、"由……"、"受到"等表示。例如：

a）汉语句中有"被"、"遭受"等词。

① His passport **was confiscated by the police**. 他的护照<u>被警方没收了</u>。

② Our roof **was damaged** in the last night's storm.

在昨夜的暴风雨中，我家的屋顶<u>遭到了破坏</u>。

b）译成"为……所"的结构。

① The late 1960s was a period of revolt against traditional values. Parents' ideas **were scorned by their children**, who accused them of being too concerned with money.

20世纪60年代后期是对传统观念造反的年代。父母的想法<u>为孩子们所不齿</u>；孩子们指责他们过于看重金钱。

② The books **are written for the children**.

这些书是为孩子们所写。

c）译成“把”、“使”和“由”字句。

The plan is going to **be examined first by the research group**.

计划将先由研究小组加以研究。

d）翻译成汉语的无主句。

① By this procedure, different honeys **have been found** to vary widely in the sensitivity of their inhibit to heat.

通过这种方法分析发现不同种类的蜂蜜的抗菌活动对热的敏感程度也极为不同。

② An hour per day for taking exercise **must be guaranteed**.

必须保证每天锻炼一个小时。

综上所述，英语被动句多数情况下译成汉语的主动句，只有在特别强调被动动作或特别突出被动句才译成汉语被动句。我们要选一种既符合汉语习惯，又保持上下文连贯的译法。同时，既要注意语态转换的一般规则，也要注意其例外情况，有的被动语态形式已习语化了，更是不可忽视的。

译论谐趣：翻译等值理论再述

翻译标准的问题历来都是翻译理论和翻译实践的核心问题之一。在从源语到目标语的语际转换过程中，译者采取何种标准进行语码转换，译作的读者及评论者又以什么样的标准来评价衡量译作，这些问题都是中外翻译理论研究的核心问题和议题。中国译界，自上个世纪严复提出“信、达、雅”三原则以来，对这个问题也进行了积极的探讨，傅雷强调“神似”，钱钟书讲求“化境”，刘重德提出“信、达、切”，许源冲则提出“音、意、形”的三“美”准则等。但当时中国翻译理论研究对于类似于翻译等值的标准研究还是缺乏较精确的描述与分析。正是在这种情况下，自20世纪80年代中期以来，西方现代翻译理论中的对等、等值、等效等理论开始被引入中国翻译界，引起了热烈的讨论。“翻译等值”这一概念立刻给中国译界的翻译理论研究，特别是翻译标准的研究，开拓了新的视角。有的研究者认为等值理论应当成为衡量译作的可靠标准，并设计了15个层面上的等值；（吴新祥、李宏安，1984）有的研究者则持否定态度，认为“由于出发点的错误，以等值为中心而进行的翻译研究不仅无法阐明翻译中的许多问题，而且还歪曲了翻译的基本问题”，因而主张“‘等值’一词不宜用于翻译研究”；（吴义城，1994）还有的学者认为等值、等效与“信、达、雅”实际上差不多，主张东西方的翻译理论可以“融合”。（劳陇，1990）面对种种争论，究竟如何正确看待、理解翻译等值的内涵、价值和作用，从而确定科学的翻译标准，对翻译理论的发展和翻译实践的提高都有着重大的理论意义和现实意义。

（1）等值理论溯源

翻译的等值理论在西方虽然可以说是现代语言学派翻译理论研究的成果，但其历史渊源可以追溯到18世纪。1789年，坎贝尔（George Campbell）把词义与用词目的联系起来进行探讨，有学者认为这就是"灵活对等"等理论的先导。（谭载喜，1991）他和泰特勒提出了大致相同的三个原则，即：1）译作完全复制出原作的思想内容；2）译作尽量移植原作的风格和手法；3）译作应和原作一样流畅。这些研究结论事实上已经涉及了等值论的内容。后来，俄国文学家斯米尔诺夫（А. А. Смирнов）进一步提出了"等同翻译"的概念："译文要能够传达作者的全部意图（包括经过他深思熟虑的，也包括他无意识的），即作者在对读者产生一定的思想感情上的艺术作用这个意义上的全部意图，而且要尽可能地（使用准确的对应物或较为满意的替代物/替换物）保全作者所运用的形象、色彩、节奏等全部表达手段"。（张今，1987）这一论述明确涉及等值和等效概念，已初具现代等值论的雏形。现代第一个明确提出等值概念的是俄国翻译理论家费道罗夫。1953年他在《翻译理论概要》一书中，修正了"等同翻译"的概念，提出了"翻译等值"的理论。他认为，"翻译就是用一种语言把另一种语言在内容和形式不可分隔的统一中所业已表达出来的东西准确而完全地表达出来"。（张今，1987）他认为，译文和原文之间完全可以建立确切对等的关系，而翻译等值"就是在作用上、修辞上完全准确表达原文的思想内容"。（费道罗夫，1955）随后，这一理论被巴尔胡达罗夫所继承和发展。巴尔胡达罗夫（Barkhudarov）在1975年发表的《语言与翻译》一书中主张可以在音位、词素等六个层次上建立等值翻译，译者在翻译时要根据具体情况在相应的层次上选择翻译单位，以期达到等值。

（2）雅克布逊的"翻译等值"与卡特福德的"形式等值"和"篇章等值"

在西欧，雅克布逊（R. Jakobson）在1959年发表的《论翻译的语言学问题》（On Linguistic Aspects of Translation）中首先提出了"翻译等值"。他从符号学的视角指出翻译是"对两种不同语符中的对等/等值信息"的重新编码过程，以及"差异中的对等/等值（equivalence in difference）是语言中的根本问题，也是语言学的关键课题"。"差异中的等值"揭示了翻译语际间的不对称关系，"传达等值信息"正是翻译行为的真正核心。"对等信息"的概念，也就是后来的等值概念。

随后，卡特福德（J. C. Catford）在1965年在《翻译的语言学理论》（A Linguistic Theory of Translation）一书中提出了意义的不可传递性和"篇章等值"（textual equivalence）。他认为意义是特属于语言的某种属性，语言不同，意义就无法传递。意义的不可传递性决定了形式意义无法传递。但他认为"等值"是可以建立在上下文基础上的。他进一步划分了两种等值：形式等值（formal equivalence）和篇章等值。"形式等值"就是目标语中任何一个与源语中源语信息所占地位相同的语法范畴，强调原语和目标语之间形式上的对应；"篇章等值"是目标语中的任何文本材料或文本材料的一部分在某种特定的情况下，与源语中的文本材料或文本材料的一部分等值，（Catford，1965：27）同时把翻译在层次上分为完全翻译和有限翻译。卡特福特的理论为从语言学角度创建科学系统的翻译理论做出了贡献，具有积极作用，但他没有考虑超出语言的因素（即文化因素）对翻译造成的影响。他的这些理论在西方语言学界和翻译理论界引起了很大的反响。

（3）奈达的"动态对等"到"功能对等"

随着翻译理论的不断发展以及与其他学科如交际学、信息论、符号学的互相渗透，许多翻译理论家开始从交际学途径研究"翻译等值"，认为翻译就是交际，是两种语言之间传递、交流信息的一种方式，其最著名的代表人物当属美国的语言学家和翻译理论家奈达。奈达从现代语言学的角度出发，结合交际理论、信息论、读者反应论，把研究重心从比较原文与译文转移到比较原文读者和译文读者的反应上来，为翻译理论研究提供了一个全新视角。奈达在1964年出版的《翻译科学探索》（*Towards a Science of Translating*）一书中首次提出"动态对等"翻译观。所谓动态对等翻译，是指"译文接受者和译文信息之间的关系，应该与原文接受者和原文信息之间的关系基本相同"。（1964：159）在动态对等翻译中，译者所关注的不再是原语信息和译语信息的一一对应关系或"形式对等"；这种强调译文在语言形式诸因素上与原文保持一致的观点，其结果往往使译文晦涩难懂。1969年，在与塔伯（C. R. Taber）合著的《翻译理论与实践》（*The Theory and Practice of Translation*）一书中，奈达进一步提出，动态对等首先是意义对等，其次是文体对等。奈达特别重视读者反应，认为翻译的服务对象是读者或言语接受者，要评判译文质量的优劣，必须看读者对译文的反应如何："译文接受者对译文的反应应与原文接受者对原文的反应基本上相同"（1969：12，200）。奈达强调对等翻译的主要原则就是"译文读者能以与原文读者基本相同的方式理解和欣赏译文"。"动态对等"的提出解决了译界长期以来"直译"与"意译"之争，认为译者应着眼于读者来考虑原文的意义和精神，而不拘泥于原文的语言结构。他的这两本翻译专著《翻译科学探索》（1964）及《翻译的理论与实践》（1969）是从语言学的角度阐述翻译理论。1981年，奈达与威廉·雷伯恩的合著《语义跨文化》出版，这标志着奈达已从语言学翻译法转向交际学翻译法。（陈宏薇，1996）奈达后来在《从一种语言到另一种语言：论圣经翻译中的功能对等》一书中把"动态对等"改为"功能对等"（functional equivalence）。其基础是等效原则。他在书中解释道，用"功能对等"意思更清楚，没有动态对等那么容易引起误会，且"它可以突出翻译的交际功能"。（1986：viii）他指出，翻译时应处理好形式对等和功能对等的关系。当语言形式与功能发生矛盾时，应该改变原文形式，以译文信息和交际功能对等为目的，重组信息，重建形式和语义结构，保意义而舍外形。到20世纪90年代，奈达把语言、文化差异考虑其中，结合社会语言学和社会符号学的观点，进一步完善了对等理论。在《语言、文化与翻译》（1993）中，奈达根据"充分度"的不同进一步将"功能对等"分为"最小对等"（minimal equivalence）和"最大对等"（maximum equivalence）。"最小功能对等"是指译文读者能够像原文读者那样理解和欣赏译文；而"最大功能对等"表示译文读者能够在本质上以原文读者理解欣赏原文的方式去理解欣赏译文。任何没有达到"最小功能对等"的译文都是不可接受的，但"最大功能对等"在实际翻译中也很少达到，它是翻译应追求的目标。奈达的动态对等翻译观是他在翻译领域的一大研究成果，也是他对翻译理论研究所做的一大贡献。等值翻译理论在中西翻译界产生了巨大的影响。但奈达的等值理论并非是完美无缺的。在可译性问题上，奈达根据广义的翻译定义，断言"在一种语言中能够表达的事物在另一种语言中也肯定能够表达出来"。（1984：4）。纽马克对此提出质疑：某语言特有的现象，非文学作品和某文化特有的现象会造成不可译性。不可译性说明了"动态对等"无法解决翻译中的所有问题。

（4）纽马克的等值理论

20世纪80年代，英国著名翻译理论家纽马克将语法理论、文化理论、符号学、功能语法和跨文化交际理论结合在一起，力图从翻译学途径对翻译中各个层次和各种类型的等值进行研究。在《翻译方法》（1981）一书中，纽马克指出，一个理论不能只提出一个原则比如"动态对等"，而必须考虑到不同的文本类型和相应的翻译标准及其变体。这一点显然是对奈达只重"动态对等"，忽视"形式对等"的批评。纽马克认为，不同文体应用不同方法，尤其在文学作品翻译中，译者主要应忠实于作家本人，必须尽可能地再现原作的艺术精华，句法、词序、韵律、音调都有其自身的语义价值，尽管在不同的文本中，优势各不相同。在此基础上，纽马克提出三个基本原则：1）翻译应尽可能接近字面，必要时尽可能自由，翻译单位应尽可能趋小；2）如果目标语中某个词有一一对等的关系，那么这个词就只能用来翻译源语中的那个词，而不是其他；3）翻译不受源语干扰，即它永远都不会采纳源语典型的搭配、结构和词序等。前面两点强调翻译应对形式给予足够的重视，第三点补充前两点，强调由于源语和译语的差异性，这种形式对等必然是灵活意义上的对等。纽马克认为形式能修饰、精炼、明晰思想，如果形式受到歪曲，思想的表达必然受到影响。他对文学翻译中的"形式对等"给予了足够的重视，把"形式对等"视为与"动态对等"同样重要的原则，并且认为文学翻译中，"形式对等"才是保证理想译作的关键。在此书中，纽马克还根据源语意义结构的区别和交际目的的差异创立了语义翻译和交际翻译，以求在某些场合下达到源语与目标语之间的描述等值（descriptive equivalent）、功能等值（functional equivalent）或文化等值（cultural equivalent）。

（5）中国学者对西方翻译等值理论的研究

许多国内著名的翻译理论家，如谭载喜、金阳、罗新璋、郭建中等，都对等值理论进行了全面介绍和研究。现在，随着翻译理论的逐步完善和发展，国内翻译界对翻译等值理论有了更深刻、更客观的认识。"翻译理论必须根植于民族文化的沃土之中，脱离特定的民族语言与文化的环球式的翻译理论体系实际是不存在的"，（刘宓庆，1996）因此西方的翻译标准未必能完全搬到中国来。

（6）结语

综上所述，"翻译等值"是现代翻译理论中一个至关重要的概念，它有助于立体地研究原文与译文之间的关系，有利于比较准确地判断译文的好坏，有利于探索改进译文的途径和方法。各翻译学派从不同角度对"翻译等值"作了深入研究。早期的语言学派注重源语和译语之间在词法与句法上的一系列对应和转换规则，但忽视了话语交际功能以及翻译活动与社会文化的关系；交际学派克服了这种倾向，把研究重心从注重语言的表现形式转向注重语言的意义和交际功能，但没有就语言和文化的关系向人们提供充分的启示。现在，越来越多的翻译理论家更倾向于从一个综合性途径，即翻译学途径对等值进行研究，强调对比研究必须在多个层次上进行，力图建立一个综合性的、多功能的翻译理论模式，既具有语言学模式的特征，又有文艺学、交际学、社会符号学以及其他相关科学的特征。

原文

How Should One Read a Book?

(Excerpt)

It is simple enough to say that since books have classes — fiction, biography, poetry — we should separate them and take from each what it is right that each should give us. Yet few people ask from books what books can give us. Most commonly we come to books with blurred and divided minds, asking of fiction that it shall be true, of poetry that it shall be false, of biography that it shall be flattering, of history that it shall enforce our own prejudices. If we could banish all such preconceptions when we read, that would be an admirable beginning. Do not dictate to your author; try to become him. Be his fellow-worker and accomplice. If you hang back, and reserve and criticize at first, you are preventing yourself from getting the fullest possible value from what you read. But if you open your mind as widely as possible, then signs and hints of almost imperceptible fineness, from the twist and turn of the first sentences, will bring you into the presence of a human being unlike any other. Steep yourself in this, acquaint yourself with this, and soon you will find that your author is giving you, or attempting to give you, something far more definite. The thirty-two chapters of a novel — if we consider how to read a novel first — are an attempt to make something as formed and controlled as a building: but words are more impalpable than bricks; reading is a longer and more complicated process than seeing. Perhaps the quickest way to understand the elements of what a novelist is doing is not to read, but to write; to make your own experiment with the dangers and difficulties of words. Recall, then, some event that has left a distinct impression on you — how at the corner of the street, perhaps, you passed two people talking. A tree shook; an electric light danced; the tone of the talk was comic, but also tragic; a whole vision, an entire conception, seemed contained in that moment.

But when you attempt to reconstruct it in words, you will find that it breaks into a thousand conflicting impressions. Some must be subdued; others emphasized; in the process you will lose, probably, all grasp upon the emotion itself. Then turn from your blurred and littered pages to the opening pages of some great novelist — Defoe, Jane Austen, Hardy. Now you will be better able to appreciate their mastery. It is not merely that we are in the presence of a different person — Defoe, Jane Austen, or Thomas Hardy — but that we are living in a different world. Here, in Robinson Crusoe, we are trudging a plain high road; one thing happens after another; the fact and the order of the fact is enough. But if the open air and adventure mean everything to Defoe they mean nothing to Jane Austen. Hers is the drawing-room, and people talking, and by the many mirrors of their talk revealing their characters. And if, when we have accustomed ourselves to the drawing-room and its reflections, we turn to Hardy, we are once more spun round. The moors are round us and the stars are above our heads. The other side of the mind is now exposed — the dark side that comes uppermost in solitude, not the light side that shows in company. Our relations are not towards people, but towards Nature and destiny. Yet different as these worlds are, each is consistent with itself. The maker of each is careful to observe the laws of his own perspective, and however great a strain they may put upon us they will never confuse us, as lesser writers so frequently do, by introducing two different kinds of reality into the same book. Thus to go from one great novelist to another — from Jane Austen to Hardy, from Peacock to Trollope, from Scott to Meredith — is to be wrenched and uprooted; to be thrown this way and then that. To read a novel is a difficult and complex art. You must be capable not only of great fineness of perception, but of great boldness of imagination if you are going to make use of all that the novelist — the great artist — gives you.

译文一

应该怎样读一本书？

（节选）

简而言之，既然书有分门别类，诸如小说、传奇、诗歌等，那么我们应该区别它们，从不同的书中吸取其理所当然应该给予我们的东西。然而很少有人向书本索取书所能给予我们的。我们看书时，脑子往往是迷迷糊糊，犹疑不定的，认为小说就该是真实的，诗歌是虚构的，而传记则应该奉承人，历史书将加深我们自己的偏见。假如我们能够在读书时摈弃诸如此类的先入之见，那就是一个了不起的开端。不要去支配作者；尽量与他融为一体。做他的同事或同谋。如果你一开始就踌躇不定，有所保留。并持批判的态度，那么你就妨碍自己从所读的书中得到尽可能完美的价值。相反，如果你敞开思想，那么开篇那几句复杂曲折的句子中那些绝妙得不着痕迹的标志和暗示就可以在你面前呈现出一个完全与众不同的人物。让你自己沉浸在其中，并尽力去理解，用不了多久你就会发现你的作者给予你的，或试图给予你的，是一些确切得多的东西。一本小说的三十二个章节——如果现在我们先来谈谈如何读小说的话——旨在创造一种像大楼那样有形有致的东西：但文字比起砖头来要难以捉摸；而阅读又是比观看大楼更费时间、更复杂微妙的过程。或许，要理解一个小说家所做的一切本质，最快捷的办法不是去读，而是去写；自己亲身去体验一下文字游戏的危险与艰难。回忆一下，有什么事曾给你留下清晰的印象——或许是有一次，在街头的一角，你路过两个在谈话的人。树震颤着；闪电在空中飞舞；谈话的调子有点喜剧性，但又是悲剧性的；一个完整的视像，全面的构思，似乎都包容在那一瞬间之中。

然而，当你试图把它用文字再现出来时，你就会发现它分离成了许许多多互不一致的印象。有些必须省略；有些得多着墨一些；在写的过程中，你或许会完全失去对当时那种情感的把握。此时此刻，撇下你那散乱的、涂鸦一般的文字，拜读一下伟大的小说家，如迪福、简 - 奥斯汀，或者哈代他们那些小说的开篇。于是你就更能体会出他们的大师风范了。这不仅仅是因为我们面对的是不同的作者——迪福、简·奥斯汀，或者托马斯·哈代——而且我们还被带入一个个迥异的世界。在《鲁滨逊漂流记》里，我们沿着一条大道长途跋涉；事情一件接一件发生；有了事实和事实发生的顺序就已经足够了。但是，如果旷野和冒险对迪福来说意味着一切的话，它们对简·奥斯汀来说毫无意义。在她的世界里，有的只是客厅，还有谈话的人们，通过谈话的方方面面来揭示人物各自的性格。待我们习惯了简。奥斯汀的客厅及其反映的一切，此时如果转而去读哈代，我们又一次犹如被甩了一百八十度的大弯。周围是一片荒野，星星高挂在我们的头顶。心灵的另一面在这里被揭露出来——即在孤独寂静时流露得最充分的灰暗面，而不是在人群中表现出来的轻松的那一面。与我们相关的不再是人，而是自然和命运。然而，尽管这些世界各不相同，但每个都前后一贯，自成一体。各自的创造者都谨慎遵守着自己观念中的世界之法则，即使他们把我们弄得再紧张，也绝不会让我们感到莫名其妙，不像一些小作家，往往在一本书里描述两种不同的现实而使读者感到迷惑不解。因此，从一个大小说家读到另一个——从简·奥斯汀到哈代，从皮科克到特洛普，从司各特到梅瑞迪斯——我们体验的是被扭过来拧过去，连根拔起，被摔到这边，然后又被扔往那边的感觉。读一本小说是一种艰难而复杂的艺术。你不仅需要有最敏锐的洞察力，假如你要设法利用小说家——伟大的艺术家——所赐予你的一切，你还需要极为大胆丰富的想象力。（金衡山译　选自冯庆华《实用翻译教程》）

怎样读书

（节选）

　　说来容易：既然书有各种各样——小说、传记、诗歌——该把它们分门别类，并且各按其类来汲取每本书理应给予我们的内容。然而，很少人读书时想过书本能够提供些什么的问题。最普通的现象是，我们拿起书本时头脑不清醒，目标不一致，我们要求小说叙述真人实事，要求诗歌表现虚假，要求传记给人捧场，要求历史证实我们自己的偏见。如果我们能在打开书本之前先驱除掉这些先入为主的看法，那将是个值得庆幸的良好开端。不要去指挥作者，要设身处地去替他设想，当他的合作者或同谋犯。如果你一开始便采取退缩矜持、有所保留或指指点点的态度，那你就在为自己设置障碍，使自己不能充分地从所阅读的书本中获到益处。然而，如果你没有先入之见，虚怀若谷，那么，打开书本，隐晦曲折的字里行间，难以察觉的细微迹象的暗示便会向你展示一个与众不同的人。深入进去，沉浸其中，熟谙这一切，你会很快发现，书的作者正在，或努力在给予你一些十分明确的东西。一部小说——如果我们先考虑一下怎样阅读小说的话——要有32个章节，这道理实际上跟建造有形有状的楼房完全一样：只不过文字不像砖块看得见摸得着；阅读比起观看是一个更漫长更复杂的过程。也许，要懂得作者写作过程中的细枝末节，最简便的办法不是读而是写，亲自动手对字句的艰难险阻进行试验。回想一件曾经给你留下深刻印象的事情——也许在大街的拐角处有两个人在聊天，你走过他们的身边。一棵树摇晃起来，一道电光飞舞而过，他们聊天的口气颇有喜剧味道，但也带悲剧色彩，那一瞬间似乎包含了一个完整的意象，一种完整的概念。

　　然而，你动手用文字来重新构造时，你发现这一切变成了千百个互相冲突的印象。有的要淡化，有的要突出；在写的过程里，你可能会失去你想捕捉的情感。这时候，放下你写得稀里糊涂颠三倒四的东西，打开某些大小说家的小说读一读——笛福、简·奥斯丁、哈代。现在，你能欣赏他们的匠心功力了。我们不仅面临一个与众不同的人——笛福、简·奥斯丁或托马斯·哈代——我们还生活在一个与众不同的世界里。在《鲁滨逊飘流记》里我们是在一条普普通通的公路上跋涉前进；只要事实和事实的先后次序便足够了。然而，如果说笛福看重的是野外生活和冒险行动，它们对简·奥斯丁来说却毫无意义。客厅才是她的天地，还有人们的谈天说地，她通过各种各样的表现谈话的镜子来揭示他们的性格。当我们习惯于这个客厅及其中闪烁多姿的映像以后又转而去阅读哈代，那我们又会晕头转向。我们周围是沼泽，头顶上是星星。人性的另外一面被揭示了一孤独时得到突出表现的黑暗的一面，而不是与友朋相处时闪闪发亮的光明的一面。我们不是跟人而是跟大自然、跟命运发生关系。然而，这些世界虽然互不相同，它们各自却都统一谐调。每个世界的创造者都小心翼翼地遵守各自透视事物的法规，而且，不管他们给我们以多大负担，他们从来不会使我们感到迷惑，不像有些二流作家常常在同一本书里介绍两种完全不相同的现实，把读者弄得无所适从。因此，从一位伟大的小说家到另一位——从简·奥斯丁到哈代，从皮科克到特罗洛普，从司各特到梅瑞狄斯——我们都要经受一场脱胎换骨、背井离乡的痛苦，被扔过来又赶过去。读小说是一门艰难复杂的艺术。你不仅要有高明的洞察秋毫的本事，你还要能够敢于进行大胆的想象，如果你想充分利用伟大的小说家——伟大的艺术家——所给予你的一切。（陶洁译 选自冯庆华《实用翻译教程》）

背景介绍

本文选自弗吉尼亚·伍尔芙（1882-1941）的《应该怎样读书》，她是20世纪英国文坛最伟大的小说家之一，被誉为20世纪现代主义与女性主义潮流的先锋。她的散文名篇 How Should One Read a Book，以极其细腻的文笔，娓娓讲述了怎样去领略书本中文字的神奇与美妙。这篇论说文思维缜密、论述条理清晰，语言细腻敏锐，自由坦率，富有逻辑性、条理性和说服力。读者不仅可以从这篇散文中感受伍尔芙的语言风格之美，而且可以学习读书的正确态度和方式。虽然她本人不希望这些思想左右读者，但凡是阅读过该文的人都会对"阅读"有更多更深的感触和理解。

弗吉尼亚·伍尔芙的《应该怎样读书》一文自1932年发表以来许多人喜欢它，研究它，都想将这篇经典作品翻译得更好。原文本部分还曾被选作"韩素音青年翻译大赛"及英语专业八级考试的英译汉试题。本书中提供几个不同译文，大家可以一起进行比较和赏析。

该文属论说文，论述如何读书（此处为节选）。作者首先提出了人们在读书方面存在问题，然后告诉人们应该怎样读书，最后指出正确读书方法和错误读书方法导致的不同结果。论述文的目的在于解析思想，阐发观点。因此，论述文往往逻辑性较强，注重论述层次，文字讲究，句式富于变化，经常使用长句且句子结构复杂。只要抓住文章的观点和论述方法就能有效地减少误译。

（1）原文：Most commonly we come to books **with blurred and divided minds, asking of fiction that** it shall be true, **of poetry that** it shall be false, **of biography that** it shall be flattering, **of history that** it shall enforce our own prejudices.

译文1：我们看书时，脑子往往是迷迷糊糊，犹疑不定的，认为小说就该是真实的，诗歌是虚构的，而传记则应该奉承人，历史书将加深我们自己的偏见。

译文2：我们拿起书本时头脑不清醒，目标不一致，我们要求小说叙述真人实事，要求诗歌表现虚假，要求传记给人捧场，要求历史证实我们自己的偏见。

此句为复合排比句，主句意在说明读书的几个误区，4个介宾从句构成了排比句式，…asking of fiction that …, of poetry that…, of biography that …, of history that 英语中，排比句式一般呈层级状，句子重心前移，附加成分后置。因此，译者须按英语行文习惯先找出句子主干成分和排比成分，如并列谓语成分、并列定语、并列状语、并列补语或并列介宾短语等。译成汉语时，排比句多使用重复句式和词语，逐步递进，传达信息。此处根据上下文的论理逻辑和叙述逻辑，history 作为与小说、诗歌、传记并列的图书分类应指"史书"，而非"历史"，应避免错译。主句中须注意短语"with blurred and divided mind"的理解与翻译。mind 一词是指 intention，即"目的"、"意图"。此短语含义是"目的不明确，目标不一致"。译文1和译文2译成"头脑模糊"和"头脑不清醒"都不免犯了望文生义的错误，读起来逻辑不通。可试译为："我们读书常常目的不明确，目标不一致，要求小说为真，诗歌为假，传记过誉，史书佐证己见。"

（2）原文：Do not dictate to your author; try to become him. Be his fellow-worker and accomplice.

译文1：不要去支配作者；尽量与他融为一体。做他的同事或同谋。

译文2：不要去指挥作者，要设身处地去替他设想，当他的合作者或同谋犯。

原文是由两个短句组成。许多英语短句和汉语短句在字面和语序上相对应，因而双语转换时可以采用直译。但有时，英语短句与表达相同意义的汉语短句在表层结构上不对应，为了译文的通顺，译者需要打破原文的表层结构进行翻译。此句可试译为：我们不应强求作者该写什么，而应把自己当成作者本人，或是他的同伴、同党。

（3）原文：①If you **hang back, and reserve and criticize** at first, you are **preventing yourself from getting** the fullest possible value from what you read. ②**But if** you open your mind as widely as possible, then **signs and hints of almost imperceptible fineness, from the twist and turn of the first sentences, will bring you into** the presence of a human being unlike any other.

译文1：如果你一开始就踟蹰不定，有所保留。并持批判的态度，那么你就妨碍自己从所读的书中得到尽可能完美的价值。相反，如果你敞开思想，<u>那么开篇那几句复杂曲折的句子中那些绝妙得不着痕迹的标志和暗示就可以在你面前呈现出一个完全与众不同的人物</u>。

译文2：如果你一开始便采取退缩矜持、有所保留或指指点点的态度，那你就在为自己设置障碍，使自己不能充分地从所阅读的书本中获到益处。然而，如果你没有先入之见，虚怀若谷，那么，<u>打开书本，隐晦曲折的字里行间，难以察觉的细微迹象的暗示便会向你展示一个与众不同的人</u>。

原文两句都属于长句。英语长句一是修饰语多；二是联合成分多；三是结构复杂层次很多，表达了多重密切相关的句法关系。翻译英语长句涉及的问题主要有两点：一是英汉语序的差异，二是英汉表达方式上的差异。①②两句中的条件从句皆为前置式，两句的主干成分的顺序也与汉语一致，与汉语的表达习惯相同，因而译文中可不做调整。但要注意三点：第一，①句条件从句中三个并列谓语动词的翻译应符合汉语的行文习惯和节奏，译成富有节奏感的四字词语较为妥帖。第二，①句中，主句谓语prevent... from...是典型的英文句式，译文应在把握深层涵义的基础上重组表层结构，避免译文生硬晦涩。第三，②句的主句主语修饰语较长，译者应注意英汉表层结构上的差异，尽量使译文精炼、准确。

试译：如果读书伊始便<u>故步自封、处处设防</u>，甚至批评挑剔，那么你会漏掉书中的精义（书中蕴含的要旨）。然而如果你能敞开心胸就能<u>领会到隐藏在开篇字里行间的精妙含义，进入一个有别他人的境界</u>。

（4）原文：Yet **different as these worlds are**, each is consistent with itself. The maker of each is careful to observe the laws of his own perspective, and **however great a strain they may put upon us** they will never confuse us, as lesser writers so frequently do, by introducing two different kinds of reality into the same book.

译文1：然而，尽管这些世界各不相同，但每个都前后一贯，自成一体。各自的创造者都谨慎遵守着自己观念中的世界之法则，即使他们把我们弄得再紧张，也绝不会让我们感到莫名其妙，不像一些小作家，往往在一本书里描述两种不同的现实而使读者感到迷惑不解。

译文2：然而，这些世界虽然互不相同，它们各自却都统一谐调。每个世界的创造者都小心翼翼地遵守各自透视事物的法规，而且，不管他们给我们以多大负担，他们从来不会使我们感到迷惑，不像有些二流作家常常在同一本书里介绍两种完全不相同的现实，把读者弄得无所适从。

英语中经常为了强调某个信息而使用倒装句型，相比之下，汉语中则较少使用倒装句。原文中的两个从句都是半倒装句，都表达了让步的含义，翻译时译者需要打破原文的表层结构进行信息重组，突出原文的逻辑关系，从而进行有效翻译。

（5）原文：Thus to go from one great novelist to another — **from Jane Austen to Hardy, from Peacock to Trollope, from Scott to Meredith** — is **to be wrenched and uprooted; to be thrown this way and then that**.

译文1：因此，从一个大小说家读到另一个——从简·奥斯汀到哈代，从皮科克到特洛普，从司各特到梅瑞迪斯——我们体验的是被扭过来拧过去，连根拔起，被摔到这边，然后又被扔往那边的感觉。

译文2：因此，从一位伟大的小说家到另一位——从简·奥斯丁到哈代，从皮科克到特罗洛普，从司各特到梅瑞狄斯——我们都要经受一场脱胎换骨、背井离乡的痛苦，被扔过来又赶过去。

英语中常常大量使用被动语态，相比之下，汉语中被动语态的使用要少得多。多数情况下，汉语的被动语态没有形式标志，如"被"、"受"等词，除非需要强调受事意义。原文中句子的谓语部分使用了被动语态，同时原文中还用了隐喻。根据上文的意思，我们在读那些大师的作品时就仿佛置身于一个与众不同的世界，而且每个伟大的小说家所塑造的世界都是截然不同的。如果生硬的按字面意思翻译，就会造成译文晦涩难懂，让读者费解。因此，以上两个译文要么过分拘泥于原文的字词句，要么从原文的语境中跳脱得太远，都不符合原文的上下文逻辑和说理。因此，此句可试译为：因此，从一个伟大的小说家转到另一个……就好像是要奋力挣脱并彻底忘却一个世界，或者说被从一个世界抛到另一个世界。

（6）原文：You must be capable **not only of great fineness of perception, but of great boldness of imagination if you are going to make use of all that the novelist — the great artist — gives you**.

译文1：（读一本小说是一种艰难而复杂的艺术。）<u>你不仅需要有最敏锐的洞察力</u>，假如你要设法利用小说家——伟大的艺术家——所赐予你的一切，<u>你还需要极为大胆丰富的想象力</u>。

译文2：（读小说是一门艰难复杂的艺术。）你不仅要有高明的洞察秋毫的本事，你还要能够敢于进行大胆的想象，如果你想充分利用伟大的小说家——伟大的艺术家——所给予你的一切。

汉语中个分句的先后顺序往往是按照时间先后、先因后果、先条件后结果等顺序排列，相对而言，英语中各分句的排列顺序更灵活，因此在英汉互译时，译者常常需要采用变序法，从而使译文符合英语或汉语的表达习惯。因此，原文中的主从条件句在翻译时应尽量符合汉语的表达习惯。此外，主句中的并列结构句型not only...but (also)与汉语句型结构"不仅……而且……"意思相同，强调的重点也相同，因此可采用直译。但要注意的是此结构中英语原文使用了抽象名词，根据汉语的表达习惯，汉语句子更倾向使用动词。

练习

一、翻译下列句子，注意句中否定概念的处理和否定意思的表达。

1. One could **not be too** careful in a new neighborhood.

2. He would do **anything** he was asked to do **but** return to his old life.

3. There is **not** any advantage **without** disadvantage.

4. You may leave at once **for all I care**.

5. Both sides thought that the peace proposal was one they could accept **with dignity**.

6. **Nobody** could be **too** foolish this day.

7. She is **not** a **little** interested in computer games.

8. **Everything** is **not** straightened out.

9. The report **lacks** detail.

10. When the lights came on again, **hardly** a person in the city can have turned on a switch **without** reflecting how great a servant he had at his fingertips.

11. It's a beautiful cottage **not** more than five minutes from the nearest beach.

12. The engineers do **not** agree frequently.

13. We **haven't** called the meeting to discuss this question.

14. The engineers **did not** adopt the plan for that reason.

15. Every color is **not** reflected back.

16. **All** the chemical energy of the fuel is **not** converted into heat.

17. **No** chemical energy of the fuel is converted into heat.

18. The Anti-Secession Law acts as a signal to the international community that Taiwan can **never** be seceded from China.

19. People seem to fail to take into account the fact that education **does not** end with graduation.

20. Proper measures must be taken to limit the number of foreign tourists and the great efforts should be made to **protect** local environment and history **from** the harmful effects of international tourism.

21. Any government, which is **blind to** this point, may pay a heavy price.

22. There is a growing tendency for parent these days to stay at home to look after their children **instead of** returning to work earlier.

23. 有权不可任性。

24. 改革贵在行动。

25. 要做到十全十美，一般人很难达到。

26. 人们直到失去了才知道朋友的重要。

27. 我知道，他做什么事都有充分的理由。

28. 我不同意所有这些方案。

29. 我认为这不值一试。

30. 任何时候，任何情况下，中国决不首先使用核武器。

31. 苟利国家生死以，岂因祸福避趋之。

32. 顾名思义，猫爸更倾向于用温和的方式教育子女，而虎妈和狼爸则坚信玉不琢不成器。

33. 社会心理学家认为，如今，70后、80后事业、生活家庭等方面的压力很大，不少人感到缺乏安全感、缺少自我肯定的能力。

34. 人们几乎不再打114查询电话号码和查字典，更可能向搜索引擎求助。

35. 没有一项发明像互联网一样同时受到如此多的赞扬和批评。

36. 尽管这一观点被广泛接受，很少有证据表明教育能够在任何地点、任何年龄进行。

37. 从这几年我搜集的信息来看，这些知识并没有人们想象的那么有用。

38. 这是一个关系到生死的问题，任何国家都不能忽视。

39. 正如那句老话：活到老，学到老。

40. 许多专家指出这是现代社会发展必然的结果，无法避免。

41. 我们绝对不能忽视知识的价值。

42. 遗失物品，店方概不负责。

43. 目前，这场旨在使亿万中国农民能够享受到现代保健服务的运动正方兴未艾，毫无疑问，这不是一种权宜之计，而是一项能满足现在和将来需要的长远的政策。

44. 我们相信，年轻一代将不会辜负我们的信任。

45. 这种解释很不充分。

二、翻译下列各句，注意句子结构的转换并运用所学过的技巧。

1. In Africa I met a boy, who was crying as if his heart would break and said, when I spoke to him, that he was hungry because he had had no food for two days.

2. So a system of reservoir is being dug to store water that can be run down to crops after it is warmed by the sun.

3. A quarter of century ago the General Assembly and the Security Council symbolized, especially for the small countries, the supreme guarantee of a new international order.

4. Darkness fell. An explosion shook the earth. It did not shake his will to go to the front.

5. That day, the President had an interview with her father. Her father was going to the moon by space shuttle.

6. Prior to the twentieth century, women in novels were stereotypes of lacking any features that made them unique individuals and were also subject to numerous restrictions imposed by the male-dominated culture.

7. Television, it is often said, keeps one informed about current events, allows one to follow the latest developments in science and politics, and offers an endless series of programs which are both instructive and entertaining.

8. People were afraid to leave their houses, for although the police had been ordered to stand by in case of emergency, they were just as confused and helpless as anybody else.

9. Modern scientific and technical books, especially textbooks, requires revision at short intervals if their authors wish to keep pace with new ideas, observations and discoveries.

10. More than a decade ago, the mobile phone was a luxury for only a few, but now it is very common. The rapid spread of the mobile phone is perhaps one of the great miracles of our time.

11. Some people seem easy to understand: their character appears obvious on first meeting. Appearances, however, can be deceptive. For thirty years now I have been studying my fellowmen. I don't know very much about them. I shrug my shoulders when people tell me that their first impressions of a person are always right. I think they must have small insight or great vanity. For my own part I find that the longer I know people, the more they puzzle me.

12. As the pace of life in today's world grows ever faster, we seem forever on the go. With so much to do and so little time to do it in, how are we to cope? Dr. Smith sets about untangling the problem and comes up with an answer.

13. Making a living as a door-to-door salesman demands a thick skin, both to protect against the weather and against constantly having the door shut in your face. Bill Porter puts up with all this and much, much more.

14. For a family of four, for example, it is more convenient as well as cheaper to sit comfortably at home, with almost unlimited entertainment available, than to go out in search of amusement elsewhere.

15. Even when we turn off the beside lamp and are fast asleep, electricity is working for us, driving our refrigerators, heating our water, or keeping our rooms air-conditioned.

16. But now it is realized that supplies of some of them are limited, and it is even possible to give a reasonable estimate of their "expectation of life", the time it will take to exhaust all known sources and reserves of these materials

17. Although perhaps only 1 per cent of the life that has started somewhere will develop into highly complex and intelligent patterns, so vast is the number of planets that intelligent life is bound to be a natural part of the universe.

18. If parents were prepared for this adolescent reaction, and realized that it was a sign that the child was growing up and developing valuable powers of observation and independent judgment, they would not be so hurt, and therefore would not drive the child into opposition by resenting and resisting it.

19. Aluminum remained unknown until the nineteenth century, because nowhere in nature is it found free, owing to its always being combined with other elements, most commonly with oxygen, for which it has a strong affinity.

20. There was little hope of continuing my inquiries after dark to any useful purpose in a neighborhood that was strange to me.

21. 这些公司是一些好公司，大多数时候记录和业绩都很可靠，但是最近陷入困境，因此称之为堕落天使。

22. 我们需要一个独立的机构，其任务只有一个：真正关心消费者即纳税人是否被愚弄、引诱、欺骗、蒙蔽；是否真正受到尊重。

23. 尽管许多人认为随着经济的高速发展，用自行车的人数会减少，自行车可能会消亡，然而，这几年我收集的一些信息让我相信自行车仍然会继续在现代社会发挥极其重要的作用。

24. 近几十年，尽管人们的生活有了惊人的改变，但必须承认，由于学费和书费日益飞涨，财务紧张仍然是学生们面临的最大问题之一。

25. 许多家长相信额外的教育活动有许多优点，通过学习，他们的孩子可以获得很多实践技能和有用的知识，当他们长大后，这些对他们就业是大有好处的。

26. 中国是法治国家，不论是谁，不论职位高低，法律面前人人平等，只要是触犯了党纪国法，就要依法依纪严肃查处、惩治。

27. 现代科学的一切成就不仅是提供了能够承受高温高压的材料，而且也提供了新的工艺过程。依靠现代科学的这些成就，我们相信完全可以制造出这样的人造卫星。

28. 科学表示，一句真诚的道歉可以让一个心灵受伤的女人更长寿。研究发现，道歉有助于减轻她们的精神压力和缓解对心脏的刺激。

29. 对于大学或高中生打工这一现象，校园里进行着广泛的争论。

30. 外国友人和中国医护人员一起同甘共苦，战斗了六年。这六年中间，有很多很多的故事要发掘出来，让我们的外国朋友的子女们都来看看他们爸妈工作过的地方。

31. 对于以往几代人来说，旧式的体力劳动是一种用以摆脱贫困的手段，而技术的进步则摧毁了穷人赖以为生的体力劳动，因此首先体验到技术进步之害的是穷人。

32. 50年代后期的美国出现了一个任何人都不可能视而不见的现象，穷知识分子以"垮掉的一代"这种颇为浪漫的姿态出现而成为美国典型的穷人，正是这个时候大批大学生被赶进了知识分子的贫民窟。

33. 许多人宁愿牺牲比较高的工资以换取成为白领工人的社会地位，这在西方倒是人之常情。

34. 必须指出，农业的发展似乎赶不上农村人口的增加，并且仍有成千上万的农民过着缺衣挨饿的贫寒生活。

35. 建议政府应该努力减少正在拉大的城乡差距。应该划拨适当的资金提高农民的生活水平；应该邀请农业专家向农民介绍他们的经验，知识和信息，这些将有助于发展农村经济。

36. 由于目前发生的气候变化被认为是所谓的温室效应（随着二氧化碳浓度的升高，地球会变得更为暖和）造成的，所以大气层中二氧化碳的聚集已经引起人们的重视。

37. 中国的视频网站对于广大"弹幕狂人"来说可是片广阔的沃土，他们着迷于在电影屏幕上以字幕形式创造和扩散文化基因、俚语和流行文化因素。

38. 将会更加积极地推进全方位、多层次、宽领域的对外开放，在更大范围内和更深程度上参与国际经济合作与竞争。

39. 日日夜夜，眺望着窗外，年年岁岁，寻觅着自我，那些时光从不自知，自己的盲目。仿佛迷雾散尽，最终我看到了光芒。

40. 野生禽类和许多其他动物每年的迁徙，当然不能被看作一种探险行为，因为这些迁迁徙活动实际上只是从一个栖息地转移到另一个栖息地，以躲避气候的季节性变化。

三、翻译下列各句，注意主动、被动句式的转换，注意运用所学的技巧。

1. The novel *A Dream of Red Mansion* **has been translated into** many foreign languages.

2. The poetry **was chanted to** the accompaniment of the lyre.

3. The credit system in America **was first adopted by** Harvard University in 1872.

4. Two-thirds of the area **are covered with** immense forests of pine, spruce and birch.

5. The design **will be examined** by a special committee.

6. In other words mineral substances which **are found** on earth **must be extracted by digging, boring holes, artificial explosions, or similar operations** which make them available to us.

7. Nuclear power's danger to health, safety, and even life itself **can be summed up** in one word: radiation.

8. **It is generally accepted** that the experiences of the child in his first years largely determine his character and later personality.

9. A right kind of fuel **is needed for** an atomic reactor.

10. Great efforts **should be made** to inform young people especially the dreadful consequences of taking up the habit.

11. By this procedure, different honeys **have been found** to vary widely in the sensitivity of their inhibit to heat.

12. Many strange new means of transport **have been developed** in our century, the strangest of them being perhaps the hovercraft.

13. On the whole such an conclusion **can be drawn** with a certain degree of confidence, but only if the child **can be assumed** to have had the same attitude towards the test as the other with whom he **is being compared**, and only if he **was not punished by** lack of relevant information which they possessed.

14. The behavior of a fluid flowing through a pipe **is affected by** a number of factors, including the viscosity of the fluid and the speed at which it is pumped.

15. Whether the Government should increase the financing of pure science at the expense of technology or vice versa often depends on the issue of which **is seen as** the driving force.

16. The supply of oil **can be shut off** unexpectedly at any time, and in any case, the oil wells will all run dry in thirty years or so at the present rate of use.

17. What **is feared** as failure in American society is, above all, loneliness.

18. **It is reported** that five people died in the traffic accident.

19. It **must be pointed** out that mistakes of this kind should not be repeated.

20. **It is believed** that more and more people in China will be moving out of the city to live in the country.

21. 中国开辟了世界反法西斯战争的东方主战场。

22. 没有人通知我们这件事。

23. 政府将优化相关政策，以促进不同地区人们之间的交流。

24. 各地开办了很多老年大学，让老人学书法，学国画，学跳舞。

25. 中国政府发布了纪念中国人民抗日战争及世界反法西斯战争胜利70周年活动标志。

26. 教育部8日印发通知规范高校招生工作，要求高校不得以高额奖学金或承诺录取等不当方式恶性抢生源。

27. 中国古典园林对空间进行**分隔**，让空间不会无边无际，也不会阻碍视野。

28. 然而，越来越多的城市居民却怀疑这种说法，他们抱怨外来人口给城市带来了许多严重的问题，像犯罪和卖淫。

29. 人类日益关注气候变化，关注节约能源和城市可持续发展，这推动了玻璃技术不断创新。

30. 福兮祸所伏，祸兮福所倚！

31. 木已成舟罢！

32. 许多人认为，普通人的思维活动根本无法与科学家的思维过程相比，而且认为这些思维过程必须经过某种专门的训练才能掌握。

33. 工具和技术本身作为根本性创新的源泉多年来在很大程度上**被**科学史学家和科学思想家们**忽视**了。

34. 家庭人口多好还是家庭人口少好是一个非常通俗的主题，不仅是城里人，而且农民都经常讨论这个问题。

35. 丝绸，在中文里的读音为：*sichou*。这个词首次**引进**西方是走私者将蚕、桑叶从中国带到西方的时候。

36. 天命之**谓性**，率性之**谓道**。

37. 美国太空总署（NASA）宣布，开普勒 太空望远镜**发现**了"地球的大表哥"，这也是首颗在"宜居带"发现的最接近地球大小的行星。

38. 众所周知，自然光其实是**由**许多种颜色构成**的**。

39. 在旧社会，妇女是受歧视**的**。

40. 计划将先由研究小组加以**研究**。

四、翻译下列各句，注意运用学过的技巧

1. I hope that the meeting will not be too long, for it will only waste time.

2. In a nation too young to have mythic heroes, men and women must substitute.

3. Perhaps the most important aspect of science fiction's role in the modern world is best summed up in a single word: change.

4. Ticket and reservation counters, as well as the future passenger space shuttles, most likely will be located at several airports around the world.

5. The sense of inferiority that he acquired in his youth has never been totally eradicated.

6. I was feeling far from well, as a heavy cold and sore throat were reinforced by the consequences of inoculation against typhoid fever.

7. Spare-time learners are usually the best learners. Their rate of learning is helped by the fact that they want to learn and consequently try to learn.

8. Most people, when they are left free to fill their own time according to their own choice, are at a loss to think of anything sufficiently pleasant to be worth doing.

9. When he catches a glimpse of a potential antagonist, his instinct is to win him over with charm and humor.

10. You are free to go out and see and meet people, and therefore you have control over loneliness; you are not its prisoner.

11. Rich women for the most part keep themselves busy with innumerable trifles of whose earth-shaking importance they are firmly persuaded.

12. I talked to him with brutal frankness.

13. As I know more of mankind I expect less of them, and am now ready to call a man a good man more easily than formerly.

14. In order to retain Chinese managers, joint ventures also must devise human resource policies that are sensitive to the ways in which Chinese employees differ from those in the West.

15. Engels spoke with the authority and confidence, born of forty years' closest friendship and intellectual intimacy, during which he had grasped, as no other man had, the full significance of Marx's teachings.

16. 教育同时意味着培养智能和拓展视野的过程和结果。

17. 朋友们相聚无所事事的时候会闲谈，陌生人见面为打破沉寂的时候也会闲谈。

18. 按照这一道德戒律，我们应规避克隆人的做法，因为这种做法必然会造成把人作为他人达到目的的手段，把人看作一个个所爱之人的复制品，或者看作一组组的人体器官，而不是看作一个个具有独立人格的人。

19. 他们受到了热烈的欢迎。

20. 她因偷窃店铺商品被捕，但后来得到保释。

21. 他妻子给他的信件大多数是由医院里的护士念给他听的。

22. 我们在一间井井有条的小办公室里见到了他，办公室装有防护铁栅栏。

23. 洛杉矶到处都是当女招待的漂亮姑娘，她们盼着有制片代理人来发现她们。

24. 他星期日晚上到了，风尘仆仆，精疲力竭。

25. 这种婚姻关系的特点是冲突不断、关系紧张、怨恨不已。

26. 偶尔下一点毛毛雨，断断续续的闪电使得我们时不时忧虑地朝远处探望。

27. 人群在黑暗和浓烟中盲目狂奔，穿街过巷，踩着倒在地上的身躯，惊惶失措地往安全的地方冲去，结果却是徒劳。

28. 倘若和别人无言以对面面相觑时，无须烦恼，切记对方或许跟你一样心里感到不好受。你要打起精神来，找些好听的话向对方说说。

29. 他想轰轰烈烈地大干一场。

30. 你已经退休也好，你是家庭妇女也好，或者你干的工作别人瞧不起也好——不管你整天在干什么，都要因此而自豪。

参考文献

Catford, J. C. *A Linguistic Theory of Translation* [M]. London: Oxford University Press, 1965.

Jakobson, R. *On Linguistic Aspects of Translation* [M]. Cambridge: Harvard University Press. 1959.

Newmark, P. *Approaches to Translation* [M]. Oxford: Pergamon, 1981.

Nida, E. A. A Functional approach to the problems of translating [J]. 外语教学与研究, 1984（3）.

Nida, E. A. Approaches to translating in the Western world [J]. 外语教学与研究, 1984（2）.

Nida, E. A. *From One Language to Another* [M]. Nashville: Thomas Nelson. 1986.

Nida, E. A. *Language, Culture, and Translating* [M]. Shanghai: Shanghai Foreign Language Education Press. 1993.

Nida, E. A. & C. R. Taber. *The Theory and Practice of Translation* [M]. Leiden: E. J. Brill, 1969.

费道罗夫. 翻译理论概要 [M]. 北京：中华书局，1955.

关琳. 翻译等值理论综述 [J]. 长春理工大学学报（社会科学版），2008（3）.

郭亚丽. 西方翻译等值研究评述 [J]. 重庆职业技术学院学报，2006（3）.

韩子满. 翻译等值论探幽 [J]. 解放军外国语学院学报，1999（2）.

金隄. 等效翻译探索 [M]. 北京：中国外语翻译出版社，1998.

劳陇. 殊途同归——试论严复、奈达和纽马克 翻译理论的一致性 [J]. 外国语，1990（5）.

廖七一. 也谈西方翻译理论中的等值论 [J]. 中国翻译，1994（5）.

林汝昌，李昌珏. 翻译模式与对等译论 [J]. 中国翻译，1995（3）.

刘宓庆. 翻译理论研究展望 [J]. 中国翻译，1996（6）.

申丹. 论翻译中的形式对等 [J]. 外语教学与研究，1997（2）.

谭载喜. 西方翻译简史 [M]. 北京：商务印书馆，1991.

谭载喜. 新编奈达论翻译[M]. 北京：中国对外翻译出版公司，1999.

吴新祥，李宏安. 等值翻译初探[J]. 外语教学与研究，1984（3）.

吴义城. 对翻译等值论问题的思考[J]. 中国翻译，1994.（1）.

张宝钧. 重新理解翻译等值[J]. 四川外语学院学报，2003（1）.

张今. 文学翻译原理[M]. 郑州：河南大学出版社，1987.

周吉，樊葳葳. 西方翻译等值理论初探[J]. 外语教育，2004.

第七章　语篇的翻译

前面几个章节讨论了以词汇和句子为语言单位的翻译方法和技巧。在翻译过程中，我们往往会发现有时每一个句子和每一个词的翻译都非常正确，整个译文读起来却条理不清，前后逻辑混乱，中心意思模糊。为了能准确地表达原文的思想、风格和意义，我们必须站在更高的角度来理解和翻译。本章讨论句子以上更大的语言单位——语篇。

德国译学教授沃尔弗拉姆·威尔斯（Wolfram Wilss）在《翻译学：问题与方法》（*The Science of Translation: Problems & Methods*）一书中指出翻译是语义的翻译，不是语言形式的翻译，是运用另一种语言的适当方式来表达一种语言所表达的内容，而不是在另一种语言中寻找与一种语言中含义相似的某些词语或结构。翻译必须跳出原文语言层面的束缚，必须着眼于传达原文的内容和意义。换句话说，翻译的基本单位应该是语篇，而不是词语结构。根据系统功能语言学家的观点，语言的实际使用单位是语篇这样的言语单位，而不是词语结构这样的语法单位。实际使用的语篇有可能是一个句子、一个句段、一个句群，也有可能是一个词语。翻译作为语言交际的一种形式，其实质是用一种语言的语篇材料代替另一种语言与其意义对等的语篇材料。翻译是运用一种语言把另一种语言所表达的内容和意义准确而完整地重新表达出来的语言活动。胡壮麟（1994）将语篇定义为不完全受句子语法约束的在一定的语境下表示完整语义的自然语言，即在交际功能上相对完整和独立的一个语言片断，它具有形式和逻辑语义的一致性。内容相对完整的文章或著作节选均可成为语篇。

7.1 语篇的衔接和连贯

语篇语言学者伯格兰德和德莱斯勒（Beaugrande & Dressler，1981）认为，语篇作为一种"交际活动（communicative occurrence）"，它必须具有七项标准：衔接（cohesion）、连贯（coherence）、意向性（intentionality）、可接受性（acceptability）、语境性（situationality）、信息性（informativity）和互文性（intertextuality）。在七项标准中，"衔接"和"连贯"是最重要的，因为这是实现其他标准的基本手段。

7.1.1 语篇的衔接

语篇由若干句子构成，语篇的理解以句子为基础，语篇的整体意义是其句子意义有机的结合而不是句子的任意堆积。构成语篇的句子必须是相关的，不仅意义上相关，在同一个语义场，而且结构上相关，有照应手段（cohesive device）把它们联在一起。衔接是语篇特征的重要内容，是一个语义概念，体现在语篇的表层结构上。文字的衔接主要通过语法手段如：照应（reference）、替代（substitution）、省略（ellipsis）以及词汇手段如复现关系（reiteration）、同现关系（collocation）等来表现结构上的黏着性（即结构上的衔接）。例如：

According to some psychology counselors, workaholism can be both good and bad for us. **It** can **fuel** a sense of self-worth and accomplishment. **And** we get paid for **it** and praised for **it**, which **produces** good feelings we may not necessarily be able to attain in other parts of our lives.

Workaholism is a problem that has been evident since the **Stone Age**— whenever people have **sought to escape** other parts of their lives through work. Our parents and grandparents worked very hard, **but theirs** was more of a physical work. **Ours** has more stress in it, especially in these days of rising competition and shrinking companies. The companies are getting smaller and smaller **because of** bleak economic conditions and employees fear for their jobs—**so** they work longer hours. We seem to be more in the fast lane than ever before.

根据某些心理咨询顾问的观点，迷恋工作对我们来说是一把双刃剑。它可以激发一种自我价值和成就感，并且我们还能因此得到报酬和表扬，这会给我们带来我们不一定能从生活的其他方面获得的良好感觉。

工作狂自石器时代起就成了一个很突出的问题——每当人们试图通过工作来逃避他们生活中的其他部分时就会出现这个问题。我们的父母和祖辈们工作都很努力，但是他们的劳动基本上是体力劳动。而我们的工作压力更大，尤其是在当今竞争日趋激烈、公司规模日趋缩小的时代。由于经济形势黯淡，公司不断裁员，雇员担心失去工作，因此他们工作时间更长。我们好像比过去任何时候都更加处于快车道上。

这是《新视野大学英语》第二册中的一篇文章。文中用粗体字标出了衔接词语，这些衔接词语的使用使得上下文的意义得以贯通。其中 according to, Stone Age, sought to 等为同现关系或固定搭配（collocation），it 通过参照前面的句子得出是指"工作狂"，fuel 和 produce 在文中表达同一意思，应翻译为"带来，产生"。作者在此应用了重申关系（reiteration），意在避免重复使用一个词，使文章显得生动有活力。文中 and, but, so 等连词的应用是表示一定的连接关系，翻译时一定要把握好其内在的逻辑关系，避免句子之间的结构松散或脱节关系。为了和前面的句子紧密连在一起，作者使用了物主代词ours以及theirs意在省略重复出现同一词work。在英译汉时一定要清楚英汉语言表述上的差别，翻译成汉语时可用增词法，在此根据照应关系theirs应译为"他们的工作"，ours为"我们的工作"。

7.1.2 语篇的连贯

连贯也是一个语义概念，它也是语篇特征的重要内容，指的是语篇中语义的关联，连贯存在于语篇的底层，通过逻辑推理来达到语义连接；因此，可以说它是语篇的无形网络。

在语篇中，句与句的集结包含着不同的逻辑关系。连贯就是将一个个词语、句子连成更大的语义结构的一种逻辑机制，它是交际成功的重要保证之一。表达时，只有有条不紊地显示这种关系，才能清晰地传达原文意思。英汉语言语句之间衔接方式有较大的不同，因此翻译时除了充分利用篇章标志词外，还要特别注意吃透原文，理顺文字底层的联系，译出字里行间的意思，可能是需要省译或增译关联词语，改变某些词语的说法，以便体现原文语义结构的逻辑连贯性。例如：

Physical comfort does not depend on temperature alone but on other factors as well. One of the major factors on which comfort depends is humidity. High humidity helps prevent heat loss from the body and makes even high temperature less bearable. Dehumidifying the air helps the body to lose heat and thus bear higher temperatures. However, beyond certain limits, removing the moisture from the air becomes harmful to the body. The mucous membranes of the nose and throat can become dry, thus increasing susceptibility to respiration diseases.

身体舒适并不只取决于温度，还取决于其他因素。决定身体舒适的主要因素之一乃是湿度。湿度高，容易妨碍身体散热。从而使体温更高。让人难以忍受。然而，若除去的空气湿度超过一定限度又会对人体有害。这时鼻和喉的黏膜会变得干燥，从而易感染呼吸道疾病。

译文主次分明，逻辑概念清楚。该语篇由6个句子组成。第1句起承上启下的作用，第2句为核心部分，其余四句为附属部分。核心句与附属句的逻辑关系为Cause，Result，Purpose关系，核心部分为结果，附属部分为原因，争端逻辑概念十分清楚。在附属部分的四个句子中，几乎每句都有一个因果关系展开，由此进一步论证说明主题句即核心。如第3句中的and所连接的后部分为结果，前部分为原因；第4句和第5句有因果标志词thus；第5句也为一个内涵因果句。

7.2 文体与翻译

从文体学角度来讲，语篇是泛指一个完整的语言材料，它可以是一个广告、一副请柬、一封信、一次谈话、一篇新闻报道，甚至一部小说。它包括一切形式的语言交往和一切文体的语言材料。各篇章的交际功能或目的不同，主题或内容各异，文体及表现形式有别，翻译的要求也就有所不同。我们必须明确我们所要译的文章是文学作品还是科学、法律方面的文章，是一篇简介文字还是一篇讲演词。因为不同文体的文章在表现形式上也不同，如法律文体有一些法律常用词语，科技也会各自有一些专门术语，应用文有时有严格的格式要求，文学则更为复杂，因为其中对话、描述、心理描写、景物或人物描写又各有不同。议论文句式严谨，语言正式，长句较多等，这在遣词造句上都有差异。

文体与翻译的密切关系已日益为翻译界所认识。翻译教学进入高级阶段时，必须开始注意功能问题。不论英语还是汉语都有不同的文体特点，译者必须熟悉英汉各种文体类别的语言特征，才能在英汉语言转换中顺应原文的要求。

7.2.1 新闻报刊翻译

新闻报刊文体指的是报纸、杂志、广播电台、电视台等大众传播工具在消息报道和评论中使用的文体。在现代社会中，新闻报刊文体已成为人们生活中不可分割的一部分，是人们最为熟悉的文体之一，同时也部分地成为规范语言的标准。由于新闻报刊时间性强，加上现代新闻业的竞争，使得报刊要用最少的篇幅传播尽可能多的信息，因此语言必须精确明了，省时易懂。而报道的严肃性使报刊语言必须正式庄重。例如：

Chinese state media report the death toll from powerful explosions in the Chinese port of Tianjin has risen to 104. It says at least 21 firefighters were among those killed. Chinese officials ordered an immediate evacuation near the site of the huge fire and explosions Wednesday night. The blasts happened at a chemical storage building in an industrial neighborhood. *The Beijing News* on Saturday said all people within a 3 kilometer distance of the warehouse are being forcibly removed from the area. Officials reportedly are concerned about a possible poisonous chemical spread. The newspaper reported that police said sodium cyanide was discovered east of the site. The chemical can kill. A team of more than 200 military nuclear and biochemical specialists has been searching the area of possible dangerous chemicals.

中国官方媒体报道称，中国天津港强烈爆炸造成的死亡人数已经上升到104人，其中包括至少21名消防员。中国官员已经下令靠近周三晚上起火和爆炸现场附近的人们立即撤离。爆炸发生在工业区里的一个化学品仓库。《新京报》周六表示，距离仓库3公里以内的所有人员被强制撤离。据报道，官员们担心有毒化学品可能会扩散。该报报道称，警方在现场东部发现了氰化钠。这种化学品是致命的。200多名军事核生化专家一直在现场搜寻可能的危险化学品。

这则新闻的特点是简明扼要，结构紧凑，语言精确。能够使读者花费较少时间清楚地获得最新资讯。符合新闻报刊文体的特点。

7.2.2 商务信函的翻译

商务信函都具有很强的专业性、实用性及规范性，具体到语言层面，它要求行文简洁，措词婉约，语气平和而庄重。翻译时也要做到语言简练，用通俗易懂的语言翻译；注意英汉语言的异同点，如信封、信头、地址、时间和结尾署名等。例如：

Appointment Letter

Dear Mr./Ms,

Mr. Jack Baron, our personnel director, has asked me to acknowledge your application for the post of accountant and to ask you to come to see him on Friday afternoon, 5th July, at half past two.

I will appreciate your letting me know whether you will be able to come.

Yours faithfully

聘书

尊敬的先生/女士：
我们的人事主任杰克·巴伦先生让我向你申请会计职位表示感谢，并请你于7月5日星期五的下午两点半来见他。
是否能来，请告知，多谢。
此致

回信：

Dear Mr./Ms,

Thank you for your letter of yesterday inviting me to come for an interview on Friday afternoon, 5th July, at 2:30. I shall be happy to be there as requested and will bring my diploma and other papers with me.

Yours faithfully

尊敬的先生/女士：

感谢昨日来信通知我面试，我将于要求的7月5日周五下午两点半到达，并带去我的证书及其他书面材料。

此致

7.2.3 广告翻译

广告是一种集信息功能和劝说功能为一体的传播形式，其中后者多起到服务于前者的作用。我们在进行翻译时还应该考虑读者这一因素，把读者的需求放在第一位。不同的文化背景下的读者对信息的接受方式和接受内容是不同的，即使是对同一文本也是不同的。广告文体特有的目的和功能决定了广告翻译不求亦步亦趋、逐字逐句的对应，而贵在简洁灵活、独特新颖，使译文一语中的，具有冲击力。例如：

① Where there is a way for car there is a Toyota. 车到山前必有路，有路必有丰田车。

② I'm More satisfied! 我更喜欢摩尔牌香烟！

③ Good to the last drop. 滴滴香浓，意犹未尽。（麦斯威尔咖啡）

④ Street smart, Country casual. 城市大街上行驶潇洒，乡间小道上奔驰自如。（汽车广告）

7.2.4 科技翻译

科技文体包括科学论文、实验报告、对自然现象的描述及解释、关于试验如何进行的指示，以及科技发展的历史。

科技文体的语言具有很强的客观性、规范性、正式性和准确性，用词准确，表达清楚易懂，篇章结构层次清晰；注重客观叙述，不带感情色彩。翻译中要确保译文忠实于原文，表达通顺流畅。科技英语所表述的是客观规律，因此要尽量避免使用第一、二人称；此外，要使主要的信息置于句首。据统计，科技英语中的谓语至少三分之一是被动态。这是因为科技文章侧重叙事推理，强调客观准确。第一、二人称使用过多会造成主观臆断的印象。因此尽量使用第三人称叙述，采用被动语态。例如：

The efforts that have been made to explain optical phenomena by means of the hypothesis of a medium having the same physical character as an elastic solid body led, in the first instance, to the understanding of a concrete example of a medium which can transmit transverse vibrations, and at a later stage to the definite conclusion that there is no luminiferous medium having the physical character assumed in the hypothesis.

为了解释光学现象，人们曾试图假定有一种具有与弹性固体相同的物理性质的介质。这种子尝试的结果，最初曾使人们了解到一种能传输横向振动的具有上述假定所认为的那种物理性质的发光介质。

译文中使用了大量名词化结构以及长句来表述一个复杂概念，使之逻辑严密、结构紧凑，并且广泛地使用被动语句以强调客观事实。

7.2.5 法律翻译

法律文件包括法律、条约、契约、合同、保证书等。这类文件涉及人们的权利和义务，因此需要用词准确，丝毫马虎不得。法律语言的基本功能是严格规定某一方应当承担的义务和应当享受的权利，并严格申明不承担义务时应当受到的处罚，法律条文和契约的特色首先是文字严谨，避免误解和歧义现象的产生。这就决定了法律文体特有的稳定性和保守性。

汉英法律文体翻译应尽力做到选词谨慎、组句审慎，力求行文严密、逻辑缜密，尽量以地道精确的语言来表述原文的真实意义。例如：

COMPLAINT FOR NEGLIGENCE

1. Allegation of jurisdiction.

2. On June 1, 1936, in a public highway called Boylston Street in Boston, Massachusetts, defendant negligently drove a motor vehicle against plaintiff who was then crossing said highway.

3. As a result plaintiff was thrown down and had his leg broken and was otherwise injured, was prevented from transacting his business, suffered great pain of body and mind, and incurred expenses for medical attention and hospitalization in the sum of one thousand dollars.

Wherefore plaintiff demands judgment against defendant in the sum of 122 dollars and costs.

（NOTE: Since contributory negligence is an affirmative defense, the complaint need contain no allegation of due care of plaintiff.）

投诉

> 1. 管辖权声明。
>
> 2. 1936年6月1日，被告在马萨诸塞州波士顿市一条名为波侬斯顿街的公路上，疏于驾驶而将正步行跨越公路的原告撞倒。
>
> 3. 于被告撞击造成的腿部骨折及其他伤害，使原告不能工作，并遭受了身体和精神的巨大痛苦，原告还为此支出医疗护理费和住院费共1000美元。
>
> 据此，原告请求判决被告支付122美元的赔偿金并支付诉讼费用。
>
> （注：因共同过失为积极抗辩，故起诉书无需包含关于原告应有注意的声明。）

7.2.6 小说翻译

小说文体主要通过独特的叙事手法来获得某种特定的审美效果，其语言风格主要表现在人物性格刻画、故事情节叙述与场景描写等方面。小说文体的翻译在于传神，也在于寻求和传达独特语言形式所蕴含的深层审美意义：

> She was of a helpless, fleshy build, with a frank, open countenance and an innocent, diffident manner. Her eyes were large and patient, and in them dwelt such a shadow of distress as only those who have looked sympathetically into the countenances of the distraught and helpless poor know anything about. (*Jennie Gerhardt*)
>
> 那妇人生着一副绵软多肉的体格，一张坦率开诚的面容，一种天真羞怯的神气。一双大落落的柔顺眼睛，里边隐藏着无穷的心事，只有那些对于凄惶无助的穷苦人面目作过同情观察的人才看得出来。
>
> 傅东华译

上面51个词的片断，就运用了10个形容词，占五分之一。and in them dwelt such a shadow of distress是非常优美生动的文学语言，译文保持了这一风格。

7.2.7 诗歌翻译

辜正坤（2000）认为：诗歌翻译是所有翻译中层次最高的一种，不仅需要中外文知识，更需要诗歌鉴赏能力。诗歌语言具有丰富的音韵美与节奏美，注重节奏、格律、押韵等方面的音乐性。诗歌翻译主要把握以下几点：一、尽力再现或表现音韵美；二、传达原诗的意境而不必过分囿于原诗的韵律。例如：

> The force that through the green fuse drives the flower
>
> Drives my green age; that blasts the roots of trees

Is my destroyer.

通过绿色导火索催开花朵的力量

催开我绿色年华；炸毁树根的力量

是我的毁灭者。

原英诗中的三美：意美、形美、音美，不但在译文中得到了充分体现，而且诗的意境随着著名诗人（北岛）的翻译而得到了进一步升华。再如：

When we two parted,

In silence and tears,

Half broken-hearted,

To sever for years,

Pale grew thy cheek and cold,

Colder thy kiss;

Truly that hour foretold,

Sorrow to this!

想当年我们俩分手，也沉默也流泪，

要分开好几个年头，想起来心就碎，

苍白、冰冷，你的脸，更冷的是嘴唇，

当时像真是预言，今天的悲痛！

从译文中可以看出，译词保留了原诗的韵律，押的韵都是abab，即第1行和第3行押同样的韵，第2行和第4行押同样的韵。从而再现了原诗优美的韵律感。

译论谐趣：语域与语境

（1）语境和翻译

语境（context）是研究语言使用和功能的一个重要语言学范畴。其最初指的是文章或言谈中一句话的上句或下句，一段话的上段或下段。但后来人们在使用语境这一概念时逐渐将它的原意扩展，不仅包括文章或言谈的上下文，而且也包括各种社会文化环境。

语境一般根据其对语言影响的直接程度归纳和划分为四类：直接语境，又称上下文（co-text）；情景语境（context of situation），又称语域（register）；文化语境（context of culture），或称体裁（genre）；意识形态（ideology）。

语言的情景语境最早是由马里诺斯基（Malinowski）在理查兹和奥格登

（C. K. Ogden）1923年所著的《意义的意义》（*The Meaning of Meaning*）一书中从人类学视角提出来的。从此，语境就成了语言学家所一直关注的课题。马里诺斯基的观点后来被英国语言学家弗斯（J. R. Firth）所继承和发展。韩礼德是继弗斯之后伦敦功能学派又一个在语境研究上作出贡献的主要代表人物。

总的来说，语言学界对语境的认识和研究分为两大派别。一是以韩礼德为代表的系统功能语法的语境观；二是语用学语言学家从认知的角度研究的语境，称为认知语境。

从系统功能语言学的角度来看，语境不再仅仅是一个涉及语言使用环境的笼统概念，而是一个从符号学角度来解释语言使用的抽象的理论范畴，用于描述意义潜势（meaning potential）和语言体现形式之间的相互关系。（Halliday, 1978; Halliday & Hasan, 1985; Martin, 1992; Matthiessen, 1995）系统功能语言学的语境观重视的是广义的文化语境和具体的情景语境（朱永生、严世清，2002：191）。语境和语篇呈相互依赖关系：语境具体体现为以语篇范围、语篇体式和语篇方式（field, tenor, mode）为要素的语域分析。Hatim（1990：22）将这一模式加以扩展，用于翻译研究，提出语境包括交际层面、语用层面和符号层面（communicative dimension, pragmatic dimension, semiotic dimension）。这三个层面决定着语篇的类型、布局和结构（text type, structure and texture）。

系统功能语言学对语境的界定和描述主要由三个层面组成：层次（stratification）、多功能（multi-functionality）以及潜势（potentiality）。从层次的角度而言，语境可以分为三层：文化语境（context of culture）、情景语境（context of situation）和上下文语境（context of co-text）。直接语境（上下文）指的是语言的措辞和行文。情景语境才是语篇产生的直接环境；文化语境是相对抽象的，是由情景语境来实现的。（Halliday, 1986：46）因此，语言和语境之间的层次对应关系是：文化语境对应语篇体裁、情景语境对应语域、上下文语境对应语言表达形式。

情景语境的三个变量是由语言的三个元功能意义来体现的。语篇范围（语场）由概念功能（ideational function）体现，语篇方式（语旨）由语篇功能（textual function）体现，语篇体式（语式）由人际功能（interpersonal Function）体现。（Halliday, 1986：25）这三种功能有赖于具体语篇的语义结构来实现。概念功能由及物性结构以及词组群内和小句群内的逻辑关系来实现；谋篇功能由主位结构、信息结构和衔接结构来实现；人际功能由语气结构、情态及语调来实现。这种三个层面的分析方法既加大了语境定义的深度（三个层次），又拓宽了语境特征的广度（多功能）。综上所述，一定的语篇总是存在于一定的语境当中的，情景语境是具体语篇产生的直接环境，又受到文化语境的制约。要解读语篇离不开语境分析。

（2）语域和翻译

从语言学的角度来讲，由于翻译过程涉及了两种语言和两种不同文化背景的参与者，所以它其实是一种跨文化、跨语言的交际形式。翻译要达到等效，做到忠实、通顺，识别语域是一个重要的前提。原文语域制约译文语域。语域等值（register equivalence）是语篇翻译过程中的一个重要的问题。了解语域理论，能在翻译中更好地表达语言的功能。

言语交际中，语言会根据使用场合而发生变化。不同的语境中人们所选择的语言表达方式不同，这样形成的语言变体就是语域（register）。在不同的语域中，语篇的遣词、造句、修辞、结构都会存在某些差异。语言交际的参与者，不论是说话者/作者还是听话者/读者，都应使语篇与其使用场合相适应。"语域"的概念最早由 Reid 在 1956 年研究双语现象时提出来。韩礼德对语域作了进一步的研究，并于 1964 年提出了著名的语域理论，认为语域是与语言使用有关的一种语言变体，不同语言使用情景决定不同的语言选择。语域理论揭示了不同情境下语言变体的总体原则，即语言都有根据其使用场合发生变化的普遍原则和决定其语言特征的情景因素。语域理论为翻译研究提供了一个新的视角。彼得·纽马克对韩礼德的语域理论就颇为推崇，称其在"分析文本，翻译批评及译者培训方面具有极高的价值"。韩礼德（1978：64）在 20 世纪 70 年代进一步明确了语域与语境的关系：语域是情景语境的具体表现。20 世纪 80 年代他又将语域定义为"与某一情景配置语场、语旨、语式有关的语义配置"，是处于比较抽象的系统潜势层面上，并且通过语言得到实现。韩礼德把"语域"分为三个变量，即语场（field）、语式（mode）和语旨（tenor）。这三个变量共同构成语域，具有反映文化差异、预测语篇意义和语言特征的功能。语域理论对翻译理论和实践有着相当大的指导作用。根据语域理论，原文和译文的对等关系不只是形式上的对等，即词汇、语法上的对等，也不只是一种意义的对等，而是源语和译入语的语篇在功能上的对等。

语场指的是交际过程中实际发生的事，包括语言发生的环境、语言所谈及的话题以及参与讲话者的整个活动；其中语言活动是重要的组成部分。语场的变化可使语言主体（即使用者和接收者）根据不同场合或领域的语域，选用不同的言语风格，比如文学语篇、科技语篇、广告语篇等。

语旨指语言参与者之间的角色关系和语言使用的目的：一方面，语旨标志着交际双方的关系，他们的基本情况、特点、社会地位以及他们各自在交际中所扮演的角色。角色不同，语言风格就会不同，因此话语有正式和非正式之分，亲密和拘谨之分，商谈和训斥之分等不同的风格特征。另一方面，语旨还包括语言使用的目的，是说服，规劝还是惩戒。

语式指的是语言的交际渠道以及语言所要达到的功能，是正在使用的语码的性质，即语篇信息的传播方式，可分为书面体和口语体、正式语体和非正式语体等。

不同语域之间的分界并非泾渭分明的，不同的语场有时也会出现相互渗透的现象：科技语篇中不能排除带有文学色彩的词语出现的可能性，现代诗歌中也不时出现科技术语。语式也会出现交错、纠缠的情况，比如广告语篇有时会写得很口语化，而形式上仍然是地地道道的书面语篇。

语域在不同语言中的表现应该说是基本相同的，但不同语言的语域特点也存在不尽相同之处，从而造成交际上的困难。另外，在语域的要素之一语式上，不同语言的体现情况虽然基本相同，但也存在差异的情形。这些差异对我们翻译实践的启发就在于："翻译的对等关系不能只建立在一种意义（通常是概念意义）的基础上；在寻求两种语言的语篇的概念意义对等的同时，还必须寻求两种语言的语篇在表达讲话者的态度、动机、判断、角色等人际意义，以及在表达媒介、渠道、修辞方式等语篇意义的对等。在一般情况下，好的译文需在这三种意义上都与原文对等。"（胡壮麟，1989：188）同理，在翻译批评时，掌握了语域概念有助于我们提高对译文质量的判断和鉴赏能力。

语域理论将具体的语言变体放在具体的文化语境和情景语境中进行研究，将语言的概念意义、人际意义及语篇意义有机地结合起来进行理解和解释，同时兼顾了语言内部的纯语言意义与语言的社会意义与功能。语域概念对翻译实践和研究有重要的指导与启发。对语篇语场、语式和语旨的认识和把握，是译者在翻译的过程中必须重视的三个重要因素。在翻译过程中，译者应使译文再现原文的语域特征，恰当表现原文赖以产生的语场、语式、语旨，使译文与原文的语域特征达成一致，才能保证信息语际转换的准确性和有效性，从而达到跨语言跨文化交际的最终目的。

（3）语篇衔接连贯与翻译

传统的翻译研究多限于在词句层面上寻找译文与原文的翻译规律、忠实程度和翻译效度。随着20世纪60年代篇章语言学的兴起，人们逐渐摆脱传统语言学理论的束缚，将语言研究的重心由句子转为语篇，着眼于语篇的交际功能，认为"语篇是有效交际的最终单位"。（Gillian & George, 2005）语篇语言学不再限定于研究语言本身，而是把视野扩大到语境和语言的交际功能；它把文本视为交际活动，而不是一串串定形的文字与结构；研究语言的使用，而不是把语言作为一个抽象的系统。（Baker, 1992: 4）用篇章语言学理论去研究翻译，将译者从静态的词句视角拓展到了动态的语篇视角。这一重大变化的核心问题是翻译的基本单位是什么？伯格兰德（Beaugrande）在1978年发表的《诗歌译论要素》一书中指出："翻译的基本单位不是单词，也不是单个句子，而是语篇。"（Beaugrande, 1978: 13）从而明确提出"翻译基本单位是语篇"这一论断。翻译离不开对于语篇分析的依赖：理解原文离不开语篇分析，检测译文离不开语篇分析，由字到句、由句到章、由章到篇更是离不开语篇分析。20世纪70至80年代以来，随着篇章语言学的发展，语篇作为翻译基本单位的主张得到认同。翻译研究开始向两个方向拓展：一、将翻译的视角从源语文本和译语文本的词句研究扩展到语篇层次。二、不再将翻译看作以文本形式出现的静态的终端产品，而将它视为动态的跨文化的交际过程。译者是从动态的语篇视角来认识文本，更有利于译者制定翻译策略，译文翻译更能体现真实的交际意图。从这个意义上来说，语篇翻译无疑是翻译理论研究和实践上的一大进步，研究语篇翻译对于翻译研究与实践的发展具有重大意义。

何谓语篇？胡壮麟（1994）给出的定义是："语篇指任何不完全受句子语法约束的在一定的语境下表示完整语义的自然语言。"它可以是一个词、一个短语或词组、一个句子、一段对话、一首诗、一篇散文、一部小说、一篇演说、一段评论、一则新闻报道、一篇科技报告等。德·伯格兰德和德莱斯勒（Beaugrande & Dressler, 1981: 3）在《篇章语言学入门》（*Introduction to Text Linguistics*）一书中介绍了篇章语言学的七个标准：衔接、连贯、意向性、可接受性、信息性、语境性和互文性/篇际性，从而确立了衔接与连贯在篇章语言学研究中的重要地位。在这七个标准中，"衔接"和"连贯"是其他标准的基础，其他标准需要在衔接和连贯的基础上进行分析和研究。衔接和连贯是语篇的重要特征，语篇的网络系统体现为衔接和连贯：衔接主要体现在语篇的表层结构上，词汇手段和语法手段均属于结构上的衔接，构成语篇结构的有形网络和显性关系；而连贯存在于语篇的底层结构层面，通过逻辑推理来达到语义连接，是语篇中语义的关联。因此，连贯是语篇语义的无形网络及隐性关系的体现。（黄国文，1988：10-17）在语篇翻译中，译者要注重用恰当的目的语表达方式把原文信息重新表达出来。译文不仅要进行词句方面的语码转换，还需译者采取一些相应的策略对译文的衔接进行重组，从而达到译文语义上的连贯。

① 译文的衔接

衔接这一概念是由韩礼德在1962年首次提出。1976年他和哈桑合著的《英语的衔接》（*Cohesion in English*）一书被认为是衔接理论创立的标志。书中指出衔接是一种语义概念，是存在于语篇中，并使语篇得以存在的语言成分之间的语义关系。（Halliday & Hasan, 2001：4）韩礼德和哈森区分了五种衔接手段：词汇衔接（lexical cohesion）、连接（conjunction）、照应（reference）、省略

（ellipsis）和替代（substitution）。在语篇翻译中，衔接的优劣关系到译文是否被目的语读者所理解和接受。在语篇翻译中，译者要充分认识原文中的衔接手段和方法，译文要根据目的语的语篇特征，借助恰当的衔接手段，使译文尽可能地体现出原文的衔接方式，使译文达到和原文语篇等同的语用效果。在语篇翻译中，对语篇衔接的认识和把握，会直接影响译文的质量。（余高峰：2009）

衔接可以分为两大类：一类是语法衔接（grammatical cohesion），主要有照应（reference）、省略（ellipsis）、替代（substitution）和连接（conjunction）；另一类是词汇衔接（lexical cohesion），主要有词汇重复（repetition）、同义（synonymy）、反义（antonymy）、搭配（collocation）、上下义（hyponymy）等。

● 词汇衔接

词汇衔接指的是运用词汇达到语篇衔接的目的。这种词义联系可以表现为词与词之间在语义上的全部或部分重复，如同一词项的复现，同义词、近义词、上下义词、概括词的运用；也可以表现为词与词之间在使用搭配上的常见同现关系，如选用一对反义词或同一语义场中的词。在翻译中辨别词汇衔接，找出相对应的译文词语是至关重要的，这也是提高译文质量不可或缺的部分。例如：

The greatness of a people is no more determined by their number than the greatness of a man is determined by his height.

一个民族的伟大不取决于人口多少，正如一个人的伟大不取决于他的身长一样。

上例中强调的是民族的"伟大"和人的"伟大"，为了保持概念的一致，译文保留重复词汇来达到预设的文体效果。

● 连接

连接词语指的是原文中某些词语在整个语篇中起着承上启下的作用。翻译时要通过一定的衔接手段，将句子与句子、段落与段落非常有条理地连接起来，使整个语篇构成一个完整或相对完整的语义单位。英语语句之间主要采用形合法过渡，尤其是比较正式的文章中，句子之间或句群之间往往使用一些连接词来衔接。（王武兴，2003：109）因此，汉译英时，译者应根据目的语的特点对译文的逻辑连接方式进行调整。为了满足英文的逻辑关系，应适当地增补一些关联成分。例如：

燕子去了，有再来的时候；杨柳枯了，有再青的时候；桃花谢了，有再开的候。

Swallows may have gone, **but** there is a time of return; willow trees may have died back, **but** there is a time of regreening; peach blossoms may have fallen, **but** they will bloom again.

在原文中，三个汉语排比句自然流畅，没有使用任何连接词来衔接上下文；而在英语译文中，根据英语的行文习惯（英语注重形合）和前后语句的逻辑关系，译者使用了相应的连接词but来连接上下文，使得上下文能够自然衔接。例如：

路的一旁，是些杨柳，和一些不知道名字的树。没有月光的晚上，这路上阴森森的，有些怕人。今晚却很好，虽然月光也还是淡淡的。

On the side **where** the path is, there are willows, interlaced **with** some others **whose** names I do not know. The foliage, **which**, in a moonless night, would loom somewhat frighteningly dark, looks very nice tonight, **although** the moonlight is not more than a thin, greyish veil.

汉语注重隐性连贯，原文上下文无明确表示逻辑关系的衔接词，而英语则注重显性连贯，通过使用丰富的衔接手段和形式组合手段，如词形变化、指代词、介词及各种连接词，注重以形显意。此处译文中译者根据上下文，借助存在句型、介词on、连词with、英语关系词where和whose、关系代词which和连词although为衔接手段，将语篇句型结构和信息重组，准确保留了原文所描写的意境，逻辑清晰，使得读者能够轻松明白作者所描绘的那晚荷塘月色的生动情景。

- 照应

英汉句子结构最主要的区别在于，汉语重意合（即以达意为主，不强调形式的严谨），而英语重形合（即讲究形式上的严谨，注重词语和句间的逻辑、连接和照应）。照应通常分为人称照应、指示照应、比较照应和分句照应。在翻译实践中，人称照应和指示照应是最具有理论价值的语篇现象。（余高峰，2009）在翻译时，译者要理清语篇翻译中的人称照应关系，如在很多情况下，汉语语篇中的无主句必须要在译文中增补主语，而英语语篇中的代词必须被还原为汉语的名词，这样译文语篇才能明确清楚地呈现给目的语读者。例如：

这几天心里颇不宁静。今晚在院子里坐着乘凉，忽然想起日日走过的荷塘，在这满月的光里，总该另有一番样子吧。

I have felt quite upset recently. Tonight, when I was sitting in the yard enjoying the cool, **it occurred to me that** the Lotus Pond, which I pass by every day, must assume quite a different look in such moonlit night.

原文中没有一个代词，是汉语中典型的"意合"照应方式。但英语重"形合"，很少出现无主句。为了符合英文的"形合"照应原则，英译时，译者根据上下文添加主语，或者采用形式主语的方式补充主语等，即译文增补了3个代词I和1个形式主语句型，以保证句子结构的稳定性和语义逻辑的严密性。再如：

It's not quite love and **it's not quite** community; **it's just** this feeling that there are people, an abundance of people, **who** are in this together.

<u>这个词的意思</u>，用"爱"来表达不够准确，用"相聚"来解释也稍有欠缺。<u>它</u>是身边有一伙人、有人陪伴的感觉。

原文语篇用了 3 个 it 和 1 个连词 who 照应上下文。翻译中，英语语篇中的代词必须被还原为汉语的名词，但如果全部照译出来，不符合汉语意合的照应习惯。因此，汉语译文将 3 个 it 明确还原为 1 个名词短语"这个词的意思"和一个代词"它"，语义更简练、流畅、自然。译文中类似的增减都是根据目的语的语篇特点进行调整。此外，除人称照应以外，表衔接的关联成分也应作适当的调整。

● 替代

替代指的是用较短的语言形式来替代上下文中的某些词语，其目的是行文简练流畅。替代通常分为名词性替代、动词性替代和分句性替代。就翻译过程来说，动词性替代最具有实践意义。例如：

We don't **have a word for the opposite of loneliness**, but if we **did**, I could say that's what I want in life.

<u>"孤独"没有反义词</u>。如果有这样一个词的话，我想说，它就是我人生中最想要的东西。

原文中 did 替代了 have a word for the opposite of loneliness，汉语中没有这样的替代方式，因此，译文中采用了同构的方法，使其形成词汇衔接关系。

② 译文的连贯

从语篇翻译的角度来看，译文连贯的关键问题是如何保证译文语篇中语义逻辑的一致。连贯是语篇的基本特征。连贯是词语、小句、句群在概念上、逻辑上合理、恰当地连为一体的语篇特征，从而使得篇章逻辑结构有机串接，时空顺序明晰，篇章推进层次分明。（李运兴，2001）语义连贯是语篇组织构成的重要标志，译者只有充分理解源文句内、句间或段间关系并加以充分表达，才能准确传达原文的题旨和功能。翻译语篇连贯问题主要表现为逻辑重组、叙述思路转换等方面；否则，译文就会出现思路凌乱、逻辑不清，甚至误译。

● 逻辑重组

逻辑重组指的是原文逻辑结构到译文逻辑结构的转换。由于英汉两种语言有着不同的逻辑层次特点（汉语注重意合，而英语注重形合），因此，在翻译时，要根据目的语的思维方式进行调整或重组，使译文的篇章组织结构能充分地体现出原文的语义逻辑结构，使译文准确、达意、流畅。例如：

> 我们过了江，进了车站。我买了票，他忙着照看行李。这时我看见他的背影，我的泪很快地留下来了。我赶紧拭干了泪，怕他看见，也怕别人看见。（朱自清《背影》）
>
> We crossed the Yangtze and arrived at the station, **where** I bought a ticket **while** he saw to my luggage… At the sight of his back tears started to my eyes, **but** I wiped them hastily **so that** neither he nor anyone else might see them.（杨宪益译）

中文原文似乎是由几个并列的流水短句组成，表面上没有明显的连贯逻辑关系。但仔细分析之后发现此段篇章中隐含一定的逻辑关系，在将其译成英文时，译者分别用了关系副词、从属连词、并列连词等篇章衔接手段，将段落句子进行逻辑重组，很好地把汉语原文中隐含的逻辑连贯关系显性出来。

> **Youth is not** a time of life; **it is** a state of mind; **it is** not a matter of rosy cheeks, red lips and supple knees; **it is** a matter of the will, a quality of the imagination, a vigor of the emotions; **it is** the freshness of the deep springs of life.
>
> 年轻，并非人生旅程的一段时光，也并非粉颊红唇和体魄的矫健。它是心灵中的一种状态，是头脑中的一个意念，是理性思维中的创造潜力，是情感活动的一股勃勃的朝气，是人生春色深处的一缕东风。

英语原文是由多个并列句组成，语义逐级递进，构成排比关系。在将其译成汉语时，译者将段落句子顺序重新进行编排和重组，先抑后扬，先否定"不是……"，后半句再肯定"是……"，一气呵成，很好地体现了原文的逻辑连贯关系，也符合汉语读者的逻辑思维习惯。

● 叙述思路的转换

叙述思路指的是篇章作者所依循的行文思维路径。一般来说，语言的思维路径是连贯不变的，但有时，作者出于某种原因，会在叙述时发生思路的转换；在翻译过程中，译者需要仔细阅读，精心处理，以免使译文出现语义逻辑脱节的现象。例如：

> Dog owners are a mystery to me. I once went to a long series of nonproductive dates with one, and every time we were about to fool around she would have to leave to go home and walk her dog. **Hey, wait. I think I just figured out something.**
>
> 养狗的人真让人猜不透。我曾经与一位养这种宠物的女士有过一段毫无结果的长时间的交往，每当我们要亲热一番的时候，她就要走人，要回家去遛她的狗。嗨，得了吧。我明白你是什么意思啦。（李运兴，2001）

原文作者首先是以第一人称的思路在叙述他和一位女士的恋爱经过，可是到了画线部分，这种思路突然转变成了一种类似于自言自语的内心独白，非常生动地说出自己的感悟。译者也充分把握住了这种思路的转换，将wait译为"得了吧"，将figured out something译为"明白你是什么意思啦"。这种翻译处理方式使原文中这一思路转换在译文中得到了恰当、准确的再现。

衔接与连贯是语篇翻译中的两个重要原则和特征。衔接是篇章的外在形式，连贯是篇章的内在逻辑联系。（邹伟，2003）但由于英汉两种语言在表达方式上存在着一定的差别，在英汉互译中，词语衔接或语义连贯并非总是相对应的，因此译者应在充分理解原文语篇结构的基础上，灵活地运用译入语语篇衔接和连贯手段，注意逻辑关系的转换和连贯结构的重构，使译文既能充分、完整地表达原文的意思，又能符合译文的表达习惯，为读者所接受。

译例赏析

原文

荷塘月色

这几天心里颇不宁静。今晚在院子里坐着乘凉，忽然想起日日走过的荷塘，在这满月的光里，总该另有一番样子吧。月亮渐渐地升高了，墙外马路上孩子们的欢笑，已经听不见了；妻在屋里拍着闰儿，迷迷糊糊地哼着眠歌。我悄悄地披了大衫，带上门出去。

沿着荷塘，是一条曲折的小煤屑路。这是一条幽僻的路；白天也少人走，夜晚更加寂寞。荷塘四面，长着许多树，蓊蓊郁郁的。路的一旁，是些杨柳，和一些不知道名字的树。没有月光的晚上，这路上阴森森的，有些怕人。今晚却很好，虽然月光也还是淡淡的。

路上只我一个人，背着手踱着。这一片天地好像是我的；我也像超出了平常的自己，到了另一世界里。我爱热闹，也爱冷静；爱群居，也爱独处。像今晚上，一个人在这苍茫的月下，什么都可以想，什么都可以不想，便觉是个自由的人。白天里一定要做的事，一定要说的话，现在都可不理。这是独处的妙处，我且受用这无边的荷香月色好了。

曲曲折折的荷塘上面，弥望的是田田的叶子。叶子出水很高，像亭亭的舞女的裙。层层的叶子中间，零星地点缀着些白花，有袅娜地开着的，有羞涩地打着朵儿的；正如一粒粒的明珠，又如碧天里的星星，又如刚出浴的美人。微风过处，送来缕缕清香，仿佛远处高楼上渺茫的歌声似的。这时候叶子与花也有一丝的颤动，像闪电般，霎时传过荷塘的那边去了。叶子本是肩并肩密密地挨着，这便宛然有了一道凝碧的波痕。叶子底下是脉脉的流水，遮住了，不能见一些颜色；而叶子却更见风致了。

月光如流水一般，静静地泻在这一片叶子和花上。薄薄的青雾浮起在荷塘里。叶子和花仿佛在牛乳中洗过一样；又像笼着轻纱的梦。虽然是满月，天上却有一层淡淡的云，所以不能朗照；但我以为这恰是到了好处——酣眠固不可少，小睡也别有风味的。月光是隔了树照过来的，高处丛生的灌木，落下参差的斑驳的黑影，峭楞楞如鬼一般；弯弯的杨柳的稀疏的倩影，却又像是画在荷叶上。塘中的月色并不均匀；但光与影有着和谐的旋律，如梵婀玲上奏着的名曲。

荷塘的四面，远远近近，高高低低都是树，而杨柳最多。这些树将一片荷塘重重围住；只在小路一旁，漏着几段空隙，像是特为月光留下的。树色一例是阴阴的，乍看像一团烟雾；但杨柳的丰姿，便在烟雾里也辨得出。树梢上隐隐约约的是一带远山，只有些大意罢了。树缝里也漏着一两点路灯光，没精打采的，是渴睡人的眼。这时候最热闹的，要数树上的蝉声与水里的蛙声；但热闹是它们的，我什么也没有。

忽然想起采莲的事情来了。采莲是江南的旧俗，似乎很早就有，而六朝时为盛；从诗歌里可以约略知道。采莲的是少年的女子，她们是荡着小船，唱着艳歌去的。采莲人不用说很多，还有看采莲的人。那是一个热闹的季节，也是一个风流的季节。梁元帝《采莲赋》里说得好：

于是妖童媛女，荡舟心许；鹢首徐回，兼传羽杯；棹将移而藻挂，船欲动而萍开。尔其纤腰束素，迁延顾步；夏始春余，叶嫩花初，恐沾裳而浅笑，畏倾船而敛裾。

可见当时嬉游的光景了。这真是有趣的事，可惜我们现在早已无福消受了。

于是又记起《西洲曲》里的句子：

采莲南塘秋，莲花过人头；低头弄莲子，莲子清如水。

今晚若有采莲人，这儿的莲花也算得"过人头"了；只不见一些流水的影子，是不行的。这令我到底惦着江南了。——这样想着，猛一抬头，不觉已是自己的门前；轻轻地推门进去，什么声息也没有，妻已睡熟好久了。

Moonlight over the Lotus Pond

I have felt quite upset recently. Tonight, when I was sitting in the yard enjoying the cool, it occurred to me that the Lotus Pond, which I pass by every day, must assume quite a different look in such moonlit night. A full moon was rising high in the sky; the laughter of children playing outside had died away; in the room, my wife was patting the son, Run-er, sleepily humming a cradle song. Shrugging on an overcoat, quietly, I made my way out, closing the door behind me.

Alongside the Lotus Pond runs a small cinder footpath. It is peaceful and secluded here, a place not frequented by pedestrians even in the daytime; now at night, it looks more solitary, in a lush, shady ambience of trees all around the pond. On the side where the path is, there are willows, interlaced with some others whose names I do not know. The foliage, which, in a moonless night, would loom somewhat frighteningly dark, looks very nice tonight, although the moonlight is not more than a thin, greyish veil.

I am on my own, strolling hands behind my back. This bit of the universe seems in my possession now; and I myself seem to have been uplifted from my ordinary self into another world, I like a serene and peaceful life, as much as a busy and active one; I like being in solitude, as much as in company. As it is tonight, basking in a misty moonshine all by myself. I feel I am a free man, free to think of anything, or of nothing. All that one is obliged to do, or to say, in the daytime, can be very well cast a side now. That is the beauty of being alone. For the moment, just let me indulge in this profusion of moonlight and lotus fragrance.

All over this winding stretch of water, what meets the eye is a silken field of leaves, reaching rather high above the surface, like the skirts of dancing girls in all their grace. Here and there, layers of leaves are dotted with white lotus blossoms, some in demure bloom, others in shy bud, like scattering pearls, or twinkling stars, our beauties just out of the bath. A breeze stirs, sending over breaths of fragrance, like faint singing drifting from a distant building. At this moment, a tiny thrill shoots through the leaves and flowers, like a streak of lightning, straight across the forest of lotuses. The leaves, which have been standing shoulder to shoulder, are caught trembling in an emerald heave of the pond. Underneath, the exquisite water is covered from view. And none can tell its colour; yet the leaves on top project themselves all the more attractively.

The moon sheds her liquid light silently over the leaves and flowers, which, in the floating transparency of a bluish haze from the pond, look as if they had just been bathed in milk, or like a dream wrapped in a gauzy hood. Although it is a full moon, shining through a film of clouds, the light is not at its brightest; it is, however, just right for me—a profound sleep is indispensable, yet a snatched doze also has a savour of its own. The moonlight is streaming down through the foliage, casting bushy shadows on the ground from high above, dark and checkered, like an army of ghosts; whereas the benign figures of the drooping willows, here and there, look like paintings on the Lotus leaves. The moonlight is not spread evenly over the pond, but rather in a harmonious rhythm of light and shade, like a famous melody played on a violin.

Around the pond, far and near, high and low, are trees. Most of them are willows. Only on the path side can two or three gaps be seen through the heavy fringe, as if specially reserved for the moon. The shadowy shapes of the leafage at first sight seem diffused into a mass of mist, against which, however, the charm of those willow trees is still discernible. Over the trees appear some distant mountains, but merely in sketchy silhouette. Through the branches are also a couple of lamps, as listless as sleepy eyes. The most lively creatures here, for the moment, must be the cicadas in the trees and the frogs in the pond. But the liveliness is theirs, I have nothing.

Suddenly, something like lotus-gathering crosses my mind. It used to be celebrated as a folk festival in the South, probably dating very far back in history, most popular in the period of Six Dynasties. We can pick up some outlines of this activity in the poetry. It was young girls who went gathering lotuses, in sampans and singing love songs. Needless to say, there were a great number of them doing the gathering, apart from those who were watching. It was a lively season, brimming with vitality, and romance. A brilliant description can be found in "Lotus Gathering" written by the Yuan Emperor of the Liang Dynasty:

So those charming youngsters row their sampans, heart buoyant with tacit love, pass to each other cups of wine while their bird-shaped prows drift around. From time to time their oars are caught in dangling algae, and duckweed float apart the moment their boats are about to move on. Their slender figures, girdled with plain silk, tread watchfully on board. This is the time when spring is growing into summer, the leaves a tender green and the flowers blooming, among which the girls are giggling when evading an outreaching stem. Their shirts tucked in for fear that the sampan might tilt.

That is a glimpse of those merrymaking scenes. It must have been fascinating; but unfortunately we have long been denied such a delight.

Then I recall those lines in "Ballad of Xizhou Island": Gathering the lotus, I am in the South Pond, /The lilies, in autumn, reach over my head; /Lowering my head I toy with the lotus seed, /look, they are as fresh as the water underneath.

If there were somebody gathering lotuses tonight, she could tell that the lilies here are high enough to reach over her head; but, one would certainly miss the sight of the water. So my memories drift back to the South after all.

Deep in my thoughts, I looked up, just to find myself at the door of my own house. Gently I pushed the door open and walked in. Not a sound inside, my wife had been asleep for quite a while.

——朱自清《荷塘月色》/朱纯深 译

背景介绍

《荷塘月色》乃中国现代经典散文之一，是现代著名散文家、诗人兼学者朱自清先生的代表作之一。文章写于"四一二"反革命政变后，作者那时正处于彷徨苦闷，矛盾挣扎之中。文章中所描绘的月色下的荷塘美景，正是借以抒发作者当时复杂的心情。作者着重写景，虚实相生，动静结合，语言自然清新，流泻铺排，形散而神聚，意境如画。本篇为中国现代文学名作之一，文章虽然只有短短的1,500字，却饱含着浓浓的诗意和美感，体现了作者很高的语言艺术。要将这样的语篇文字翻译成英语，要译出原文的韵味，难度是可想而知的。有很多翻译家都尝试了将其译成英文，如张培基、朱纯深、王椒升等进行了翻译。在众多译本中，朱先生的译本成功再现了原作的音韵美和形式美，读起来朗朗上口，从视觉、听觉、嗅觉等多种感官渠道还原了原作的艺术风格和意境。

译文分析

（1）原文：这几天心里颇不宁静。今晚在院子里坐着乘凉，忽然想起日日走过的荷塘，在这满月的光里，总该另有一番样子吧。

译文：I have felt quite upset recently. Tonight, when I was sitting in the yard enjoying the cool, **it occurred to me** that the Lotus Pond, which I pass by every day, must assume quite a different look in such moonlit night.

原文中多处省略主语，采用分句的形式，符合散文形散的特点。但英语重"形合"，很少出现无主句。英译时，译者需根据上下文添加主语，或者采用形式主语的方式补充主语，或重新调整句子结构，将句子译成被动句、强调句等，以保证句子结构的稳定性和语义逻辑的严密性。

（2）原文：月亮渐渐地升高了，墙外马路上孩子们的欢笑，已经听不见了；妻在屋里拍着闰儿，<u>迷迷糊糊</u>地哼着眠歌。我悄悄地披了大衫，带上门出去。

译文：A full moon was rising high in the sky; the laughter of children playing outside had died away; in the room, my wife was patting the son, Run-er, **sleepily humming a cradle song**. Shrugging on an overcoat, quietly, I made my way out, closing the door behind me.

本句译文在结构和语序上与原文高度对等。最为出彩的部分是译者将叠音词"迷迷糊糊"译为 sleepily humming a cradle song, sleepily 一词中含有一个长元音和两个短元音，使得句子在朗读时有抑扬顿挫的节奏美，与原文相得益彰，再现了原句的音韵美。

（3）原文：这是一条幽僻的路；白天也少人走，夜晚更加寂寞。荷塘四面，长着许多树，<u>蓊蓊郁郁</u>的。

译文：It is peaceful and secluded here, a place not frequented by pedestrians even in the daytime; now at night, it looks more solitary, in a **lush, shady** ambience of trees all around the pond.

迭声词的频繁出现是本篇的文体特色之一。此处的"蓊蓊郁郁"，除"茂盛"（luxuriant）之意外，还带有迭声的效果。从上下文看，还表现出作者"郁郁"的心境，同时给读者一种朦胧迷离的韵味。译者使用 lush, shady 来表现其义，两词前后相连的卷舌音 sh 从音韵上模仿了原文，借助 sh 音的重复来传达原作想要表现的多重含义，音、形、义兼备。

（4）原文：路的一旁，是些杨柳，和一些不知道名字的树。

译文：**On** the side **where** the path is, there are willows, interlaced **with** some others **whose** names I do not know.

原文中此句是个无主句，只有"和"一个连词，没有介词。句义简洁清晰，画面感强。由此可见，汉语注重隐性连贯，注重功能和意义，注重以神统形；而英语则注重显性连贯，注重形式和结构，注重以形显意。因此在英语中有丰富的衔接手段和形式组合手段，如词缀、词形变化、指代词、介词以及各种关系的连接词。此处，译者以存在句型为中心，借助介词 on 和连词 with，以及英语关系词 where 和 whose 为衔接手段，将句型结构和信息重组，逻辑清晰，准确表达了原文意境。

（5）原文：没有月光的晚上，这路上阴森森的，有些怕人。今晚却很好，虽然月光也还是淡淡的。

译文：The **foliage**, **which**, in a moonless night, would loom somewhat frighteningly dark, looks very nice tonight, **although** the moonlight is not more than **a thin, greyish veil**.

描写景物时汉语倾向于用形容词，而英文偏抽象的名词。原文此段中以小路为描写对象，此句貌似写月光，实则还是在写小路的幽僻。汉语注重隐性连贯，原文上下文无明确表示逻辑关系的衔接词，译文中译者需根据上下文将信息重组，借助名词foliage、关系代词which和连词although将句子结构重组，使得上下文逻辑清晰明了；同时，"月光也还是淡淡的"被处理成a thin greyish veil，运用抽象名词具体化的方法，将月光比作veil，不仅表现出月色的恬淡，还带给了读者梦幻朦胧的美感，很好地保留了原文所描写的意境，使得读者能够轻松明白作者所描绘的那晚荷塘月色的生动情景。

（6）原文：这一片天地好像是我的；我也像超出了平常的自己，到了另一世界里。我爱热闹，也爱冷静；爱群居，也爱独处。这一片天地好像是我的；我也像超出了平常的自己，到了另一世界里。我爱热闹，也爱冷静；爱群居，也爱独处。

译文：This bit of the universe seems in my possession now; and I myself seem to have been uplifted from my ordinary self into another world, I like a serene and peaceful life, **as much as** a busy and active one; I like being in solitude, **as much as** in company.

平行结构的多次运用，也是原文的文体特色之一。这一结构在译文中也得到了很好体现。译者用as much as巧妙地连接了前后两个部分，构成地道的英语平行结构。译文在保留了原文平行结构的基础上将原文中作者追求安宁、幸福、美好生活的强烈愿望很好的再现了出来，让译文读者也能领悟到原文作者的性格及爱好。

（7）原文：白天里一定要做的事，一定要说的话，现在都可不理。

译文：All that one **is obliged to do, or to say**, in the daytime, **can be very well cast a side** now.

一般来说，在句式和语篇上，汉语多用主动语态，英语常用被动语态和长句。原文中的三个分句都使用了主动语态，是由于汉语以词汇手段表示被动意义，比较灵活；但是英语译文却使用了两个被动语态（be obliged to; be well cast）。英语中大量被动语态的使用，主要考虑到句法、修辞以及文体的需要。

（8）原文：这是独处的妙处，我且受用这无边的荷香月色好了。

译文：That is the beauty of being alone. For the moment, just let me indulge in this **profusion** of moonlight and lotus fragrance.

　　一般来说，在用词上，汉语多用动词、形容词和副词，而英语偏爱文字简洁，常用名词和代词。原文中用形容词"无边的"修饰"荷香月色"；而译文则采用 the profusion，将形容词抽象化为名词，这是汉译英中一种常用的手法。

（9）原文：曲曲折折的荷塘上面，弥望的是田田的叶子。叶子出水很高，像亭亭的舞女的裙。

译文：All over this **winding stretch** of water, what meets the eye is a **silken field** of leaves, reaching rather high above the surface, like the skirts of dancing girls **in all their grace**.

　　原文这一组句子中频频出现迭声词和平行结构以达到的音义相映，时空延绵，形象通感；译文句子一开始便使用"变语"（即不重复原文的荷塘但所指同一事物）和头韵法（winding… water, what…），采用了不同的手法力图取得相应效果。此外，这句话的另一翻译难点是"田田"和"亭亭"二词。"田田"形容荷叶鲜碧相连、盛密浓郁的样子，译文借喻了丝绸柔软的意象，以捕捉相同的触觉和空间印象。此处译者将"亭亭"形容词名词化，符合英文行文习惯，提高可读性。

（10）原文：微风过处，送来缕缕清香，仿佛远处高楼上渺茫的歌声似的。

译文：A breeze stirs, **sending** over breaths of fragrance, like **faint singing drifting** from a distant **building**.

　　英语重形合，语篇的衔接和组合形式多样，在此句翻译中，译者采用了脚韵的处理方式，如 sending，fainting，singing，drifting，building 都运用了 -ing 这一音节，形式整齐，结构严谨，节奏感强，使得译文不但流畅，同时也更加生动形象，极富感染力和音乐美，具有与原文同样的艺术效果。

（11）原文：月光如流水一般，静静地泻在这一片叶子和花上。薄薄的青雾浮起在荷塘里。叶子和花仿佛在牛乳中洗过一样；又像笼着轻纱的梦。

译文：**The moon sheds her liquid light** silently **over** the leaves and flowers, **which,** in the floating transparency of a bluish haze from the pond, **look as if** they had just been bathed in milk, **or** like a dream wrapped in a gauzy hood.

　　此句采用了合译的方法，将原文中零散的句子按照语义逻辑关系组合成符合英语表达习惯的句法类型，有利于译文读者理解和把握原文。本句还借助使用多个比喻、比拟，形象描写了月光及月色下清雾笼罩着的荷塘的夜景。"如流水一般"

译成了 liquid light，把月光往下"泻"的情形形象生动的反映出来了。"仿佛牛乳中洗过一样"，"像笼着轻纱的梦"等比喻，译文中也都同样采用比喻手法进行翻译，笔调自然，与原文互相呼应，再现了原文作者心中复杂的情感变化：先是一缕淡淡的哀愁，后是一丝淡淡的喜悦之情。此外，译文把动词短句"青雾浮在荷塘里"处理为一个名词短语 the floating transparency of…插入从句中，使动词抽象名词化，把汉语的短句美成功转化为英语从句套从句的复合长句的链式美。

（12）原文：虽然是满月，天上却有一层淡淡的云，所以不能朗照；但我以为这恰是到了好处——酣眠固不可少，小睡也别有风味的。

译文：Although it is a full moon, shining through **a film of clouds**, the light is not at its brightest; it is, however, just right for me—**a profound sleep** is indispensable, yet **a snatched doze** also has a savour of its own.

a film of clouds，形容词名词化。原文"酣眠"与"小睡"对照，译文译为 a profound sleep 和 a snatched doze，也形成了很好的对比，而且用词很确切，正好反映了原文作者的审美情趣。两个短句构成了匀称的平行结构，很好地表达出了作者对于不同美的喜爱之情。

（13）原文：荷塘的四面，远远近近，高高低低都是树，而杨柳最多。

译文：Around the pond, far and near, high and low, are trees. Most of **them** are willows.

英语中为了避免重复，常用代词代替前文的名词，汉语则常常使用名词增加语气和感情。此句译文采用代词 them 来代替 trees，避免了重复，显得简洁流畅。

（14）原文：树色一例是阴阴的，乍看像一团烟雾；但杨柳的丰姿，便在烟雾里也辨得出。

译文：**The shadowy shapes of the leafage at first sight seem diffused into a mass of mist, against which, however,** the charm of those willow trees is still discernible.

在语篇上，汉语多用主动语态和短句；英语常用被动语态和长句。原文此句是由松散的短句构成，句与句之间的逻辑关系或空间结构并不十分明确，如果直译，就还会是一群松散的短句：The leafage is shadowy. It seems like a mass of mist. But the charm of those willow trees is discernible in the mist. 不仅显得啰唆，也失去了原文的意境和韵味。因此，翻译时需要将信息和句子结构重组，利用介词和连词将其串成长句，连贯的表达原文语义。

（15）原文：采莲的是少年的女子，她们是荡着小船，唱着艳歌去的。

译文：**It was** young girls **who** went gathering lotuses, in sampans and singing love songs.

由于汉语语篇注重意合，原文中虽没有明显的连接词来表明句间关系，但原文意义明确连贯；然而英语语篇注重形合，译文中，译者使用强调句型 it was …who 将原文句子结构重新整合，使句间关系和逻辑更加明确。

（16）原文：那是一个热闹的季节，也是一个风流的季节。

译文：It was a **lively** season, brimming with **vitality**, and romance.

此句中的"热闹"用 lively 和 vitality 二词译，前者意在呼应上文，后者平衡句子节奏。

（17）原文：于是妖童媛女，<u>荡舟心许</u>；鹢首徐回，兼传羽杯；棹将移而藻挂，船欲动而萍开。尔其纤腰束素，迁延顾步；夏始春余，叶嫩<u>花初</u>，恐沾裳而浅笑，畏倾船而敛裾。

译文：So those charming youngsters row their sampans, heart **buoyant** with tacit love, pass to each other cups of wine while their bird-shaped prows drift around. Their slender figures, girdled with plain silk, tread watchfully on board. This is the time when spring is growing into summer, the leaves a tender green and the flowers **blooming**, among which the girls are giggling when evading an outreaching stem. their shirts tucked in for fear that the sampan might tilt.

古诗词含有丰富的文化内涵，结构简洁、但寓意深刻，在翻译时语言结构也要遵循从简原则，同时要注意还原古诗词的音韵美。"花初"意指"花初开"，译为 blooming（在开放），而不是 budding。点睛之笔是译者精准的选用了 buoyant 表达了"舟荡而心荡，遂许于他人"的过程。

（18）原文：采莲南塘秋，莲花过人头；低头弄莲子，莲子清如水。

译文：Gathering the lotus, I am in the South Pond, / **The** lilies, in **autumn**, reach over **my head**; / Lowering **my head** I toy with the lotus seed, / look, they are as fresh as the water underneath.

原文省略了主语（人物），在译文中需要补足。选用第一人称，是为了更贴近地刻画女主人公的心理。"秋"移至第二行，译作 the lilies 的后置定语，是为了补足原文意思和平衡句式。

练习

一、试译下列各段文章，注意语篇衔接。

1. —Unattached?

    —Currently.

    —Likewise.

    —Surprising.

2. NEWYORK（AP）—Renowned physical Stephen Hawking and Russian billionaire Yuri Milner are pushing the search for extraterrestrial life into higher gear. The pair said Monday the 100m dollar program funded by Milner will combine unprecedented computing capacity with the world's most powerful telescopes in a search of the heavens. Milner said the search will be entirely transparent and will rely on open-source software so findings can be shared throughout the world.

3. In the eyes of many Brits, the royal family stands for stability, continuity, heritage and traditions. But the royal family has made strenuous efforts to avoid becoming an anachronism in the past 25 years or so. They have reduced the number of members on the public payroll, volunteered to pay income tax, dispensed with the royal yacht, married commoners, used social media, and abolished male precedence in the order of succession to the throne.

4. Physical comfort does not depend on temperature alone but on other factors as well. One of the major one which comfort depends is humidity. High humidity helps prevent heat loss from the body and makes even high temperature less bearable. Dehumidifying the air helps the body to lose heart and thus bear higher temperatures. However, beyond certain limits, removing the moisture from the air becomes harmful to the body. The mucous membranes of the nose and throat can become dry, thus increasing susceptibility to respiration diseases.

5. **On Children**

    Your children are not your children.

    They are the sons and daughters of Life's longing for itself.

    They come through you but not from you,

    And through they are with you, yet they belong not to you.

    You may give them your love but not your thoughts,

    For they have their own thoughts.

    You may house their bodies but not their souls,

    For their souls dwell in the house of tomorrow,

Which you cannot visit, not even in your dreams.

You may strive to be like them,

But seek not to make them like you.

For life goes not backward nor tarries with yesterday.

You are the bows from which your children as living arrows are sent forth.

The archer sees the mark upon the path of the infinite,

And he bends you with His might that His arrows may go swift and far.

Let your bending in the archer's hand be for gladness

For even as he loves the arrow that flies,

So He loves also the bow that is stable.

6. 对出租人可能提出的或出租人可能招致的，由于以下原因的所有责任、索赔、要求、诉讼、费用或任何性质的开支，其原因或者是直接或间接因货物的制造、送交、存在、占有、供应、操作、使用、安装、移动、运输、替换或修理，不论是否由于或据称由于货物有缺陷，而对任何人造成或据称造成的任何损失、伤害、死亡或损害，或对财产造成或引起或据称造成或引起的任何灭失或损害，或者是因货物侵犯或据称侵犯任何专利、版权、机密情报或其他智力产权。

7. 经过努力，在资源消耗和污染物产生量大幅度增加的情况下，环境污染和生态破坏加剧的趋势减缓，部分流域污染治理初见成效，部分城市和地区环境质量有所改善，工业产品的污染排放强度有所下降，全社会环境保护意识进一步增强。

8. 沁园春·长沙

独立寒秋，

湘江北去，

橘子洲头。

看万山红遍，

层林尽染；

漫江碧透，

百舸争流。

鹰击长空，

鱼翔浅底，

万类霜天竞自由。

怅寥廓，

问苍茫大地，

谁主沉浮？

携来百侣曾游，

忆往昔峥嵘岁月稠。

恰同学少年，

风华正茂；

书生意气，

挥斥方遒。

指点江山，

激扬文字，

粪土当年万户侯。

曾记否，

到中流击水，

浪遏飞舟？

9. ＿＿＿＿先生/女士：

很高兴受到你方1月10日的询价，根据你方要求，今寄上带插图的目录及明细价格单。另封附上一些样品，相信经查阅后，你方会同意我方产品质量上乘，价格合理。

若每个货项的购买数量不少于五罗的话，我们可给你百分之二折扣。付款是凭不可撤销的即期信用证支付。

由于质地柔软、耐用，我们的面质床单和枕套备受欢迎。谅你在研究我方价格之后，自然会感到我们难以满足市场需求的原因。但是，若你方订货不迟于本月底，我方保证即期装运。

早复为盼。

谨上

10. 那妇人生着一副绵软多肉的性格，一张坦率开城的面容，一种天真羞怯的神气。一双大落落的柔顺眼睛，里边隐藏着无穷的心事，只有那些对于凄惶无助的穷苦人面目做过同情观察的人才能看得出来。

二、试译下列短文，注意运用各种翻译技巧。

1. Of Studies

Studies serve for delight, for ornament, and for ability. Their chief use for delight, is in private and retiring; for ornament, is in discourse; and for ability, is in the judgment, and disposition of business. For expert men can execute, and perhaps judge of particulars, one by one; but the general counsels, and the plots and marshalling of affairs, come best, from those that are learned.

To spend too much time in studies is sloth; to use them too much for ornament, is affectation; to make judgment wholly by their rules, is the humor of a scholar. They perfect nature, and are perfected by experience; for natural abilities are like natural plants, that need pruning, by study; and studies themselves, do give forth directions too much at large, except they be bounded in by experience. Crafty men contemn studies, simple men admire them, and wise men use them; for they teach not their own use; but that is a wisdom without them, and above them, won by observation. Read not to contradict and confute; nor to believe and take for granted; nor to find talk and discourse; but to weigh and consider.

Some books are to be tasted, others to be swallowed, and some few to be chewed and digested; that is, some books are to be read only in parts; others to be read, but not curiously; and some few to be read wholly, and with diligence and attention. Some books also may be read by deputy, and extracts made of them by others; but that would be only in the less important arguments, and the meaner sort of books, else distilled books are like common distilled waters, flashy things. Reading maketh a full man; conference a ready man; and writing an exact man. And therefore, if a man write little, he had need have a great memory; if he confer little, he had need have a present wit; and if he read little, he had need have much cunning, to seem to know, that he doth not.

Histories make men wise; poets witty; the mathematics subtile; natural philosophy deep; moral grave; logic and rhetoric able to contend. Abeunt studia in mores. Nay there is no stand or impediment in the wit, but may be wrought out by fit studies; like as diseases of the body may have appropriate exercises. Bowling is good for the stone and reins; shooting for the lungs and breast; gentle walking for the stomach; riding for the head; and the like. So if a man's wit be wandering, let him study the mathematics; for in demonstrations, if his wit be called away never so little, he must begin again. If his wit be not apt to distinguish or find differences, let him study the schoolmen; for they are cymini sectores. If he be not apt to beat over matters, and to call up one thing to prove and illustrate another, let him study the lawyers' cases. So every defect of the mind may have a special receipt.

2. 桃园结义

东汉（25-220年）末年，天下大乱。朝廷发布文告，下令招兵买马。榜文到涿县，引出了三位英雄。刘备，是汉朝中山靖王刘胜的后代。一天，他边看榜文边长叹，忽听背后有人说："男子汉大丈夫不思为国出力，在这里叹什么气？"并自报姓名说："我叫张飞，靠卖酒杀猪为生。"

刘备说出自已姓名后说："我想为国出力，又感到力量不够，故而长叹！"张飞说："这没什么可难的，我可以拿出家产，招兵买马，创建大业。"刘备听后非常高兴。二人来到一个小店，边喝酒边谈，正说得投机，门外突然来了一个红脸大汉，威风凛凛，相貌堂堂。刘备、张飞请他一同饮酒。交谈中得知，此人名关羽，因仗义除霸有家不能归，已流落江湖五六年了。他们各自抒发自己的志向，谈得十分投机。

隔日，三人来到一个桃园，点燃香烛，拜告天地，结为兄弟。按年龄刘备为大哥，关羽为二哥，张飞为三弟。并发誓"同心协力，报效国家。"此后，三人果然作出一番惊天动地的事业。

参考文献

Baker, M. *In Other Words: A Coursebook on Translation* [M]. London & New York: Routledge, 1992.

Beaugrande, R. & W. Dressler. *Introduction to Text Linguistics* [M]. London & New York: Longman, 1981.

Beaugrande, R. *Factors in a Theory of Translating* [M]. Assen: Van Gorcum, 1978.

Brown G. & Y. George. *Discourse Analysis* [M]. Beijing: Foreign Language Teaching and Research Press, 2005.

Halliday, M. A. K. & R. Hasan. *Cohesion in English* [M]. London: Longman, 1976./ Beijing: Foreign Language Teaching and Research Press, 2001.

Halliday, M. A. K. & R. Hasan. *Language, Context and Text: Aspects of Language* in a *Social-semiotic Perspective* [M]. Geelong: Deakin University Press, 1985.

Halliday, M. A. K. Computing meanings: Some reflections on past experience and present prospects [A]. A plenary speech at PACLING 1995. Reprinted in J. J. Webster (ed.). *Computational and Quantitative Studies* (Vol.6 in the Collected Works of M. A. K. Halliday) [C]. London & New York: Continuum/Beijing: Peking University Press, 1995/2005 /2007: 239-267.

Halliday, M. A. K. *Introduction to Functional Grammar* [M]. London: Edward Arnold, 1985.

Halliday, M. A. K. *Language as Social Semiotic: The Social Interpretation of Language and Meaning* [M]. London: Edward Arnold, 1978.

Halliday, M. A. K. Language theory and translation practice [J]. *Rivista Internationale di Tecnicadella Traduzione*, 1992 (0): 15-25.

Halliday, M. A. K. Linguistics and machine translation[J]. Zeitschrift für Phonetik, Sprachwissenschaft und Kommunikationsforschung, 1962 (1-2): 145-158.

Reprinted in J. J. Webster (ed.). *Computational and Quantitative Studies* (Vol. 6 in the Collected Works of M. A. K. Halliday) [C]. London and New York: Continuum/Beijing: Peking University Press, 2005/2007: 20-36.

Halliday, M. A. K. *System and Function in Language* [M]. G. R. Kress (ed.) London: Oxford University Press, 1976.

Halliday, M. A. K. The Gloosy Ganoderm: Systemic Functional Linguistics and Translation [J]. *Chinese Translators Journal*, 2009 (1): 17-26, 92.

Halliday, M. A. K. *The Linguistic Sciences and Language Teaching* [M]. London: Longman, 1964.

Halliday, M. A. K. The notion of "context" in language education [A]. In M. Ghadessy (ed.). *Text and Context in Functional Linguistics* [C]. Amsterdam & philadelphia: Benjamins, 1999: 1-24.

Halliday, M. A. K. Towards a theory of good translation[A]. In E. Steiner & C. Yallop (eds.). *Exploring Translation and Multilingual Text Production: Beyond Content* [C]. Berlin and New York: Mounton de Gruyter, 2001: 13-18.

Halliday, M.A.K., McIntosh, A. & Strevens. P. *The Linguistic Science and Language Teaching* [M]. London: Longman, 1964: 87.

Hasan, R. The Conception of Context in Text. In P. H. Fries & M. Gregory (eds.), *Discourse in Society: Systemic Functional Perspectives* [C]. New Jersey: Ablex Publishing Corporation, 1995: 183-296.

Hatim, B. & I. Mason. *Discourse and the Translator* [M]. London: Longman, 1990.

Hatim, B. & I. Mason. *The Translator as Communicator* [M]. London: Routledge, 1997.

Martin, J. R. *English Text: System and Structure* [M]. Amsterdam & Philadelphia: Benjamins/Beijing: Peking University Press, 1992/2004.

Martin, J. R. Language, Register and Genre. In F. Christie (ed.), *Children Writing: Reader* [C]. Geelong, Vic.: Deakin University Press, 1984.

Martin, J. R. Modeling context: A crooked path of progress in contextual linguistics [A]. In M. Ghadessy (ed.). *Text and Context in Functional Linguistics* [C]. Amsterdam & Philadelphia: Benjamins, 1999: 25-61.

Matthiessen, D. *Lexicogrammatical Cartography: English Systems* [M]. Tokyo: International Language Sciences Publishers, 1995.

Richards, I. A. & C. K. Ogden. *The Meaning of Meaning* [M]. London & New York: Harvest/HBJ, 1923.

陈宏薇. 新实用翻译教程[M]. 武汉：湖北教育出版社，1996.

高生文. 翻译研究的语域分析模式[J]. 山东外语教学，2014（1）：102-106.

郭著章. 语域与翻译. 翻译新论[C]. 杨自俭，刘学云. 武汉：湖北教育出版社，1994.

何兆熊. 新编语用学概要[M]. 上海：上海外语教育出版社，2000.

胡壮麟，朱永生，张德禄. 系统功能语法概论. 长沙：湖南教育出版社，1989.

胡壮麟. 语境研究的多元化[J]，外语教学与研究，2002（3）.

胡壮麟. 语篇衔接与连贯[M]. 上海：上海外语教育出版社，1994.

胡壮麟. 系统功能语法概论[M]. 长沙：湖南教育出版社，1989.

黄国文，张美芳. 从语篇分析角度看翻译单位的确定[J]. 翻译季刊，2002（2）.

黄国文. 功能语言学分析对翻译研究的启示[J]. 外语与外语教学，2002a（5）.

黄国文. 语篇分析的理论与实践[M]. 上海：上海外语教育出版社，2001.

黄国文. 语篇分析概要[M]. 长沙：湖南教育出版社，1988.

蒋晓萍. 语域分析与翻译[J]. 衡阳师专学报，1996（2）.

李运兴. 论语篇翻译教学——《英汉语篇翻译》第二版前言[J]，中国翻译，2003（4）.

李运兴. 英汉语篇翻译[M]. 北京：清华大学出版社，1998.

李运兴. 语篇翻译引论[M]. 北京：中国对外翻译出版公司，2001.

刘庆元. 语篇翻译中的衔接与连贯[J]. 山东外语教学，2004（3）.

尚媛媛. 语境层次理论与翻译研究[J]. 外语与外语教学，2002（7）：28-34.

司显柱. 论语篇为翻译的基本单位[J]. 中国翻译，1999（2）：14-17.

司显柱. 试论翻译研究的系统功能语言学模式[J]. 外语与外语教学，2004（4）.

司显柱. 语境与翻译刍议[J]. 外语艺术教育研究，2006（3）.

司显柱. 语篇翻译再探[J]. 翻译季刊，2003（28）.

谭载喜. 西方翻译简史[M]. 北京：商务印书馆，1991/2000.

王东风. 语篇连贯与翻译初探[J]. 外语与外语教学（大连外国语学院学报），1998（6）.

徐霞丹. 浅谈语域在翻译中的应用[J]. 社科纵横，2012（27）.

杨宁伟，王海燕. 基于语域分析的翻译研究[J]. 赤峰学院学报（汉文哲学社会科学版），2011（4）.

杨晓荣. 翻译标准的依据：条件[J]. 外国语，2001.

杨雪燕. "语篇"概念与翻译教学[J]. 中国翻译，2003（5）.

杨志亭. 英汉翻译中的语篇连贯与翻译策略[J]. 天津外国语学院学报，2004（3）.

杨自俭. 语篇与语境[J]. 解放军外国语学院学报，2003（2）.

姚暨荣. 论篇章翻译的实质[J]. 中国翻译，2000（5）.

余高峰. 语篇衔接连贯与翻译[J]. 语言与翻译，2009（4）.

张德禄，刘汝山. 语篇连贯与翻译[J]. 山东师大外国语学院学报，2002（2）.

张德禄. 语域变异理论与外语教学[J]. 山东外语教学，1990（3）：45-49.

张美芳，黄国文.语篇语言学与翻译研究[J].中国翻译，2002（3）.

张美芳.翻译研究的功能途径[M].上海：上海外语教育出版社，2005.

朱永生，严世清，苗兴伟.功能语言学导论[M].上海：上海外语教育出版社，
    2004.

朱永生，严世清.系统功能语言学多维思考[M].上海外语教育出版社.2002.

朱永生.有关语域的几个问题[J].山东外语教学，1987（4）：24-28.

邹玮.衔接、连贯与翻译[J].辽宁税务高等专科学校学报，2003（3）.

附录

附录 1　参考答案

第 1 章

一、

1. 到目前为止，进展不错。

2. 他喜欢流行音乐。

3. 他能倾听别人的意见，因此他们喜欢同他谈心。

4. 要不是我能干重活，早就给辞退了。

5. 话音落下，一阵沉默。

6. 我们的时代是深刻的政治变化的见证。

7. 缺乏耐心是他的致命伤。（Achilles 是希腊神话中的一位勇士。除了脚踵处，他身上其他地方刀枪不入。）

8. 他有口才，有风度，但很软弱。

9. 这个项目从一开始就是一个摆脱不了的经济难题。（albatross 是英国诗人柯勒律治的《古舟子咏》中的信天翁，他被忘恩负义的水手杀死后，全船陷入灾难中。）

10. 怀着这份信念，我们能把绝望的大山凿成希望的磐石。

11. 四周听不见什么闹声。没有任何东西以风啸雷鸣般的喧嚣显示其威力。

12. 凭我的决心、运气，还有许多善良的人们的帮助，我终于得以东山再起。

13. 魔幻现实主义文学是一种将魔幻或不真实的元素自然地融入到现实和平凡环境中的写作手法。

14. They kept on fighting **in spite of** all difficulties and setbacks.

15. His father is anxious about **whether** he can afford his son's tuition.

16. To my lord for whom I'd lose my **rosy hue**.

17. We two countries have common interest **over and above** our differences.

18. We come nearest to the great when we are great in humility.

19. Her mind was less difficult to develop. She was a woman **of mean understanding, little information, and uncertain temper.**

20. He can be relied on. He **eats no fish** and **play the game**.
（eat no fish 源于英国伊丽莎白一世时代，英国教徒为了表达对女王的忠贞不渝，拒绝遵守反政府的罗马天主教徒星期五吃鱼的习惯；play the game 本义为"按规则玩游戏"，比喻做事按规矩来，光明正大。）

21. While the prospects are bright, the road has **twists and turns**.

22. Considerable ductility **is generally obtained at** a sacrifice of strength.

23. Both parities should abide by the contract and should refrain from revising, canceling, or terminating the contract **without** mutual consent.

24. There exist **serious imbalances and significant gaps** in education opportunities, nutrition and health between rural and urban children; children in impoverished rural areas are facing greater challenges in their development.

25. The key to achieve the new industrial revolution is intellectualization, which requires China to improve its infrastructural level from "**made in China**" to "**created in China**" and even to "**intelligent manufacturing in China**".

二、

1. She wrote a four-character phrase. It means that **only people of great value are suited to undertake great things**.

2. The government conducted a series of "**anti-vice campaign**".

3. They added a shot of *baijiu*, very strong grain alcohol.

4. **Qingming, or the Tomb Sweeping Festival**, is when Chinese honor their ancestor.

5. We stepped into a storefront to eat our first bowl of *paomo*.

6. Nov. 11 is known as **Singles' Day, China's twist on Valentine's Day and one of the busiest days for online shopping.**

7. Movies like *Madame White Snake* and *The Lady General* are loosely based on historical characters.

8. Last June, Alibaba introduced a money market product called **Yu'e Bao, which translates as Leftover Treasure.**

9. **Qi, this force is streaming through nature and our bodies**—causing harmony and health or disharmony and illness.

10. **Weixin** (pronounced way-shin) is this country's killer app, a highly addictive social networking tool. In the United States, a similar version is known as WeChat.

11. **Chengguan, which literally means "city manager",** enforce rules that keep streets orderly and traffic flowing smoothly.

12. **The Spring Festival** is the most important festival for the Chinese people and is the time when all family members get together, **just like Christmas in the West.**

13. Why do people like to **try their luck and lottery**?

14. **Embroidery** is one of the best national traditional crafts in China.

15. Autumn winds brought cool air, and wild geese flew through the sky heading south, their formation changing form **a straight line** one minute to **a V** the next.

第3章

一、

1. 按照这样的养生之道，就连健康女神哈奇亚也会害病，更别说这可怜的老太太有多惨了。(Hygeia "哈奇亚"是希腊神话中的健康女神。)

2. 大本钟在当当报时。(Big Ben "大本钟"是伦敦英国议院塔上的大钟。)

3. 将军说："敌人确实赢得了战斗，但他们的胜利只是皮洛士式的胜利，得不偿失。(Pyrrhic "皮洛士"是古希腊伊庇鲁斯国王，曾率兵至意大利与罗马交战，付出惨重代价，打败罗马军队，由此即以"皮洛士式的胜利"一词来借喻惨重的代价。)

4. 看勇敢的人为一种无望的事业而奋斗总令人鼓舞。我心里一直钦佩约翰·欧文先生年复一年地以斯图亚特王朝拥护者的热忱，进行游击战般的战斗，来对抗日益增强的烟草势力。(Jacobitish 系 Jacobite 的形容词形式，指1688年被迫退位的英王James Ⅱ的拥护者，James Ⅱ 王室即所谓的的 House of Stuard "斯图亚特王室"。)

5. 像黑人权力一样，正在蓬勃兴起的印第安人权运动包括文化运动和政治运动两个部分。(这里 Red Power 显然是从 Black Power "黑权主义，黑权运动"类比出来的。如果直译为"红色权力"，读者定会把它理解为"红色政权"或"共产党权力"。)

6. 单词本身并不是客观物体，只不过是代表客观体而已；像日耳曼人的盎格鲁法语一样，标准英语也是一种代表客观体的语言。(King's English 不能直译为"国王英语"，它是指标准英语，相当于汉语的"普通话"。)

7. 要参加那个俱乐部并非易事——他们只吸纳手头阔绰的人，而不是普通百姓。(Tom, Dick, and Harry 都是英美常见的人名，这里泛指任何人，相当于汉语中的张三、李四。)

8. 我应邀外出演讲时，他们都指望我摆出一副毫无表情、一本正经的面孔。(Quaker-Oats 是欧美一种有名的麦片商标，商标中的老头模样毫无表情，我国读者对此并不熟悉。)

9. 不言而喻，注重务实的和强调意识形态的两大营垒还会在重大政策上争吵不休。(tug of war 本意为"拔河"，在此处为比喻用法，指"双方势均力敌，争吵不休"。)

10. 他拐到百老汇路上，在一家灯火辉煌的饭店前停下来，那里每晚汇集上好的美酒，华丽的衣服和有地位的人物。(**the grapes, the silkworm and the protoplasm**〈原生质〉属于修饰学上的提喻〈synecdoche〉，用原材料分别指它们的制成品——酒、衣服与人。)

11. 少年们不邀请鲍勃参加他们的聚会是因为他是一个令人扫兴的人！

12. 有了遥控式个人电脑，上网浏览如同看电视一般轻松愉快，不必鼠标点来点去，只需一按键就可以直接上网了。（couch potato 指经常坐在沙发上看电视运动少而体形发胖的人，这里因不含感情色彩而简单解释为看电视。）

13. 他简直像酒神巴克斯的儿子，能一口气喝光两瓶威士忌。（**Bachus** 是古希腊神话中的酒神。）

14. Don't quarrel with your bread and butter.

15. God helps those who help themselves.

16. When we were students and young, blooming and brilliant.

17. The heavens have smiled on you!

18. Yin and Yang is the law of the universe.

19. Early one morning we visited the "dirt market", a flea market where vendors unable to get space in the large permanent tent displayed their wares on blankets on the dirt outside.

20. Observe one's heart, true or false fully visualize.

21. East or west, Guilin's landscape is best.

22. If only the evening sun enjoys its sublime, why need to care it's near the setting time?

23. I would ask you to drink a cup of wine again and together we may drown our grief and pain.

24. For a grander sight, to a greater height.

25. Stupid is as stupid does.

二、

1. The Dragon Boat Festival, falling on the fifth day in the fifth lunar month, is also called the Duanwu Festival, has been marked by eating *Zongzi* (glutinous rice wrapped to form a pyramid using bamboo or reed leaves) and racing dragon boats.

2. Clothing for Qing dynasty emperors was complicated and can be categorized according to different purposes such as ritual clothes, auspicious clothes, commonly-used clothes, traveling clothes, and rain suits. And according to season, there were winter clothes and summer clothes.

3. Tai Chi can be literally translated in Chinese as the "supreme ultimate." Some emphasize the slow movements as a form of exercise, while others practice it as a martial art.

4. Red Tourism, focusing on learning about China's revolutionary history and spirit, depends on special tourist resources from commemorative revolutionary sites and

memorials founded by the Chinese Communist Party after 1921. Green Landscape Tourism, along with Historical and Cultural Tourism have formed a framework of the tourism products found in the city, led by its Red Tourism, which is second to none in China.

5. The global superstar revealed that he'd been undergoing the ancient Chinese "cupping" practice (suction from the cups draws the skin up and mobilizes blood energy around the body), revealing several large yellow bruises on his tattooed torso.

6. *Kowtow*, literally means "Knock head." In China the word is a way of bowing and touching the forehead to ground to indicate respect. In English, the word means to "be servile", to behave in an extremely submissive way in order to please somebody in a position of authority.

三、

1

最受欢迎的咖啡不外乎以下几种：意式特浓/浓缩咖啡、卡布奇诺、美式、拿铁和摩卡。

"意式特浓"素有"咖啡之魂"的美称，是许多资深咖啡爱好者的最爱。它由研细的咖啡粉在高压下经高温热水萃取而来。如何才能算得上是一杯上好的意式特浓？看表面是否漂浮着一层厚厚的呈棕红色的泡沫——"克丽码"。由于口味极其浓郁，刚开始喝咖啡的人会觉得它很苦，但绝对唇齿留香。

美式咖啡就是被热水冲淡了的意式特浓。据说在欧洲人眼里，老美欣赏不了醇厚的咖啡，因此将这种兑淡了的咖啡唤作美式咖啡。对于刚迷上喝咖啡的人来说，可能会觉得意式咖啡过浓，这样美式咖啡就很值得推荐了。国内很多咖啡馆的美式咖啡都加入了奶油和糖来迎合一般消费者的口味。

卡布奇诺和拿铁是女生们最喜欢的两款咖啡，两者配料完全一致：浓缩咖啡、热蒸奶和奶沫。这样咖啡本身的味道就更淡了。卡布奇诺的奶沫比拿铁更丰厚，品尝一杯好的卡布奇诺时，浓香满溢，奶泡沾上嘴唇，尽享纯真和浪漫的一刻。

在西方，人们喜欢在晚餐后来一杯摩卡咖啡，它的构成是一份特浓咖啡、一份巧克力糖浆加上2-3份奶沫，还可以在最上边加一些鲜奶油。对于不怎么喝咖啡，但钟爱巧克力的朋友来说，摩卡是最佳的选择。

2

范思哲就是大胆出位、极致性感的代名词。詹尼·范思哲把充满活力的街头文化与精致优雅的定制传统融为一体，打造出专属于范思哲的风格。他以性工作者为缪斯，他把艳俗升华为艺术。他的系列一经推出，从来都是一片哗然。到20世纪90年代后期，他已经改写了时尚的定义。他以性感前卫又融合艺术与传统的设计迎合了人们对自由的追逐，早已超越了时尚。这一切都是20世纪末的感官化、全球化和后宗教社会的必然诉求。

第四章

一、

1. 他投篮像飞人乔丹那样棒。（乔丹：全名Michael Jordon，是美国NBA职业篮球巨星）

2. 然后，她发现了哈里·波特。就像是自己被一截短绳紧紧地拴在《哈里·波特与魔法石》这本书上似的，她手不释卷，一口气把它看完了。（哈里·波特：英国女作家J. K. 罗琳的畅销系列小说中的小主人公）

3. 一片枯叶飘落到苏比的膝头。那是杰克·弗罗斯特的名片。（杰克·弗罗斯特：英文中对"寒霜"的拟人称号）

4. 人们认为他在那种场合所表演的不过是犹大之吻，居心险恶。

5. 没有人知道，"公路催眠"造成了多少交通事故。（公路催眠：指驾驶员由于长时间驾车不知不觉进入的一种催眠状态）

6. 整个"熔炉"沸腾起来，对波士顿街上新来的移民表现出极大的愤慨。（熔炉：喻指由许多人种和民族融合而成的美国社会）

7. 你穿上那套衣服，看上去就像流氓阿尔·卡彭。（阿尔·卡彭是美国历史上的著名歹徒，芝加哥犯罪集团的一位首领）

8. 他发现自己身着漂亮的礼服，被恭恭敬敬地领进了像里兹饭店一般的豪华旅馆的客房里下榻。（里兹饭店原为瑞士人里兹（1850–1919年）开设，以豪华著称）

9. 刚下一场及时雨，那人却又为草坪浇水，真是把煤运到纽卡斯尔，多此一举。（纽卡斯尔：英国煤都）

10. Chang'e is just a fleeing woman, (Chang'e: the name of a legendary lady who stole the drug of immortality from her husband and fled with it to the moon, where she became the Goddess of the Moon.)

11. From the time we bound our hair, we've shared pillow and mat, and we'll go together to the Yellow Springs. (Bound hair: Men bound up their hair at 20, women at 15, as a sign they reached maturity. Yellow Springs: the land of the dead.)

12. The *fengshui* here is very good. (*fengshui*: It also can be called Chinese Geomancy, and refers to the location of a house or tomb, supposed to have an influence on the fortune of a family)

13. Like the dog that would bite Lu Tung-pin—you bit the band that feeds you. (Lu Tung-pin was one of the eight immortals in the Chinese traditional culture.)

14. Today, while tuition fees and surging house prices are overwhelming families in the West, the population of students who study abroad by taking advantage of "gap year" has dropped significantly. But in China, as livelihoods improve, the concept of "gap year" is becoming popular among young Chinese. ("gap year" refers to taking time out to travel between life stages.)

15. Science geeks boast extensive scientific knowledge, love high-tech inventions and challenging computer games, and are curious about life. (Science geeks: a group of highly intelligent men who majored in science and technology)

二、

1. 他待人处事，八面玲珑。

2. 众所周知，过度肥胖或消瘦都肯定是不健康的。

3. 警方说他们已逮捕了两个佐治亚州人，两人承认他们在科学家所在车厢的车门下施放了使人昏迷的毒气。

4. 发言人吉姆赖特于昨日在华府挥泪认输。

5. 我困乏极了，便在木舟里躺下，心想：管它呢，随它去算啦。

6. 工作辛苦，工资低廉，众多护士离职而去。

7. 她的叔叔非常富有，但是是靠他父亲才富有的。

8. 他年纪轻轻，做事却相当老练。

9. 他是个身材高大的男子汉（身高6英尺，体重超过200磅），然而并不像大多数大个子那样臃肿和笨拙。

10. 我一大清早便来到屋外，整个大千世界是如此安谧，甚至连轻微的呼吸也会破坏这宁静。

三、

1. 我有幸先后获得两位美丽贤惠的妻子带来的幸福，体验过为人之父的乐趣和八个子女的爱。

2. 读史使人明智，读诗使人灵秀，数学使人周密，哲学使人深刻。

3. 他一直在沙漠里生活，在那里，每杯水都可能关乎生死，必须精打细算。

4. 这个黑暗谈到了自然界的平衡将遭到破坏——谈到了污染，谈到了浪费，谈到了饥饿。

5. 气压随海拔高度的增加而下降。

6. 热情的主人又是切肉，又是倒茶，又是上菜，又是切面包；谈啊，笑啊，敬酒啊，忙个不停。

7. 物质可以转化为能量，能量也可以转化为物质。

8. 他们并不希望改变制度本身；即使他们有这种愿望，那也只是想通过乌托邦式的理想主义方案来实现。

9. 我看见一个要饭的，身材矮小，脸色苍黄，衣衫褴褛，瘸腿，满脸胡子。

10. 虽然这场经济衰退已经波及全球每一个角落，但各地受到的影响却不尽相同。

四、

1. Basic public services have improved markedly, and access to them has become much more equitable.

2. They blamed the generosity of Britain's welfare system for lack of ambition, ill-discipline and idleness among school pupils.

3. We should continue to observe the Shanghai spirit and other principles governing international relations championed by the SCO.

4. The US Treasure Department said a redesigned $10 note will feature a woman, but who she will be has not been decided.

5. Rely on the young people using not the guns, using computers, using the data to solve the human problem, solve the society problems.

6. The most important festival in China is Spring Festival, which is also the most exciting one.

7. In Chinese culture, some colors are considered to be lucky but some unlucky.

8. Bamboo represents elegance, pine longevity, lotus purity and orchid reclusion.

9. We should set up a high efficient, well-coordinated and standardized administrative system.

10. Let life be beautiful like summer flowers and death be quiet like autumn leaves.

五、

1. 他总是喝很多酒。

2. 中国人为菜肴赋予色、香、味，使饮食提升为一种享受。

3. 儿子疑惑地瞅了我一眼，而我却大笑了起来。

4. 她认识到，通过中间人与他们打交道是愚蠢的。

5. 千百万山区人终于摆脱了贫穷。

6. 越南战争不断地消耗着美国的资源。

7. 我荣幸地告诉你你得奖了。

8. 结果是许多工业国大规模地**解雇工人和关闭工厂**。

9. 我们要通过加强彼此之间的经济、文化、科学和技术交流以及人员来往来相互**加深**了解。

10. My experience ought to be a warning to those who are too **confident** in their own opinions.

11. **American education** owes a great debt to Thomas Jefferson.

12. **Her presence of mind** had not completely deserted her; but she could not have trusted herself to speak.

13. He will give an **immediate** reply.

14. I am so **grateful** to my father for his **continuous encouragement during my childhood.**

15. A significant increase in the daily caloric intake of the people has resulted **under** the present policy.

16. If you go 12 consecutive nights on six hours' **sleep**, it's equivalent to a blood alcohol of 0.1%, which is marked by **slurred speech, poor balance, and impaired memory**.

17. Engineering design is a **decision-making** process used for the **development** of engineering for which there is a human need.

18. It is my **conviction** that though people may be no more wicked than they always have been, they seem less likely to be ashamed.

19. He is **physically** weak but **mentally** sound.

20. The girl **impressed** her fiancee's relatives favorably with her vivacity and sense of humor.

六、

1. 他每天要处理许多**棘手的**事情。

2. 他是个**见异思迁**的人，我想他不会有多大出息。

3. 我没有什么**不可告人的**秘密。

4. 他以为像这样花言巧语加上奉承就可以**蒙蔽她**，但她没有受骗。

5. 我们这样做……是因为教育为人们提供了**充分发展和完善自我品格的机会**。

6. 他仍然不愿意谈**实质性的**东西。

7. 他的脸上透着**凶残与贪婪**。

8. 阿拉伯人和犹太人生活在一起，而且从最初定居这些地区时就开始了。

9. 越来越多的父母抱怨，现在子女的生活费往往使他们**入不敷出**。

10. 这一领域的**全部**学者都将出席这次专题研讨会。

11. They met just once **at the dinner table.**

12. They agreed to **forgive and forget** and became friendly again.

13. We should serve the people **heart and soul.**

14. A contented mind is **a perpetual feast.**

15. But my mother had not passed this way for years. And the **slimness** and the **stride** were long past, too.

16. E-commerce is still in its **infancy.**

17. It was to be a very thorough attack. Thus **looks** and **undertones** were to be well tried.

18. This fact explains the **preference** for computers in the world today.

19. But in a country long noted for the **intelligence, eloquence** and **influence** of its political discourse, such a statement, spoken seriously, suggests a revolution.

第5章

一、

1. 山穷水尽
2. 海底捞针
3. 在某件事上吃了亏
4. 进退维谷
5. 摆架子
6. 与某人绝交
7. 某事被遗忘
8. 为某人辩护
9. 笨手笨脚
10. 打个盹
11. 物以类聚，人以群分
12. 付出惨重代价
13. 出师不利，一开始就犯错误
14. 小题大做
15. 对某人了如指掌
16. 诱使某人上当
17. 孤注一掷
18. 冒着风险做某事
19. 熟能生巧
20. 左耳进右耳出

21. 了如指掌

22. 欲速则不达

23. 自吹自擂

24. 别管闲事

25. 味如嚼蜡

26. Wolf down

27. Spend money like water

28. Play the ape

29. Strive for the impossible

30. Punish wickedness and encourage virtue

31. Zhaojun comes beyond the Great Wall

32. Decline sun like blood

33. Charge ahead

34. Marriage made in heaven

35. Comfort oneself with illusions

36. Walls have ears

37. Round the clock

38. Be in the right and self-confident

39. You cannot clap with one hand.

40. No pain, no gain.

41. Do in Rome as the Romans do.

42. Empty talk

43. Safe and sound

44. Weddings or funerals

45. Hold high hopes for one's child

46. Waiting for gains without pains

47. At our first meeting, it is like old times.

48. Still waters run deep.

49. A white lie

50. An apple-polisher

二、

1. 我对德彪西的《月光曲》有很高的鉴赏力。

2. 在没得到她的消息前我坐卧不宁。

3. 老师刚才告诉你的要保密。

4. 他刚才所说的完全是无中生有。

5. 他是唯一知道这个秘密的人，但是在还没告诉任何人时他就死了。

6. 他们遇到的这些问题确是他们难以摆脱的负担。

7. 乔尼是一位脾气暴躁的人，如果有人说了和他意见不同的话，他会马上大声和人家争辩。

8. 当我听说他背后说我坏话时我简直火冒三丈。

9. 不要再班门弄斧了，我在这个领域已 30 多年，知道怎么处理（这件事）。

10. 那个水手工作积极，但不会有什么惊人之举。

11. 哈里为了升职，正在想方设法地对老板拍马奉承。

12. 哪怕我一夜不睡觉，我今天也非要等到玛丽回来不可，我要好好地教训她一顿，让她永远也忘不了。

13. 许多年轻人喜欢冒险行事。

14. 约翰先生是个做对华贸易的美国商人。（China trader 是做对华贸易的商人，Chinese trader 才是中国商人。再如 China policy 是对华政策，Chinese policy 中国的政策。）

15. 我不会被她的花言巧语所欺骗。

16. 马萨诸塞州一位名字叫保尔·聪格斯的前参议员是第一个决定参加今年总统竞选的民主党人。

17. 她总是恩将仇报。

18. 他的所有同学都说他是个自命不凡的老大。

19. 不要在别人面前表现出软弱，否则会受欺负。

20. 警察让他做一个书面声明。

21. 我花了整个周末的时间绞尽脑汁想弄懂这些代数题，可是到现在为止我还没法肯定我已经懂了。

22. 我在这个公司累死累活地干，但根本没有加薪的机会，更别说被提升了。

23. 我永远也不会原谅我的哥哥。当我失去工作的时候，他根本不肯帮忙，一点钱都不愿意借给我。

24. 要是我的小舅子再想问我借钱，那他真是找错了门了。

25. 等你们听到我的新推销计划时，你们都会大吃一惊的。

26. 比尔总有锦囊妙计，所以任何时候遇到难题，他总能找到方法解决。

27. 执政党和在野党为大选而相互争吵。

28. 这件事无足轻重，不要担心。

29. 商行要倒闭的消息对该行职员来说犹如晴天霹雳。

30. 你已经说了几周要修屋顶，难道你不觉得早就该开始行动了吗？

1. The sea has fish for everyone.

2. Three cobblers, with their wits combined, surpass Zhu Geliang, the mastermind.

3. Homer sometimes nods.

4. Even the cleverest wife cannot make bread without flour.

5. You can not sell the cow and drink the milk.

6. It is an ill bird that fouls its own nest.

7. He can't save himself any more than a clay idol can save itself while swimming across a river.

8. Something unexpected may appear any time.

9. How can you catch tiger cubs without entering the tiger's lair?

10. For a grander sight, to a greater height.

11. A bird in the hand is worth two in the bush.

12. Tastes differ.

13. A gentleman uses his tongue, not his fists.

14. Speak of the devil and he is sure to appear.

15. More friends, more opportunities.

16. When a melon is ripe, it falls off its stem, and when water flows, a channel is formed.

17. Knowing a person, as far as face goes, and not as heart.

18. Our convenience is the convenience of others.

19. While the eyes have not seen, one will not feel vexed.

20. Someone is always wise after the event.

21. Refuse to give up until all hope is gone.

22. One swallow does not make a summer.

23. A word spoken is past recalling.

24. When the cats away, the mice will play.

25. When the going gets tough, the tough gets going.

26. They **blow hot and cold**, just as you do...

27. What goes around comes around.

28. Adding anything to what he has recorded was **painting the lily**.

29. Your great fame long since reached my ears like thunder. I am ashamed to **display my incompetence before a connoisseur** like yourself.

第6章

一、

1. 在一个陌生的地方，**越小心越好**。

2. 叫他干什么他都愿意，**只要不再**过以往那种日子就行。

3. 有一利**必有**一弊。

4. 你尽可立即离开，我才**不管呢**。

5. 双方都认为可以**不失体面**地接受这个和平方案。

6. 这天，你怎么出洋相**都不过分**。

7. 她对计算机游戏有**浓厚**兴趣。

8. **并非每**一个问题**都**弄清楚了。

9. 报告**不够**详尽。

10. 电灯又亮了，该城的人们打开开关的时候，想必**几乎**人人**都**会想到，电灯是随时可供他们使用的多么有用的东西呀。

11. 那是一幢漂亮的村舍，离最近的海滩**仅**5分钟的路程。

12. 这些工程师的意见**不是经常**一致的。

13. 我们开会**并不是**为了讨论这个问题。

14. 工程师们**不是**由于那个原因采纳这个方案的。

15. **并非每**种颜色都能反射回来。

16. 燃料的化学能**并不全部**都变成热能。

17. 燃料的化学能**都没有**转变为热能。

18. 反分裂国家法向国际社会传递了一个信号，那就是台湾**决不能**从中国分割出去。

19. 人们似乎忽视了教育**不应该**随着毕业而结束这一事实。

20. 我们应该采取适当的措施限制外国旅游者的数量，努力保护当地环境和历史**不受**国际旅游业的负面影响。

21. 任何政府忽视这一点都将付出巨大的代价。

22. 现在，父母亲留在家里照顾孩子**而不愿**过早返回工作岗位这一现象呈增加的趋势。

23. Powers **should not** be held without good reason.

24. Talking the talk is **not as good as** walking the walk.

25. Perfection **could not** be reached, **but** approached.

26. People **do not** know the importance of friends **until** they lose them.

27. I **never** knew him do anything **without** a very good reason.

28. I **agree to none** of these projects.

29. I **don't** think this is **worth** trying.

30. **At no time** and **in no circumstances** will China be the first to use nuclear weapons.

31. One should uphold his country's interest with his life; he should not do things just to pursue his personal gains and he **should not evade** his responsibilities for fear of personal loss.

32. Just as their names suggest, Cat Dad prefers a gentle approach to children's education, while Tiger Mom and Wolf Dad believe that education is **a painful process**.

33. Social psychologists suggest that people born in the 1970s or 1980s are under huge pressures from their careers and family responsibility. Many of them always feel **insecure** and **a lack of** self-esteem.

34. Dialing directory enquiries to look up phone numbers and consulting dictionaries rarely occur now as people are more likely to turn to the search engine for help.

35. **No invention** has received more praise and abuse **than** Internet.

36. Although this view is wildly held, this is **little** evidence that education can be obtained at any age and at any place.

37. The information I've collected over these few years leads me to believe that this knowledge may be **less** useful **than** most people think.

38. This is a matter of life and death--a matter **no** country can afford to **ignore**.

39. Just as an old saying goes: it is never **too** late **to** learn.

40. Many experts point out that, along with the development of modern society, it is an inevitable result and there is **no way to avoid** it.

41. **On no account** can we **ignore** the value of knowledge.

42. Management is **not responsible for** articles lost or stolen.

43. There is no doubt that the present drive to bring modern health services to China's peasant millions, which is daily gaining in momentum, is **no** temporary expedient but a long-term policy which serves the needs of today and of tomorrow.

44. We believe that the younger generation will prove **worthy of** our trust.

45. This explanation is **pretty thin**.

二、

1. 在非洲，我遇到一个小孩，他哭得伤心极了，我问他时，他说他饿了，两天没有吃饭了。

2. 因此修筑了一个水库系统，先让水储存在水库中，待太阳晒热后，再灌到田里去。

3. 二十五年前，联合国大会和安全理事会象征着对国际新至高无上的捍卫。对小国来说，尤其如此。

4. 夜幕降临时，一声爆炸震动了大地，可并没有动摇他上前线的决心。

5. 那一天，总统会见了她父亲，因为她的父亲即将乘航天飞机去登月。

6. 在20世纪以前，小说中的妇女都是一个模式。她们没有任何特点，因而无法成为具有个性的个体；她们还要屈从于由男性主宰的文化传统强加给她们的种种束缚。

7. 人们常说，通过电视可以了解时事，掌握科学和政治的最新动态。从电视里还可以看到层出不穷、既有教育意义又有娱乐性的新节目。

8. 尽管警察已接到命令，要作好准备以应付紧急情况，但人们不敢出门，因为警察也和其他人一样不知所措和无能为力。

9. 对于现代科学技术书籍，特别是教科书来说，要是作者希望自己书中的内容能与新概念、新观察到的事实和新发现同步发展的话，那么就应该每隔较短的时间，将书中的内容重新修改。

10. 十几年前，手机只是少数人才能使用的奢侈品，但现在手机已很普遍。手机的快速普及也许是我们时代的伟大奇迹之一。

11. 有些人似乎容易了解：他们的个性在初次交往时就表露无遗。然而，外表可能具有欺骗性。三十年来，我一直在研究我的人类同胞，但至今了解不多。每当有人跟我说他对一个人的首次印象向来不错的时候，我就耸耸肩。我想这种人不是无知，就是自大。就我而言，我觉得，认识一个人的时间越长，就越觉得困惑。

12. 随着当今世界生活节奏日益加快，我们似乎一直在不停奔忙。事情那么多，时间却那么少，时间都去哪了？我们该怎么办？史密斯博士着手解决这一问题，并提出了解决方法。

13. 干挨家挨户上门推销这一营生得脸皮厚，这是因为干这一行不仅要经受风吹日晒，还要承受一次又一次的闭门羹。比尔.波特忍受着这一切，以及别的种种折磨。

14. 譬如，对于一个四口之家来说，舒舒服服地在家中看电视，就能看到几乎数不清的娱乐节目，这比到外面别的地方去消遣又便宜又方便。

15. 即使在我们关掉了床头灯深深地进入梦乡时，电仍在为我们工作：帮我们开动电冰箱，把水加热，或使室内空调机继续运转。

16. 可是现在人们意识到，其中有些矿物质的蕴藏量是有限的，人们甚至还可以比较合理地估计出这些矿物质"可望存在多少年"，也就是说，经过这些年后，这些矿物的全部已知矿源和储量将消耗殆尽。

17. 虽然在某处已经开始的生命中可能仅有百分之一会发展成高度复杂、有智慧的形式，但是行星的数目如此之多，以致有智慧的生命一定是宇宙的一个天然组成部分。

18. 如果做父母的对这种青少年的反应有所准备，而且认为这是一个显示出孩子正在成长，正在发展珍贵的观察力和独立的判断力的标志，他们就不会感到如此伤心，所以也就不会因愤恨和反对的情绪而把孩子推到对立面去。

19. 铝总是跟其他元素结合在一起，最普遍的是跟氧结合；因为铝跟氧有很强的亲和力，由于这个原因，在自然界找不到游离状态的铝。所以，铝直到19世纪才被人发现。

20. 这一带我不熟悉，天黑以后继续进行调查，取得结果的希望不大。

21. These companies are good companies with solid records and performances most of the time but which have recently fallen on hard times—hence fallen angels.

22. We need an independent agency, which has only one mission: who are really worrying about whether the consumer, the taxpayer is being tricked, cajoled, cheated, hoodwinked and is being treated fairly enough.

23. Although many people claim that, along with the rapidly economic development, the number of people who use bicycle are decreasing and bicycle is bound to die out. The information I've collected over the recent years leads me to believe that bicycle will continue to play extremely important roles in modern society.

24. Although people's lives had been dramatically changed over the last decades, it must be admitted that, shortage of funds is still the one of the biggest questions that students nowadays have to face because that tuition fees and prices of books are soaring by the day.

25. Many parents believe that additional educational activities enjoy obvious advantage. By extra studies, they maintain, their children are able to obtain many kinds of practical skills and useful knowledge, which will put them in a beneficial position in the future job markets when they grow up.

26. China is a country under the rule of law. No matter who he is and how senior his position is, if he violates Party discipline and law of the country, he will be seriously dealt with and punished to the full extent of the law, because everybody is equal before the law.

27. The construction of such a satellite is now believed to be quite realizable, its realization being supported with all the achievements of contemporary science, which have brought into being not only materials capable of withstanding severe stresses involved and high temperatures developed, but new technological processes as well.

28. Researchers have discovered that women who receive an apology for hurtful behavior suffer less stress and potential damage to their heart than those who don't.

29. There is a general debate on the campus today over the phenomenon of college or high school students' doing a part-time job.

30. There were foreign friends who shared the joys and sorrows with Chinese medical staff during six years of fighting, leaving so many stories, which need to be recovered so the children of those foreign friends can come and take a look at the place where their fathers and mothers once worked.

31. They (the poor) are the first to experience technological progress as a curse which destroys the old muscle-power jobs those previous generations used as a means to fight their way out of poverty.

32. A great number of graduate students were driven into the intellectual slum when in the United States the intellectual poor became the classic poor, the poor under the rather romantic guise of the Beat Generation, a real phenomenon in the late fifties.

33. Such is a human nature in the West that a great many people are often willing to sacrifice higher pay for the privilege of becoming white collar workers.

34. It must be noted that improvement in agriculture seems cannot catch up with the increase in population of rural areas and there are millions of peasants who still live a miserable life and have to face the dangers of exposure and starvation.

35. It is suggested that governments ought to make efforts to reduce the increasing gap between cities and countryside. They ought to set aside an appropriate fund for improvement of the standard of peasants' lives. They ought to invite some experts in agriculture to share their experiences, information and knowledge with peasants, which will contribute directly to the economic growth of rural areas.

36. The build up of CO_2 in the atmosphere has already caused alarm because of the climatic changes expected to result from the so-called green house effect, which will warm the Earth as the CO_2 level raises.

37. Video streaming websites in China have proven to be fertile ground for a giant community of "subtitles shooters" who revel in the creation and spread of memes, slang terms, and pop culture references.

38. It will more vigorously promote all-directional, multi-tiered and wide-range opening-up and take part in international economic cooperation and competition at a greater width and depth.

39. All those days watching from the window, all those years outside looking in, all that time never even knowing just how blind I've been. And it's like the fog has lifted, and at last I see the light.

40. The annual migrations of wildfowl and many other animals certainly cannot be regarded as a form of exploration, because such movements are actually only shifts from one habitat to another for the purpose of avoiding seasonal climatic variations.

三、

1. 小说《红楼梦》已被译成多种外国语言。

2. 诗歌吟唱适合用七弦竖琴来伴奏。

3. 美国的学分制是1872年在哈佛大学首先实行的。

4. 该区域三分之二的面积由广阔的松林、云杉林和白桦林所覆盖。

5. 这项设计将由特别委员会予以审查。

6. 换言之，矿物就是存在于地球上，但须经过挖掘、钻孔、人工爆破或类似作业才能获得的物质。

7. 核能对健康、安全，甚至对生命本身构成的危险可以用一个词——"辐射"来概括。

8. 人们普遍认为，孩子们的早年经历在很大程度上决定了他们的性格及其未来的人品。

9. 原子反应堆需要一种合适的燃料。

10. 应该尽最大努力告诫年轻人吸烟的危害，特别是染上烟瘾后的可怕后果。

11. 通过这种方法分析发现不同种类的蜂蜜的抗菌活动对热的敏感程度也极为不同。

12. 在我们这个世纪内研制了许多新奇的交通工具，其中最奇特的也许就是气垫船了。

13. 总的来说，得出这种结论是有一定把握的，但必须具备两个条件：能够假定这个孩子对测试的态度和与他比较的另一个孩子的态度相同；他也没有因为缺乏别的孩子已掌握的有关知识而被扣分。

14. 流体在管道中流动的情况，受到诸如流体黏度、泵送速度等各种因素的影响。

15. 政府是以减少技术的经费投入来增加纯理论科学的经费投入，还是相反，这往往取决于把哪一方看作驱动的力量。

16. 石油的供应可能随时会被中断；不管怎样，以目前的这种消费速度，仅30年左右，所有的油井都会枯竭。

17. 在美国社会最为人们所恐惧的失败感莫过于孤独了。

18. 据报道，在这场事故中有五人丧生。

19. 必须指出，这样的错误不能再犯。

20. 人们相信，越来越多的中国人将离开城市搬到郊区去住。

21. The main Eastern battle for the Global War against Fascism **was developed** in China.

22. We **haven't been told** about it by anyone.

23. Related regulations are to **be revised to** promote contact between people from different regions.

24. Around the country, many colleges for the elderly **have been set up** for them to learn calligraphy, Chinese painting and dancing.

25. A logo marking the 70th anniversary of the end of the War of Resistance against Japanese Aggression and the end of World War Ⅱ **has been revealed** by the Chinese government.

26. Universities **are not allowed** to lure students with unreasonable perks such as excessive scholarships or placement promises, the Ministry of Education announced on Wednesday in a notice regulating university recruitment.

27. In Chinese classical garden, space **is separated** so that it is neither boundless nor obstructive to the view.

28. However, this opinion **is now being questioned** by more and more city residents, who complain that the migrants have brought many serious problems like crime and prostitution.

29. Innovative glass technology **has been driven by** increasing concern with climate changes, energy conservation, and urban sustainable.

30. Fortune and misfortune are interdependent and **can be transformed** mutually.

31. **What's been done can't be undone.**

32. And **it is imagined** by many that the operations of the common mind can be by no means compared with these processes, and that they have to **be acquired by** a sort of special training.

33. Over the years, tools and technology themselves as a source of fundamental innovation **have largely been ignored** by historians and philosophers of science.

34. Whether a large family is a good thing or not is a very popular topic, which **is often talked about** not only by city residents but by farmers as well.

35. Silk, pronounced *sichou* in Mandarin. The word **was first introduced** to western culture by smuggler who took silk worms and mulberry leaves out of China.

36. What is god-given **is called** nature; to follow nature **is called** tao.

37. NASA said that its kepler spacecraft has spotted "Earth's bigger, older cousin": the first nearly Earth-size planet **to be found** in the habitable zone of a star similar to our own.

38. It is well known that natural light **is actually made up of** many colours.

39. In the old society, women **were looked down upon**.

40. The plan **is going to be examined** first by the research group.

四、

1. 我希望这次会议不要开得太久，那样会浪费时间

2. 这样一个年青的民族不可能有神话中的英雄，于是必然有真实的男女人物来取而代之。

3. 科幻小说在现代社会中最重要的作用也许可以用一个词来贴切地加以概括：揭示变化。

4. 未来的航天客机以及航天客机的售票订票处都很可能设在世界各地的一些机场内。

5. 他年轻时形成的自卑感一直没有完全消失。

6. 我感到很不舒服。本来就得了重感冒，嗓子又疼，加上注射了伤寒预防针，就更严重了。

7. 利用业余时间学习的人往往学得最好，他们想学，所以努力去学，因此进步就很快。

8. 如果让人们根据自己的选择自行安排时间，大多数人会茫然不知所措，想不出什么非常开心的事情值得一做。

9. 发现有可能反对他的人，他就本能地要以他的魅力和风趣把这个人争取过来。

10. 你可以随意出去走走，去会会别人，所以，你不是孤独的俘虏，你是主人。

11. 有钱的太太小姐们大多忙于无数鸡毛蒜皮的小事情，而且她们深信这些事情都惊天动地非常重要。

12. 我对他讲的话，虽然逆耳，却是忠言。

13. 随着我对人类了解越多，我的期望就越低。我现在说人家是好人比过去容易得多了。

14. 为了留住中国本地管理人员，合资企业还必须制定适应中国雇员与西方雇员之间种种差异的人力资源政策。

15. 四十年最亲密的友谊和思想契合赋予了恩格斯说这番话的资格和信心。经过这四十年，他对马克思学说意义的了解比任何人都彻底。

16. Education suggests both the process and the result of developing the mind's capacity and scope.

17. Small talk is what friends make when standing around doing nothing. Small talk serves as a good ice breaker when people do not know each other.

18. Under the moral precept we should recoil at human cloning, because it inevitably entails using humans as means to other humans' ends — valuing them as copies of others we loved or as collections of body parts, not as individuals in their own right.

19. They were given a hearty welcome.

20. She was arrested for shoplifting but was released on bail.

21. Most of the letters from his wife are read to him by the nurse in the hospital.

22. We found him in a small, businesslike office and the office was protected by some iron bars.

23. Los Angeles is full of beautiful girls working as waitresses, hoping to be discovered by a movie agent.

24. He arrived on Sunday night, tired and dusty.

25. This type of marriage is characterized by constant conflict, tension, and bitterness.

26. Occasionally a drizzle came down, and the intermittent flashes of lightning made us turn apprehensive glances toward the distance.

27. Rushing throngs, blinded by the darkness and the smoke, rushed up on a street and down the next, trampling the fallen in a crazy fruitless dash toward safely.

28. If you're stuck with someone and feeling tongue-tied, console yourself by remembering that the other person may be feeling as agonized as you. Summon up a burst of energy, and find something on which to compliment him or her.

29. He intends to take an action in grand style.

30. If you are retired, if you are a housewife, if you do what others might consider a humble job — whatever it is — be proud of it.

第7章

一、

1. ——你一个人吗？
——目前是。
——我也一样。
——真没想到。

2. 纽约（美联社）——著名物理学家史蒂芬·霍金和俄罗斯亿万富豪尤里·米尔纳的联合将外星人搜索推向了一个全新的高度。两人透露，该太空搜寻项目由米尔纳出资一亿美元，并将充分利用空前的计算机技术和世界最先进的望远镜于下周一开启太空搜寻。米尔纳表示，搜索全程将公开透明，并结合开放源代码软件，以保证搜寻结果由全世界共享。

3. 在许多英国人的眼中，王室代表着稳定、延续、遗产与传统。不过王室在过去25年中也在不断努力跟上现代化的步伐，避免成为不合时代的事物。其重大举措包括：减少享受公家俸禄的成员数量，自愿缴纳所得税，摒弃皇家游艇，与平民通婚，使用社交媒体，废除王位继承顺序的男性优先权等。

4. 身体舒适并不只是取决于温度，还取决于其他因素。决定身体舒适的主要因素之一乃是湿度。温度高，容易妨碍身体散热，从而使体温更高，让人难以忍受。然而，除去空气中的湿度若超过一定限度却对人体有害。这时鼻和喉的黏膜会变得干燥，从而易感染呼吸道疾病。

5.   关于子女

   你的儿女，其实不是你的儿女。

   他们是生命对于自身渴望而诞生的孩子。

   他们借助你来到这个世界，却非因你而来。

   他们在你身边，却并不属于你。

   你可以给予他们的是你的爱，却不是你的想法，

   因为他们有自己的思想。

   你可以庇护的是他们的身体，却不是他们的灵魂。

   因为他们的灵魂属于明天，属于你做梦也无法达到的明天。

   你可以拼尽全力，变得像他们一样

   却不要让他们变得和你一样。

   因为生命不会后退，也不在过去停留。

   你是弓，儿女是从你那里射出的箭，

   弓箭手望着未来之路上的箭靶，

   他用尽力气将你拉开，使他的箭射得又快又远。

   怀着快乐的心情，在弓箭手的手中弯曲吧，

   因为他爱一路飞翔的箭，也爱无比稳定的弓。

6. Against all liabilities, claims, demands, proceedings, costs or expenses of whatsoever nature which may be made or brought against or incurred by the lessor by reason of any loss, injury, death or damage caused or claimed to be caused to any person or of any loss of or damage to property occasioned by or arising or claimed to be occasioned or to arise directly or indirectly out of the manufacture, delivery, presence, possession, provision, operation, use, instalment, removal, transportation, replacement or repair of the goods and whether arising or claimed to arise out of defects in the goods or by reason of the goods infringing or being

claimed to infringe any patent, copyright, confidential information of other intellectual property rights.

7. Thanks to these efforts, although the amount of resource consumption and pollutants is increasing greatly, the trend towards aggravated environmental pollution and ecological destruction is slowing down; especially, environmental pollution control in some river valleys has seen some positive results, the environmental quality of some cities and regions has improved, the amount of pollutant mission of industrial products has declined, and the people's awareness of the importance of environmental protection has enhanced.

8.   **Qin Yuan Chun**
（Changsha, 1925）

In cold autumn alone stand I,
River Xiang flowing northward,
The Islet of Orange being passed by.
All the hills are in red:
Woods looked dyed.
All green is the river;
Boats vie to overtake one another.
Eagles fly in high sky;
Fish glide in shallow water;
All creatures vie for freedom in frosty sky.
Sighing over the vastness,
I ask the earth and sky:
Who will lord over the world?

Oft with many friends I came traveling.
How many good days of the past!
So young were we then,
In our best years of life,
With spirits like a scholar
Talking with all our power,
Pointing to rivers and mountains,
Writing with good skill,
Treating past lords as dunghill.
Still remember?

We struck waves in mid-stream

To stop speeding boats!

（李正栓译）

9. Dear Sir / Madam,

We are pleased to receive your inquiry of 10th January and enclose our illustrated catalog and price list giving the details you asked for. We also send you some samples by a separate post and feel confident that when you have examined them you will agree that the goods are both excellent in quality and reasonable in price.

On our regular purchases in quantities of not less than five gross of individual items we would allow you a discount of 2%. Payment is to be made by irrevocable L/C at sight.

Because of the softness and durability, our cotton bed sheets and pillowcases are rapidly becoming popular, and after studying our price you will not be surprised to learn that we are finding it difficult to meet the demand. But if you place your order no later than the end of this month, we would ensure prompt shipment.

We look forward to your early reply.

Yours,

Sincerely

10. She was of a helpless, fleshy build, with a frank, open countenance and an innocent, different manner. Her eyes were large and patient, and in them dwelt such a shadow of distress as only those who have looked sympathetically into the countenances of the distraught and helpless poor know anything about.

二、

1. 论读书

读书足以怡情，足以博采，足以长才。其怡情也，最见于独处幽居之时；其博采也，最见于高谈阔论之中。其长才也，最见于处世判事之时。练达之士虽能分别处理细事或一一判别枝节，然纵观统筹、全局策划，则舍好学深思者莫属。

读书费时过多易惰，文采藻饰太盛则矫，全凭条文判事乃学究之故态。读书补天然之不足，经验补读书之不足，盖天生才干犹如自然花草，读书然后知如何修剪移接；而书中所示，如不以经验范之，则又大而无当。有一技之长者鄙读书，无知者慕读书，唯明智之士用读书，然读书并不以用处告人，用书之智不在书中，而在书外，全凭观察得之。读书时不可存心诘难作者，不可尽信书上所言，也不可只为寻章摘句，而应推敲细思。

书有可浅尝者，有可吞食者，少数则需咀嚼消化。有只需读其部分者，有只需大体涉猎者，少数则需全读，读时需全神贯注，孜孜不倦。书亦可请人代读，取其所作摘要，但只限题材较次或价值不高者，否则书经提炼犹如水经蒸馏，淡而无味矣。读书使人充实，讨论使人机智，笔记使人准确。因此不常作笔记者须记忆力特强，不常讨论者须天生聪颖，不常读书者须欺世有术，始能无知而显有知。

读史使人明智，读诗使人灵秀，数学使人周密，科学使人深刻，伦理学使人庄重，逻辑修辞之学使人善辩；凡有所学，皆成性格。人之才智但有滞碍，无不可读适当之书使之顺畅，一如身体百病，皆可借相宜之运动而除之。滚球利睾肾，射箭利胸肺，慢步利肠胃，骑术利头脑，诸如此类。如智力不集中，可令读数学，盖演算需全神贯注，稍有分散即需重演。如不能辨异，可令读经院哲学，盖是辈皆吹毛求疵之人。如不善求同，不善以一物阐证另一物，可令读律师之案卷。如此头脑中凡有缺陷，皆有特药可医。

2. Brotherhood Forged in the Peach Garden

Toward the end of the Eastern Han Dynasty (25-220) China was war-stricken. After a royal edict to recruit soldiers in Zhuozhou, three heroes surfaced. One was Liu Bei, a descendent of Liu Sheng, Prince Jin of Zhongshan during the Han Dynasty. Liu Bei was sighing while reading the posted edict when he heard an impatient voice behind, "What use is just sighing, without a man's devotion to his country?" Then the man introduced himself: "I'm Zhang Fei and my livelihood is selling wine and slaughtering hogs."

"I do want to devote myself to the country," Liu explained after telling Zhang his name. "But how can I help if I'm empty handed?"

"You needn't worry," said Zhang. "I'm willing to give up my fortune to build an army and embark on this new career with you."

While the two talked merrily over cups in a small restaurant, in came a martial looking, handsome man with a huge build and a red complexion. Liu and Zhang invited him to join them. They learned that the man was named Guan Yu. As he had upheld justice by killing a local tyrant, he had fled home and wandered about for many years. During an amiable conversation the three found that they shared a common ambition and the next day in a peach garden they swore brotherhood to heaven and earth before lit candles and joss sticks, Liu Bei the eldest, Guan Yu the second-oldest and Zhang Fei the youngest. They vowed devotion to China. Later, the three sworn brothers had successful career. Liu Bei ascended to the throne of the State of Shu in 221A.D. in present-day Sichuan.

附录 2　英语中常见国家和城市名称、美国州名

一、国家名称

A

Afghanistan 阿富汗

Algeria 阿尔及利亚

Angola 安哥拉

Argentina 阿根廷

Australia 澳大利亚

Azerbaijan 阿塞拜疆

Albania 阿尔巴尼亚

Andorra 安道尔

Antigua and Barbuda 安提瓜和巴布达

Armenia 美尼亚

Austria 奥地利

B

Bahamas 巴哈马

Bangladesh 孟加拉国

Belgium 比利时

Bolivia 玻利维亚

Brazil 巴西

Bulgaria 保加利亚

Bahrain 巴林

Belarus 白俄罗斯

Bhutan 不丹

Botswana 博茨瓦纳

Brunei 文莱

Burundi 布隆迪

C

Cambodia 柬埔寨

Canada 加拿大

Chad 乍得

China 中国

Congo 刚果

Cote d'Ivoire 科特迪瓦

Cuba 古巴

Cameroon 喀麦隆

Central African Republic 中非共和国

Chile 智利

Colombia 哥伦比亚

哥斯达黎加 Costa Rica

克罗地亚 Croatia

塞浦路斯 Cyprus

D

Denmark 丹麦

Dominica 多米尼克

Djibouti 吉布提

Dominican Republic 多米尼加共和国

E

Ecuador 厄瓜多尔

Equatorial Guinea 赤道几内亚

Estonia 爱沙尼亚

Europe 欧洲

Egypt 埃及

Eritrea 厄立特里亚

Ethiopia 埃塞俄比亚

F

Fiji 斐济

France 法国

Finland 芬兰

G

Gabon 加蓬

Gambia 冈比亚

Georgia 格鲁吉亚

Germany 德国

Ghana 加纳

Greece 希腊

Grenada 格林纳达

Guatemala 危地马拉

H

Haiti 海地

Holland 荷兰

Honduras 洪都拉斯

Hungary 匈牙利

I

Iceland 冰岛

India 印度

Indonesia 印度尼西亚

Iran 伊朗

Iraq 伊拉克

Israel 以色列

Italy 意大利

J

Jamaica 牙买加

Japan 日本

Jordan 约旦

K

Kazakhstan 哈萨克斯坦

Kenya 肯尼亚

Kiribati 基里巴斯

Kuwait 科威特

L

Laos 老挝

Latvia 拉脱维亚

Lebanon 黎巴嫩

Lesotho 莱索托

Liberia 利比里亚

Libya 利比亚

Liechtenstein 列支敦士登

Lithuania 立陶宛

Luxembourg 卢森堡

M

Macedonia 马其顿

Madagascar 马达加斯加

Malawi 马拉维

Malaysia 马来西亚

Maldives 马尔代夫

Mali 马里

Malta 马尔他

Marshall Islands 马绍尔群岛

Mauritania 毛里塔尼亚

Mauritius 毛里求斯

Mexico 墨西哥

Micronesia 密克罗尼西亚

Moldova 摩尔多瓦

Monaco 摩纳哥

Mongolia 蒙古

Morocco 摩洛哥

Mozambique 莫桑比克

Myanmar 缅甸

N

Namibia 纳米比亚

Nepal 尼泊尔

New Zealand 新西兰

Niger 尼日尔

Norway 挪威

O

Oman 阿曼

P

Pakistan 巴基斯坦

Panama 巴拿马

Paraguay 巴拉圭

Philippines 菲律宾

Portugal 葡萄牙

Q

Qatar 卡塔尔

R

Romania 罗马尼亚

Rwanda 卢旺达

S

Saint Kitts & Nevis 圣基茨和尼维斯

Samoa 萨摩亚

São Tomé and Principe 圣多美和普林西比

Senegal 塞内加尔

Sierra Leone 塞拉利昂

Slovakia Republic 斯洛伐克共和国

Solomon Islands 所罗门群岛

South Africa 南非

Sri Lanka 斯里兰卡

Surinam 苏里南

Sweden 瑞典

Syria 叙利亚

T

Tajikistan 塔吉克斯坦

Thailand 泰国

Nauru 瑙鲁

The Netherlands 荷兰

Nicaragua 尼加拉瓜

Nigeria 尼日利亚

Palestine 巴勒斯坦

Papua New Guinea 巴布亚新几内亚

Peru 秘鲁

Poland 波兰

Puerto Rico 波多黎各

Russia 俄罗斯

Saint Lucia 圣卢西亚

San Marino 圣马力诺

Saudi Arabia 沙特阿拉伯

Seychelles 塞舌尔

Singapore 新加坡

Slovenia 斯洛文尼亚

Somalia 索马里

Spain 西班牙

Sudan 苏丹

Swaziland 斯威士兰

Switzerland 瑞士

Tanzania 坦桑尼亚

Togo 多哥

Tonga 汤加   Trinidad & Tobago 特立尼达和多巴哥

Tunisia 突尼斯   Turkey 土耳其

Turkmenistan 土库曼斯坦

U

Uganda 乌干达   Ukraine 乌克兰

United Arab Emirates 阿拉伯联合酋长国

United Kingdom of Great Britain and Northern Ireland 大不列颠及北爱尔兰联合王
国，英国

United States 美国   Uruguay 乌拉圭

Uzbekistan 乌兹别克斯坦

V

Vanuatu 瓦努阿图   Venezuela 委内瑞拉

Vietnam 越南

Y

Yemen 也门

Z

Zambia 赞比亚   Zimbabwe 津巴布韦

二、世界上主要城市名称

Baghdad 巴格达   Bangkok 曼谷

Berlin 柏林   Bombay 孟买

Boston 波士顿   Buenos Aires 布宜诺斯艾利斯

Cairo 开罗   Canberra 堪培拉

Chicago 芝加哥   Copenhagen 哥本哈根

Detroit 底特律   Djakarta 雅加达

Florence 佛罗伦萨   hamburg 汉堡

Hiroshima 广岛   Kobe 神户

Kuala Lumpur 吉隆坡   Liverpool 利物浦

Los Angeles 洛杉矶   Lyon 里昂

Madrid 马德里   Manchester 曼彻斯特

Manila 马尼拉   Marseilles 马赛

Melbourne 墨尔本   Mexico City 墨西哥城

Miami 迈阿密   Milan 米兰

Montreal 蒙特利尔   Moscow 莫斯科

Munich 慕尼黑   Nagoya 名古屋

New Delhi 新德里　　　　　　　Osaka 大阪

Ottawa 渥太华　　　　　　　　Paris 巴黎

Philadelphia 费城　　　　　　　Pittsburgh 匹兹堡

Pyongyang 平壤　　　　　　　　Rome 罗马

San Francisco 旧金山　　　　　　Sapporo 札幌

Seattle 西雅图　　　　　　　　Seoul 首尔

Sydney 悉尼　　　　　　　　　Teheran 德黑兰

Tokyo 东京　　　　　　　　　Toronto 多伦多

Vancouver 温哥华　　　　　　　Venice 威尼斯

vienna 维也纳　　　　　　　　Warsaw 华沙

Wellington 惠灵顿　　　　　　　Yokohama 横滨

三、美国州名

Alabama 亚拉巴马州　　　　　　Alaska 阿拉斯加州

Arizona 亚利桑那州　　　　　　Arkansas 阿肯色州

California 加利福尼亚州　　　　　Colorado 科罗拉多州

Connecticut 康涅狄格州　　　　　Delaware 特拉华州

Florida 佛罗里达州　　　　　　Georgia 佐治亚州

Hawaii 夏威夷　　　　　　　　Idaho 爱达荷州

Illinois 伊利诺伊州　　　　　　Indiana 印第安纳州

Iowa 艾奥瓦州　　　　　　　　Kansas 堪萨斯州

Kentucky 肯塔基州　　　　　　Louisiana 路易斯安那州

Maine 缅因州　　　　　　　　Massachusetts 马萨诸塞州

Michigan 密歇根州　　　　　　Minnesota 明尼苏达州

Mississippi 密西西比州　　　　　Missouri 密苏里州

Montana 蒙大拿州　　　　　　Nebraska 内布拉斯加州

Nevada 内华达州　　　　　　　New Hampshire 新罕布什尔州

New Jersey 新泽西州　　　　　　New Mexico 新墨西哥州

New York 纽约州　　　　　　　North Carolina 北卡罗来纳州

North Dakota 北达科他州　　　　Ohio 俄亥俄州

Oklahoma 俄克拉荷马州　　　　Oregon 俄勒冈州

Pennsylvania 宾夕法尼亚州　　　Rhode Island 罗得岛

South Carolina 南卡罗来纳州　　South Dakota 南达科他州

Tennessee 田纳西州　　　　　　Texas 得克萨斯州

Utah 犹他州　　　　　　　　　Vermont 佛蒙特州

Virginia 弗吉尼亚州　　　　　　　　Washington 华盛顿州

West Virginia 西弗吉尼亚州　　　　　Wisconsin 威斯康星州

Wyoming 怀俄明州

附录 3　英美国家的主要节假日

New Year's Day	新年	1月1日
Washington's Birthday	华盛顿生日	1月21日（除佛罗里达和怀俄明外各州庆祝此节日）
Candlemas	圣烛节（基督教）	2月2日
Lincoln's Birthday	林肯生日	2月12日
Valentine's Day	情人节	2月14日
Good Friday	耶稣受难日	复活节前一周的星期五
Easter/Easter Sunday	复活节	过春分月圆后的第一个星期日，常在四月
April fools' Day	愚人节	4月1日
Arber day	植树节	常定在4月第4个星期五（除阿拉斯加外各州）
May Day/May 1st	五一劳动节	5月1日
Mother's Day	母亲节	5月第二个星期日
Memorial Day	阵亡将士纪念日	5月30日
Flag Day	旗日	6月14日
Father's Day	父亲节	6月第三个星期日
Independence Day	独立日	7月4日
Labor Day	劳动节	9月5日
Grandparents' Day	祖父母节	9月劳动节后的第一个星期日
Columbus Day	哥伦布日	10月10日
Armistice Day/Veterans Day	停战日	11月11日
Thanksgiving Day	感恩节	11月24日
Halloween	万圣节前夕	10月31日
All Saints' Day	万圣节	11月1日
Christmas Day	圣诞节	12月25日

附录 4　英汉对照大学主要专业课程

Accounting Information System 会计信息系统

Accounting System Design 会计制度设计

Administration Management 行政管理

Advanced Computational Fluid Dynamics 高等计算流体力学

Advanced Mathematics 高等数学

Advanced Numerical Analysis 高等数值分析

Advanced Programming Language 高级语言程序设计

Advertising 广告学

Algorithmic Language 算法语言

Analogical Electronics 模拟电子电路

Analogy Electronics Technique 模拟电子技术

Analytical Chemistry 分析化学

Applied Chemistry 应用化学

Applied Physics 应用物理学

Architecture Construction and Management 建筑施工与管理

Architecture Environment Ecology 建筑环境生态学

Artificial Intelligence Programming 人工智能程序设计

Assembly Language Programming 汇编语言程序设计

Atomic Physics 原子物理

Audit 审计学

Automatic Control System 自动控制系统

Automatic Control Theory 自动控制理论

Automation 自动化

Auto-Measurement Technique 自动检测技术

Basics of Accounting 会计学原理

Basis of Software Technique 软件技术基础

Biochemistry 生物化学

Bioengineering 生物工程

Biopharmacy Engineering 生物制药工程

Biotechnology 生物工艺学

Broadcasting and Anchor 播音与主持艺术

Building Environment and Energy Application Engineering 建筑环境与能源应用工程

Business Administration 管理专业

Calculus 微积分

Calorific 热学与分子物理

Catalysis Principles 催化原理

Cell Nurturing Engineering 细胞培养工程

Chemical Engineering and Technology 化学工程与工艺

Chemical Engineering Document Retrieval 化工文献检索

Chinese International Education 汉语国际教育

Circuit Measurement Technology 电路测试技术

Circuitry 电子线路

Circuit Principle 电路原理

Civil Engineering 土木工程

Classical Electrodynamics 电动力学

Clothing and Fashion Accessories 服装与服饰品设计

College English 大学英语

College Physics 大学物理

Communication Engineering 通信工程

Communication Fundamentals 通信原理

Comparative Economics 比较经济学

Compile Principle 编译原理

Complex Analysis 复变函数论

Computational Method 计算方法

Computer Aided Design 计算机辅助设计

Computer Architecture 计算机系统结构

Computer Graphic Design 电脑设计

Computer Graphics 图形学原理

Computer Interface Technology 计算机接口技术

Computer Networks Architecture 计算机网络体系结构

Computer Organization 计算机组成原理

Computer Science and Technology 计算机科学与技术

Computer Technology Application 计算机应用技术

Computerizing Accounting 会计电算化

Construction Engineering Budge 建筑工程预算

Contract Law 合同法

Cost Accounting 成本会计

Data Communication and Computer Network 数据通信与计算机网络

Data Processing 数据处理

Data Structure 数据结构

Database Principles 数据库原理

Decoration Art Design 装潢艺术设计

Design & Analysis System 系统分析与设计

Design Psychology 设计心理学

Developmental Economics 发展经济学

Digital Electronics 数字电子电路

Digital Image Processing 数字图像处理

Digital Signal Processing 数字信号处理

Digital Media Technology 数字媒体技术

Discrete Construction 离散结构

Discrete Mathematics 离散数学

Economic Law 经济法

Ecological Assessment and Program 生态评价与规划

E-Commerce 电子商务

Econometrics 经济计量学

Economical Efficiency Analysis for Chemical Technology 化工技术经济分析

Economics 经济学

Economy of Capitalism 资本主义经济

Electrical Engineering and Automation 电气工程及其自动化

Electrical Engineering Practice 电工实习

Electromagnetic Fields & Magnetic Waves 电磁场与电磁波

Electronic Information Engineering 电子信息工程

Electronic Information Science and Technology 电子信息科学与技术

Enterprise Accounting 企业会计学

Environment Art 环境艺术

Environment Law 环境法

Environment Monitoring and Experiment 环境监测与实验

Environment Protection and Strategy of Sustainable Development 环境保护与可持续发展

Environmental Arts Design 环境艺术设计

Environmental Engineering 环境工程

Environmental Microbiology 环境微生物

Environmental Sciences 环境科学

Equations of Mathematical Physics 数理方程

Experiment in Electronic Circuitry 电子线路实验

Experiment of College Physics 物理实验

Experiment of Microcomputer 微机实验

Fashion Design & Engineering 服装设计与工程

Fiber Optical Communication System 光纤通讯系统

Finance 财政学

Financial Accounting 财务会计

Financial Engineering 金融工程

Financial Management 财务管理

Fine Arts Specialty 美术学

Fine Arts 美术

Food Nutriology 食品营养学

Food Test and Analysis 食品检测与分析

Format Design 版式设计

Frequence-spreading Communications 扩频通信技术

Fresco Design 壁画设计

Functions of a Complex Variable 单复变函数

Functions of Complex Variables & Integral Transformations 复变函数与积分变换

Functions of Complex Variables 复变函数

Fundamentals of Law 法律基础

Fuzzy Mathematics 模糊数学

Garment Conspectus 服装概论

General Physics 普通物理

Genetics 遗传学

Geographic Information System 地理信息系统

Graduation Project（Thesis）毕业设计（论文）

Graph Theory 图论

Heat Transfer Theory 传热学

History of Chinese Revolution 中国革命史

Human Resources Management 人力资源管理

Immunology 免疫学

Indoor Design 室内设计

Industrial Design 工业设计

Industrial Development and Distribution 产业发展与工业布局

Industrial Ecology 工业生态学

Industrial Economics 工业经济学

Industrial Engineering 工业工程

Information and Computing Science 信息与计算科学

Information Management and Information System Specialty 信息管理与信息系统

Information Processing and Code 信息处理与编码

Information Searches 情报检索

Information Security Technology 信息安全技术

Integral Transformation 积分变换

Intelligent Robot(s); Intelligence robot 智能机器人

International Business Administration 国际企业管理

International Business 国际商务

International Clearance 国际结算

International Economics and Trade 国际经济与贸易

International Finance 国际金融

International Relation 国际关系

International Trade 国际贸易

Introduction to Chinese Tradition 中国传统文化

Introduction to Modern Science & Technology 当代科技概论

Introduction to Reliability Technology 可靠性技术导论

Java Language Programming Java 程序设计

Lab of General Physics 普通物理实验

Laser Technology 激光技术

Law Major 法学专业

Light Chemistry Engineering Specialty 轻化工程

Linear Algebra 线性代数

Machine-electronic Engineering 机械电子工程

Management Accounting 管理会计学

Management Information System 管理信息系统

Market Research and Forecasting 市场调查与预测

Marketing 市场营销（学）

Material Formation and Control Engineering 材料成型及控制工程

Material Physics 材料物理

Measurement-control Technology and Instrumentation 测控技术与仪器

Mechanic Design 机械设计

Mechanical Design & Manufacturing and Automation 机械设计制造及其自动化

Mechanical Engineering 机械工程

Mechanical Graphing 机械制图

Merchandise Advertisement 商品广告学

Metalworking Practice 金工实习

Method of Mathematical Physics 数学物理方法

Microcomputer Control Technology 微机控制技术

Microeconomics & Macroeconomics 西方经济学

Microelectronics Science and Engineering 微电子科学与工程

Microwave Technique 微波技术

Military Theory 军事理论

Model of Architecture 建筑构成

Modern Communication System 现代通信系统

Modern Enterprise System 现代企业制度

Monetary Banking 货币银行学

Motor Elements and Power Supply 电机电器与供电

Moving Communication 移动通讯

Multimedia Technique and Application 多媒体技术及应用

Music 音乐

Nano-material and Technology 纳米材料与技术

Network Engineering 网络工程

Network Technology 网络技术

Nonwoven Material and Engineering 非织造材料与工程

Numeric Calculation 数值计算

Oil Application and Addition Agent 油品应用及添加剂

Operating System Principle 操作系统原理

Operation & Control of National Economy 国民经济运行与调控

Operational Research 运筹学

Optics 光学

Opti-electric Measurement Technology 光电检测技术

Optimum Control 最优控制

Organizational Behavior 组织行为学

Packing Engineering 包装工程

Petroleum Chemistry 石油化学

Petroleum Engineering Technique 石油化工工艺学

Philosophy 哲学

Photograph Specialty 摄影专业

Physical Chemistry 物理化学

Physical Education 体育

Political Economics 政治经济学

Polymer Materials and Engineering 高分子材料与工程

Primary Circuit（反应堆）一回路

Principle of Communication 通讯原理

Principle of Compiling 编译原理

Principle of Marxism 马克思主义原理

Principle of Mechanics 机械原理

Principle of Microcomputer 微机原理

Principle of Sensing Device 传感器原理

Principle of Single Chip Computer 单片机原理

Principles of Management 管理学原理

Probability Theory & Stochastic Process 概率论与随机过程

Procedure Control 过程控制

Product Design 产品设计

Production and Operation Management 生产与运作管理

Programming with C Language C 语言编程

Programming with Pascal Language Pascal 语言编程

Property Evaluation 工业资产评估

Public Relation 公共关系学

Pulse & Numerical Circuitry 脉冲与数字电路

Quantum Mechanics 量子力学

Radio & Television Editing & Directing 广播电视编导

Refinery Heat Transfer Equipment 炼厂传热设备

Reginal Analysis and Program 区域分析与规划

Satellite Communications 卫星通信

Sculpture Design 雕塑设计

Semiconductor Converting Technology 半导体变流技术

Set Theory 集合论

Signal & Linear System 信号与线性系统

Social Research 社会调查

Software Engineering 软件工程

Software Engineering 软件工程

Solid State Physics 固体物理

Solid Waste Disposal 固体废物处理

SPC Exchange Fundamentals 程控交换原理

Specialty English 专业英语

Specialty of Animation 动画专业

Specialty of Chinese language 汉语言专业

Specialty of Fashion Show 表演专业（服装设计与表演方向）

Specialty of Process Equipment and Control Engineering 过程装备与控制工程

Speech Signal Processing 语音信号处理

Statistics 统计学

Stereoscopic Constitute 立体构成

Stock Investment 证券投资学

Strategic Management for Industrial Enterprises 工业企业战略管理

Taxation Laws 税法

Technological Economics 技术经济学

Television Operation 电视原理

Testing and Transduction Technology 测试与传感技术

Textile Engineering 纺织工程

Textile Material 纺织材料

The Human Body Engineering Graphics 人体工程学

Theoretical Mechanics 理论力学

Theory and Technology for Electrostatic Protection 静电防护理论与技术

Theory of Circuitry 电路理论

Turbulent Flow Simulation and Application 湍流模拟及其应用

Visual C++ Programming 可视化 C++ 程序设计

Visual Communication Design 视觉传达

Water Supply and Drainage Science & Engineering 排水科学与工程

Western Financial Accounting 西方财务会计

Windows NT Operating System Principles Windows NT 操作系统原理

Word Processing 文字处理